Adapting to the Times

New Trends and Patterns of China's Tourism Industry

与时偕行

中国旅游业的
新趋势与新格局

宋瑞　张琴悦 / 著

☆

本书为中国社会科学院
基础学者项目"中国旅游
发展实践的学理解析与
世界表达"阶段性成果。

社会科学文献出版社
SOCIAL SCIENCES ACADEMIC PRESS (CHINA)

序

　　晨曦微露，二环边的步道上人迹寥寥。迎面而来的风中，依然夹裹着凛冽之气。连日久坐伏案，颈椎告急，而且视线也越发模糊了。于是，准备出门跑步，刚跑出几百米，蓦然发现，路边的灌木丛里已探出数抹春色——淡淡的、嫩嫩的黄。停下脚步凑近细看，毛茸茸的花瓣，在风里昂首挺胸地颤立着、摇曳着。漫长的冬天终要过去了，酝酿了三年多的书稿也要付梓了。

　　回想起来，此书的写作初衷极其简单，而过程之波折却着实超乎我的预料。在那个骤然降临且漫长难熬的冬季里，作为从事旅游研究20多年的学者，记录这个行业所经历的冷暖起伏，观察世纪大潮拍打在它身上所激起的滔天浪花，思考这一切的前因后果，几乎是一种学术本能。很长时间里，搁下其他事务，只是安静地观察、思索，并诉诸文字。30多万字的书稿，既有理性分析，亦不乏感性祈盼；既有对当下处境的关注，更有对过去的省思和对未来的遥望。从粗具雏形到定稿出版，经历了三四轮脱胎换骨式的大修大改，此书在我的学术生涯中着实具有纪念意义。

　　这是一部典型的学术著作。作为学术著作，它承载着我20多年旅游研究的一贯追求——实现"三结合"，即将旅游学科与其他学科相结合、基础研究与对策研究相结合、中国问题与国际视野相结合。旅游从来不是单一的社会经济现象，它与世界格局、国民经济、产业结构、科技发展、人口趋势、生态环境、社会心理等无不密切相关。也因此，旅游学科是天然的交叉学科，它所涉及的研究对象和研究命题并非任何单一学科之理论和方法所能全然解释。作为人口规模巨大的世界第二大经济体，中国已然成为世界旅游舞台上的主角之一，自然也会受到国际环境的多重影响。秉承

"三结合"的思路，本书在理论基础、研究方法、逻辑体系、分析框架、文献引注乃至语言风格等方面均遵循学术规范要求。也因此，书稿完成后，经过严格的学术评审，最终被列为中国社会科学院创新工程学术出版资助项目。

这是一部特别的学术著作。特别之处在于，它寄托着我对自己所从事的研究事业、所效力的研究机构以及所指导的博士研究生的深厚感情。学术研究是理性的，也是感性的。爱因斯坦1918年在柏林物理学会发表的题为《探索的动机》的讲话中提到，在科学庙堂里有各式各样的人，他们探索科学的动机各不相同。有的是为了追求智力上的快感，有的是抱着功利的目的，而科学殿堂的根基是靠另一种人而存在的——他们每天的努力并非来自深思熟虑的意向或计划，而是直接来自激情。2023年是我进入中国社会科学院从事旅游研究20周年。20年来，在日复一日的俯身耕耘中，这种激情似乎褪去了最初的稚嫩和浓烈，变得越发深沉乃至复杂。作为中国社会科学院的旅游研究人员，在寻求学术认同、塑造学术品牌、提升学术影响方面，力虽绵薄，总求竭尽所能。在本书写作期间尤其是反反复复的修改过程中，我从后辈合作者身上再次欣喜地感受到了这种激情。琴悦是我所指导的博士生中的佼佼者。她的勤勉、认真、韧性和温婉，让本书的合作意义超越了内容本身。正是这些看似感性的内在力量，为本书在严谨的逻辑、规整的体例、规范的引注和一板一眼的表达之外，增添了更多色彩和温度。

此书的撰写离不开所在单位领导、同事以及旅游学界同仁的帮助；有幸列入中国社会科学院创新工程学术出版资助项目，则得益于院科研管理部门的支持；而其能以令我欣喜的样貌最终出版，更离不开社会科学文献出版社各位老师的努力。以字为媒，以文为介，借由本书，我亦有幸与责任编辑贾立平老师惺惺相惜——虽未谋面，却似旧识。

现代意义上的旅游业在中国不过短短40余年历史。40余年的高速发展，不仅形成了巨大的市场基础和产业规模，也在一定程度上固化了旧有的发展方式和思维定式。面对世界百年未有之大变局，置身于快速变化并充满不确定性的时代，中国的旅游产业正在悄然改变。这种改变，不仅是对环境形势的简单适应，更是对发展格局的积极建构。如何理解这些变化？如何谋划未来发展？不论您是学者、业者、管理者，抑或政策制定者，若恰有机缘翻到此书，并有耐心读完，相信定有收获。如若您读罢确对旅游发展有了更加理性的认识，甚或牵引出对旅游和旅游研究背后更多感性的体悟，于我们而言，更是幸甚至哉！

愿您开卷有益。

宋瑞

2024 年 2 月于北京

前　言

旅游业是国民经济和社会发展的重要组成部分。改革开放以来，中国经济保持中高速增长，物质文明和精神文明协调发展，产业结构、经济结构和消费结构不断优化，旅游业在规模、结构、效益和质量方面均有长足发展。近年来，伴随国内外环境的显著变化，旅游业的发展环境、趋势格局、市场需求、企业策略、公共政策等均呈现新的趋势、面临新的变革。在中国式现代化进程中，如何基于上述因素的变化，根据新的发展形势重构旅游业的发展格局，并实现其高质量发展？对这一核心问题做出学理性分析和系统性解答，是本书的主旨所在。

全书共分八章。

第一章围绕"环境变化"，从国际环境和国内环境两个方面，剖析了世界格局与国民经济等已经和即将发生的变化，以及上述变化对旅游业产生影响的具体机制。基于对国内外环境变化的分析可见，中国已进入新发展阶段，亟须构建以国内大循环为主体、国内国际双循环相互促进的新发展格局，推动高质量发展。在此背景下，旅游业面临新的发展环境和发展任务。

第二章围绕"趋势演变"，从旅游业的市场结构、区域结构及其多重效应等角度分析了改革开放以来中国旅游业的趋势演变。总体来看，国内旅游、入境旅游、出境旅游三大市场的不均衡发展日趋加剧、亟待解决，东西部区域差距和城乡差距在某些方面有所缩小但仍需重视，旅游业的非经济贡献更加凸显。

第三章围绕"需求转向"，运用文献综述法和问卷调查法，从理论研究和实际调查两个角度就旅游心理、旅游态度、旅游行为、旅游偏好、旅游关注点等方面的变化进行了全面剖析，揭示了旅游市场需求的转向和变化。

第四章围绕"企业转型"，结合绩效评估法、因素分析法、危机管理理论等，就旅游企业、旅游上市公司等在新挑战下所面临的新压力、所采取的新策略及其未来趋势进行解析。

第五章围绕"行业演化"，选择近年来发展迅速且在旅游产业体系中日益重要的在线旅行社（OTA）、邮轮和民宿等行业，运用产业经济分析和产业组织理论，探究其行业特点、面临挑战、应对策略和未来趋势。

第六章围绕"旅游政策变迁"，运用公共政策相关理论，对近年来中国旅游相关政策进行了系统梳理、深入分析和客观评价，并就如何优化政策研究和政策组合提出建议。

第七章围绕"新的使命"，分析了中国式现代化以及"三新一高"的科学内涵、提出背景、核心特征等，并结合旅游业特性、现状和潜力，研究了中国式现代化进程、高质量发展等对旅游业提出的新要求。

第八章乃全书的落脚点，围绕"格局重构"，针对如何重构旅游业发展格局、实现其高质量发展这一核心命题，从调整旅游发展定位与思路、重构旅游发展格局与体系、推进供给侧结构性改革、强化需求侧管理、引导旅游产业高质量发展等方面提出系统分析和对策建议。

从中国看世界，从世界看中国，是两个相异且互补的视角。期待本书及其姊妹篇《全球旅游业的新挑战与新变革》为您了解全球旅游的最新趋势、理解中国旅游的未来选择提供有益参考。

目 录 CONTENTS

第一章　环境变化 / 1

第一节　国际环境 / 2

第二节　国内环境 / 15

第三节　未来前瞻 / 22

第二章　趋势演变 / 35

第一节　市场结构 / 35

第二节　区域格局 / 47

第三节　产业贡献 / 57

第三章　需求转向 / 71

第一节　旅游需求转向的理论分析 / 71

第二节　旅游需求转向的调查发现 / 80

第四章　企业转型 / 106

第一节　旅游企业发展状况 / 106

第二节　旅游企业危机应对 / 118

第三节　旅游企业发展转型 / 130

第五章　行业演化 / 143

第一节　OTA 行业 / 143

第二节　邮轮行业 / 150

第三节　民宿行业 / 155

第六章　旅游政策变迁 / 165

第一节　国内外研究述评 / 165

第二节　短期旅游扶持政策 / 173

第三节　长期旅游政策变迁与未来前瞻 / 183

第七章　新的使命 / 196

第一节　中国式现代化与旅游发展 / 196

第二节　"三新一高"与旅游发展 / 219

第八章　格局重构 / 235

第一节　调整旅游发展定位与思路 / 235

第二节　重构旅游发展格局与体系 / 248

第一章　环境变化

旅游是社会交往、文化交流和国民经济的重要组成部分,其产业发展形态、发展模式、发展成效、发展趋势与所处宏观环境密切相关。从整体性和历史性的角度对国内外宏观环境进行分析,有利于准确判断中国旅游产业发展的现实与潜力、任务与挑战。近年来,全球形势不确定性进一步加强,国内自身经济结构也在持续调整,当前我国经济发展面临需求收缩、供给冲击、预期转弱三重压力[1]。在如此错综复杂的新形势下,更有必要以宏观的、历史的视角,全面而客观地审视中国旅游业所处的环境。

就国际环境而言,习近平总书记指出"当今世界正在经历百年未有之大变局"。这一变局体现在经济全球化、世界经济格局、世界文明格局、世界政治格局、世界秩序与全球治理等诸多方面[2]。全球贸易保护主义抬头、区域政治局势紧张,导致国际贸易和投资的稳定发展受到挑战,俄乌冲突在全球范围的溢出效应、新冠疫情的全球大流行,都使这个大变局加速变化,给人类生产生活带来前所未有的挑战和考验[3]。

就国内发展而言,党的十九届五中全会提出,全面建成小康社会、实现第一个百年奋斗目标之后,我们要乘势而上开启全面建设社会主义现代化国家新征程、向第二个百年奋斗目标进军,这标志着我国进入了新发展阶段。构建新发展格局是经济现代化的路径选择,推动高质量发展成为经济发展的鲜明主题。其中,经济增长由高速向中高速转变、经济结构不断优化升级、增长动力从要素驱动和投资驱动向创新驱动转变成为经济发展的突出特征[4]。

作为综合性产业,旅游业对经济、社会和自然环境变化敏感度较高,易受各种环境变化的影响。从世界范围来看,21世纪的前10多年里,全球旅游发展的敏感性有所增强，突出体现在两个方面：一是旅游发展对经济增长变化的敏感性增强，即全球经济增长的变化必然引起全球旅游增长发生相应变化；二是随着经济全球化和区域一体化发展，全球旅游对国际重大事件的敏感性增强[5]。从中国旅游来看，伴随着现代化进程的不断加快，依赖于国民经济的快速发展、产业结构的不断优化、消费结构的逐步升级，旅游业保持着持续增长态势，且其增长率连续多年高于世界平均水平，也高于GDP的增长水平[6]。在复杂多变的国内外环境下，旅游业应充分发挥其综合性强、涉及面广、开放度高、带动作用突出的优势，着力构建中国旅游发展新格局、实现自身高质量发展，并在构建经济新发展格局中发挥更大作用。

第一节　国际环境

2008年全球金融危机发生以来，全球经济社会表现出低增长、高风险的新特征。受结构性、周期性、政策性以及统计性等影响，全球经济失衡严重，且这种"坏的失衡"已渗透到经济社会各个层面，在经济体之间以及经济体内部都有所表现，国际贸易长期存在不平衡现象，经济体内部也表现出结构性的利益不协调[7]。这最终威胁到全球经济的长期持续发展，同时也使全球经济面临着更为严重的两极分化，从而加剧了全球经济的不确定性和社会的不稳定性，逆全球化浪潮兴起。

2020年后，全球经济面临多重挑战，经济增长下行并与贸易摩擦、俄乌冲突等多重风险叠加，使得经济脆弱性和不确定性增强；在各种危机的冲击下，供应链断裂、贸易保护主义抬头，全球贸易争端不断加剧，贸易规模明显萎缩；国际投资信心不足，全球外商投资出现下滑，国际投资格局也因新冠疫情的影响而出现变化，给经济复苏带来新的挑战。

一　全球经济

2008年全球金融危机后，各国通货膨胀率上升，国际贸易和国际直接投资持续低迷，加之局部地区政治不确定性和单边贸易保护主义对全球经济的干扰，世界经济步入低增长阶段[8]。2020年后全球经济出现深度衰退，不确定性增强。就复苏前景和态势而言，不同区域和国家经济复苏的时间、程度与进程并不同步和均衡。

（一）经济下行风险

受全球政治局势变化以及金融危机的遗留影响，全球制造业持续低迷，贸易和投资争端不断加剧，金融稳定性受到冲击，新兴市场和发展中国家增长乏力，世界两大经济体——中国和美国的经济增长均面临下行风险，全球经济在多重挑战的寒流夹击中艰难前行。根据国际货币基金组织（IMF）的研究，2008 年全球金融危机后全球经济增长自高位开始下行，2011~2020 年增速放缓已成大势。无论是发达经济体还是新兴市场和发展中经济体，均增长乏力。其中，发达经济体经济增速在 2009 年更是跌至 −3.3%，随后不断波动，原本发展强劲的新兴市场和发展中经济体也呈现明显下行态势（见图 1-1）。

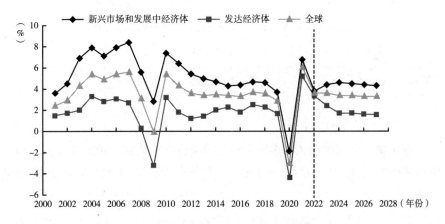

图 1-1　2001~2027 年全球经济增速趋势

注：2022 年及之后为预测值。

资料来源：International Monetary Fund，"Real GDP Growth," https://www.imf.org/external/datamapper。

世界银行在《2022 年世界发展报告：金融为公平复苏护航》中指出，2020 年全球经济萎缩了大约 3.4%，是第二次世界大战以来最严重的经济衰退，也是 1870 年以来出现人均产出下降的经济体数量最多的一年。世界银行数据显示，2020 年大约有 90% 的国家的经济活动出现收缩，超过了两次世界大战、20 世纪 30 年代的大萧条、20 世纪 80 年代的新兴经济体债务危机和 2008 年全球金融危机期间出现此类衰退的国家比例（见图 1-2）[9]。

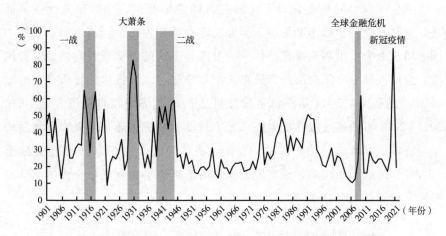

图 1-2　1901~2021 年人均 GDP 负增长的国家比例

资料来源：世界银行《2022 年世界发展报告：金融为公平复苏护航》，https：//openknowledge. worldbank. org/server/api/core/bitstreams/88174d16 － 21c9 － 57f8 － 8fb4 － ad04172c9f36/content。

（二）增长不确定性

近年来，多家国际机构多次下调全球经济增速预期。2020 年 1 月，国际货币基金组织（IMF）根据 2019 年经济发展情况，预测 2020 年和 2021 年经济增速将分别达到 3.3%、3.4%，当年 10 月调整为-4.4% 和 5.2%[10]。IMF对 2021 年和 2022 年全球经济增长预测分别从 2021 年 1 月的 5.5% 和 4.2%，提高至 7 月的 6% 和 4.9%，较 2020 年的预测有所提升[11]。不过，步入 2022 年后，全球经济发展前景仍然处于弱预期。2022 年 1 月，IMF 对 2022 年全球经济增速的估计值为 4.4%，较 2021 年 10 月的预期下调 0.5 个百分点，2022 年 4 月再次下调为 3.6%[12]。2022 年 1 月，IMF 预测世界经济在经历了 2021 年强劲反弹之后，正进入一个明显放缓的时期，随着前一阶段被压抑需求的释放完成以及各国财政和货币支持政策的退出，预计世界经济增速将显著放缓。2023 年 1 月，世界银行再次将 2023 年全球经济增长预期下调至 1.7%，较 2022 年 6 月预测下调 1.3 个百分点，这是近 30 年来仅次于 2020 年新冠疫情暴发期间以及 2009 年国际金融危机时的低速增长[13]。2023 年 4 月 IMF 预测 2023 年的全球增速将在 2.8% 的水平上触底回升，2024 年将小幅上升至 3.0%[14]。2024 年世界银行、国际货币基金组织的经济增长预测如表 1-1 所示。

表 1-1 2018~2024 年世界经济走势的最新预测

单位：%

机构	2018 年	2019 年	2020 年	2021 年	2022 年	2023 年 *	2024 年 *
世界银行	3.2	2.5	-3.5	6.2	3.0	2.6	2.4
国际货币基金组织	3.6	2.8	-3.1	5.9	3.5	3.0	2.9

＊表示预测值，其他为实际值。

资料来源：世界银行于 2024 年 1 月发布的《全球经济展望》、国际货币基金组织于 2023 年 10 月发布的《世界经济展望》。

（三）通货膨胀风险

2022 年，多重因素相互叠加，通货膨胀成为多个国家和经济体面临的首要挑战。根据美国劳工部数据，2022 年 4 月开始，美国消费者价格指数（CPI）全面上涨，6 月同比上涨达到 9.1%，再次刷新 40 年来的最高纪录。根据德国市场研究机构捷孚凯的数据，2022 年 7 月德国消费者信心先行指数为 -27.4 点，环比下降 1.2 点，创 1991 年以来最低值[15]。一方面，应对通胀的紧缩措施可能继续导致经济衰退。例如，自 2008 年金融危机后，印度经济一直受到国内和全球因素的压力而不断收缩，经济低迷时期的政策举措加剧了经济衰退，再加上供给侧疲软导致的通货膨胀，最终走向滞胀[16]。另一方面，应对风险的货币政策的效果也会受到各种因素的影响。例如，较高的企业债务可能会阻碍货币政策的传导机制，从而抑制政策的效果[17]。

二 贸易格局

2008 年全球金融危机以后的近十年时间里，全球贸易进入减速发展阶段（见图 1-3），2020 年全球贸易市场的供给端和需求端均受到冲击，很多国家和地区也采取了严格的检验检疫程序、边境封锁、贸易限制等措施，导致全球贸易规模萎缩、贸易保护主义抬头，再次影响全球贸易增速[18]，2021年全球货物和服务贸易逐步恢复。

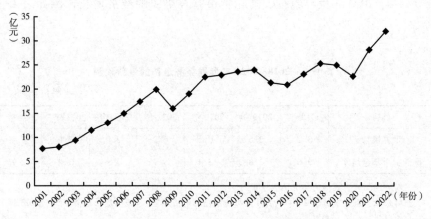

图1-3　2001~2022年全球货物和服务贸易额

资料来源：世界贸易组织官网，https：//www.wto.org/english/res_ e/statis_ e/statis_ e.htm。

（一）全球贸易规模

据联合国贸发会议（UNCTAD）统计，2020年全球货物贸易总额下降了7.77%，全球服务贸易总额波动更为严重，下降了17.7%，下降幅度超过全球金融危机时的情形，几乎全球所有地区的贸易总额都出现两位数下降，北美和亚洲地区出口受损尤甚；2021年全球货物贸易总额表现出强劲的复苏趋势，增幅达26.77%，全球服务贸易总额增长了17.56%，基本恢复甚至超过了2019年的水平。2022年全球货物贸易总额和服务贸易总额的增速放缓，分别为12.07%和14.80%（见图1-4）。根据联合国贸发会议（UNCTAD）预测，2023年全球贸易总额增长将继续放缓，2024年的前景仍然高度不确定且总体悲观[19]。

（二）贸易保护主义

近年来，受"逆全球化"思潮和贸易保护主义抬头的影响，全球贸易壁垒增加，导致进口成本上升、全球总产出降低、福利削减；贸易保护手段也更加多样，从非关税壁垒逐渐向知识产权保护和其他措施转变[20]。根据2020~2022年度的《全球经贸摩擦指数报告》，2020年全球经贸摩擦指

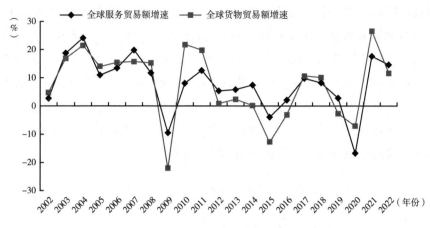

图 1-4　2002~2022 年全球货物贸易额和服务贸易额增速

资料来源：世界贸易组织官网，https：//www.wto.org/english/res_e/statis_e/wts_e.htm。

数长期处于高位，特别是大国之间的冲突加剧；2021 年全球经贸摩擦指数整体有趋于缓和的态势，但其他限制性措施和技术性贸易措施指数增长；2022 年全球经贸摩擦指数整体大幅上升，全球经贸摩擦指数月均值为 315，比上年增加 205 个百分点，且所有月份的指数均处于高位，进出口限制措施指数月均值上涨 901 个百分点。近年来，以保护知识产权为借口的贸易保护，导致数字贸易壁垒激增、全球高新技术领域贸易迅速减少[21]。贸易阻碍措施导致进口成本上升，不仅直接影响需求端的购买力，也对供给侧造成不利影响。新技术的全球流动放缓，致使创新竞争压力减弱，影响全要素生产率提升。

三　外商直接投资

全球金融危机以来，受全球利率上升和资本流动潜在波动的影响，全球外商直接投资（FDI）增长乏力。2003~2007 年，FDI 呈持续增长态势，2008 年全球金融危机后，国际投资者对新兴市场和发展中经济体的资本流入戛然而止，转而将资金用以弥补国内亏损。发达经济体政府和中央银行选择采取接近零利率的办法进行大规模注资，新兴市场和发展中经济体的资本流入开始复苏。然而，自 2013 年美联储讨论逐步退出量化宽松政策的可能性以后，国际资本流动再次出现急剧波动。世界银行统计数据显示，2018 年外商直接投资净流入为 0.943 万亿美元，下降 57%，为连续第三年下滑，其规模已跌至 2003 年以来的新低（见图 1-5）。2019 年后，随着美国税收改革影响逐渐减弱，全球外商直接投资净流入有所回升，但潜在趋势依旧疲软。2020 年投资流动的限制性措施对现有跨国投资项目造成影响，再次影响投资者信心，最终表现为外商直接投资净流入波动明显、投资复苏时间出现差异、国际投资格局发生变化。

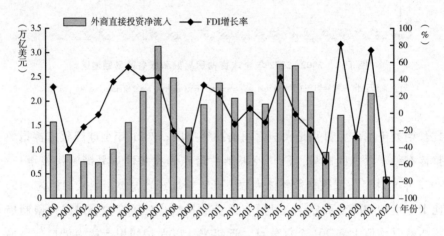

图 1-5　2000~2022 年外商直接投资净流入及其增长率

资料来源：世界银行官网，https://data.worldbank.org.cn/indicator。

（一）投资流量

2021 年外商直接投资表现出强劲的复苏趋势，已经基本恢复到 2019 年的水平。绿地投资直接影响物质资本存量和生产能力，对发展中国家极为重要。根据联合国贸发会议发布的《2022 世界投资报告》，2022 年第一季度的初步数据显示，绿地项目数量减少了 21%，国际项目融资交易下降了 4%[22]。综合来看，2022 年全球仍然面临着粮食、燃料和金融三重危机，国际投资环境复杂多变，投资者的不确定性增强，这些给全球投资市场的未来预期带来较大冲击。

（二）投资格局

近年来，发达国家和发展中国家的国际直接投资表现出南北发展不平衡格局。在发展中经济体中,亚洲、非洲、拉美和加勒比地区的 FDI 流入额都显著增长,且亚洲、非洲在 2021 年创下历史新高。2020 年非洲的 FDI 流入额受到影响,发展中经济体 FDI 流入额下降,但 2021 年达到 830 亿美元,总体呈积极趋势;亚洲发展中地区的 FDI 流入额自 2019 年后连续增长,2021 年达到 6190 亿美元,占全球流入额的四成;2021 年拉美和加勒比地区跨境并购活动有所增加,FDI 增长了 56%,交易数量有所增加,但销售总额与 2020 年相比几乎没有变化。发达经济体 FDI 水平在 2020 年回落到 2003 年的水平,但 2021 年发达经济体的跨国企业海外投资增长总额超过一倍,占全球 FDI 流出额的 3/4。其中,北美 FDI 流出额实现了历史新高,美国跨国企业的海外投资总额增加了 72%;欧洲跨国企业的对外投资总额也从 2020 年极低的水平反弹至 5520 亿美元[22]。值得注意的是,随着新技术发展带来的生产力提升,未来国际直接投资格局将在投资主体、投资规模、投资区位等方面出现更全面、更持久的变革[23]。

（三）投资复苏

经验表明,外商直接投资在经历一段时期的低迷之后,资金流动和交易可能会相对较快实现反弹,但真正的投资复苏则需要一些时间。全球 FDI 上一轮危机因全球金融危机而起,全球金融危机不仅直接冲击了 FDI,而且带来长期发展趋势的转变,FDI 增速放慢。在各国放松融资条件、提供融资激励等措施的推动下,跨境交易和国际项目融资的复苏态势表现得尤为强劲。2020 年下半年跨国并购投资和国际项目融资基本恢复,然而绿地投资仍然未有显著改善。具体来看,相比金融危机对金融市场持续了 2.5 年的重大影响而言,并购交易数量到 2021 年上半年已进入复苏阶段;国际项目融资交易在发展阶段上仍处于成长期,2020 年第三季度和第四季度已恢复增长,且未大幅度偏离总体发展趋势线[24];2020 年绿地投资的下降幅度远超金融危机的冲击"影响",复苏乏力,2022 年仍然尚未恢复到 2019 年的水平[22]。

四　劳动力市场

进入 21 世纪,全球仍存在失业危机,尽管某些发达国家的失业率已有所下降,但全球失业危机仍未结束,特别是在新兴经济体中,失业问题依然较为严重（见表 1-2）。世界经济从危机中复苏的速度和强度既取决于公共卫生措施的有效性，也取决于各国保护民众，特别是脆弱群体就业和收入水平的能力。在劳动力参与率下降、劳动工作时间减少、劳动收入受损、劳动力市场复苏困难的情况下，全球经济恢复仍困难重重。

表 1-2　2014~2020 年全球劳动参与率预测情况

单位：%

	2014 年	2015 年	2016 年	2017 年	2018 年	2019 年	2020 年
世界	62.9	62.9	62.8	62.8	62.7	62.6	62.5
发达经济体	60.6	60.5	60.4	60.3	60.1	60.0	59.8
新兴经济体	62.3	62.3	62.2	62.1	62.0	61.9	61.8
发展中经济体	76.8	76.8	76.8	76.9	76.9	76.9	76.9
20 国集团	62.4	62.3	62.2	62.1	61.9	61.7	61.6
20 国集团发达经济体	60.1	60.0	59.8	59.7	59.5	59.4	59.2
20 国集团新兴经济体	63.3	63.2	63.1	63.0	62.8	62.7	62.5

资料来源：孟彤《全球劳动力市场状况与发展趋势》，《中国人力资源社会保障》2017 年第 6 期。

（一）劳动力参与率

2020 年全球劳动力参与率下降了近 2%，特别是年轻人和壮年男性的劳动力参与率普遍下降。根据国际劳工组织（ILO）研究，2022 年全球劳动力参与率仅部分恢复到 59.3% 左右（比 2019 年低 1%），全球失业率还将保持高于 2019 年的水平（2019 年全球失业总人数为 1.86 亿人，2022 年达到 2.05 亿人）。从不同国家来看，高收入国家的劳动力市场复苏最快，中低收入国家表现最差；从就业类型来看，非正规就业所受影响较大，如自营工作和家庭工作[25]。此外，非正式的自营职业、远程工作和临时工作等也会持续增加。

（二）劳动工作时间

2020 年上半年全球劳动人口工作时间（每周工作总小时数）大幅减少。根据国际劳工组织（ILO）发布的《全球劳动力市场监测报告》，与2019 年第四季度相比，2020 年第一季度的工时损失达 5.4%，第二季度的工时削减 18.6%，2020 年全球工作时间减少了 8.8%，大约是 2009 年全球金融危机期间的 4 倍，特别是拉丁美洲和加勒比地区、南欧和南亚受到的影响最为严重[26]。此外，直到 2022 年第一个季度，全球工作时间比 2019 年第四季度还低 3.8%，相当于出现了 1.12 亿个全职工作岗位的缺口。

（三）劳动力收入

2020 年全球劳动力收入损失约达到 1.3 万亿美元，相比 2019 年第四季度，全球劳动力收入下降了 3.5%，其中，中等偏下收入和中等偏上收入国家（不包括中国）的损失最大。2021 年，虽然全球劳动力收入有一定程度的恢复，但全球 80% 的劳动力收入来自高收入国家和中国，60% 的国家中，工人的劳动收入仍未恢复到 2019 前水平。2021 年低收入、中低收入和中等偏上收入国家（不包括中国）的工人仍面临劳动力收入下降的问题，分别下降了 1.6%、2.7% 和 3.7%[27]，此外，全球的通货膨胀也将对实际劳动收入造成一定影响。

（四）劳动力市场复苏

全球劳动力市场复苏呈现复苏过程不稳定和复苏趋势不平衡两个特点。一方面，全球劳动力市场的复苏受全球各环境因素的综合影响，复苏过程不稳定、不确定性强。例如，2022 年，俄乌冲突、新冠疫情、通货膨胀、金融市场震荡以及各种债务危机等，冲击了全球供应链，扰乱了劳动力市场的恢复。根据国际劳工组织的预测，2022 年第二季度工作时数预计将比疫情前的水平低 4.2%，相当于损失 1.23 亿个全职工作。另一方面，不同国家和地区疫情应对能力的差异，导致卫生和社会基础设施、机构能力、财政空间、经济和劳动力市场结构等的差异，加剧了贫富国家之间的差距，导致复苏过程不平衡。2021 年底，大多数高收入国家的就业率已恢复至疫情前的水平，而大多数中等收入经济体仍然处在危机之中。2022 年第一季度高收入经济体的"工作时间"有所恢复，相比疫情前下降 2.1%，但低收入和中低收入国家则分别下降 3.6%、5.7%，这种不平衡的趋势可能会在 2022 年第二季度进一步加大[27]。根据国际劳工组织的预测，2023 年全球就业将增长 1.0%，不到 2022 年水平的一半（2.3%），2024 年就业增长率预计将小幅上升至 1.1%。但高收入国家就业增长率接近于零，前景依然较为悲观[28]。

五 全球旅游

从全球来看，当前国际环境正处于世界力量格局、世界体系格局、世界发展格局三大格局的剧烈变动时期，全球旅游格局也正在发生重大调整。世界多极化、经济全球化、文化多元化、社会信息化的深入发展推动国际产业发展和分工格局的变革进程，国际形势的不稳定性、不确定性更加突出。在此背景下，全球旅游格局正在发生重大调整，核心变化有三：一是欧洲进入成熟期，增长乏力，亚太市场正成为驱动世界旅游业发展的关键力量；二是中等收入国家旅游经济全面崛起，取代高收入国家在全球旅游业增长格局中的地位，并推动全球旅游增长；三是中国作为东亚旅游、中等收入国家旅游发展的领头羊，在新的全球旅游格局中正发挥重大作用，特别是其日益增长的出境游客，成为不可忽视的柔性力量。

（一）全球旅游经济趋势

中国社会科学院旅游研究中心与世界旅游城市联合会发布的《世界旅游经济趋势报告（2023）》显示，2022 年全球旅游总人次（含国内旅游人次和国际旅游人次，下同）达到 95.7 亿人次，同比增长 18.9%；全球旅游总人次恢复至 2019 年的 66.0%（见图 1-6）。2022 年全球旅游总收入（含国内旅游收入和国际旅游收入，下同）达到 4.6 万亿美元，同比增长 21.1%；全球旅游总收入恢复至 2019 年的 79.3%，恢复水平已近八成（见图 1-7）。

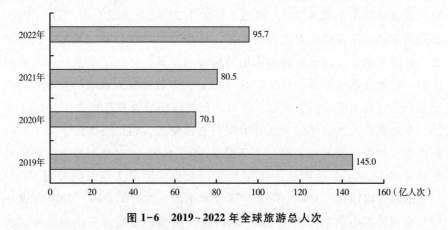

图 1-6　2019~2022 年全球旅游总人次

资料来源：《世界旅游经济趋势报告（2023）》。

2022 年，虽然全球经济增长预期放缓，但旅游经济增长速度有所提高，2022 年全球旅游总收入增速达到 21.1%，比 2021 年的 19.1% 提高 2

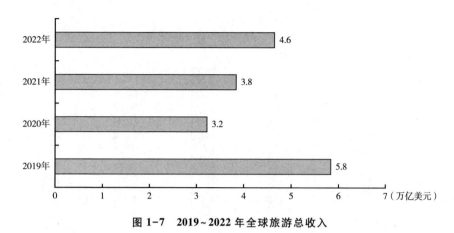

图 1-7　2019~2022 年全球旅游总收入

资料来源：《世界旅游经济趋势报告（2023）》。

个百分点；而 2022 年全球经济增速为 3.2%，比 2021 年的 6.0% 下降 2.8 个百分点，2022 年全球旅游总收入恢复势头好于全球经济恢复势头。

（二）区域旅游发展格局

2022 年五大区域旅游恢复程度差异较大，从高到低依次为中东地区、欧洲、美洲、非洲和亚太地区（见图 1-8）。其中，2022 年中东地区和欧洲的旅游经济恢复程度最高，2022 年旅游总人次分别增长 29.2%、25.1%，旅游总收入分别增长 26.9%、19.4%。亚太地区旅游增长趋势最不乐观，2022 年亚太地区旅游总人次同比增长 16.1%，旅游总收入同比增长 19.5%，旅游恢复水平不足六成。

从五大区域的增长速度来看，预计 2023 年，亚太地区旅游将迎来增长小高潮，旅游总人次和旅游总收入增速均超过 25%；非洲旅游总人次增速和旅游总收入增速超过 10%；欧洲、美洲和中东地区增速放缓，三个区域旅游总人次和旅游总收入增速均下落至 10% 以内。从恢复程度来看，中东旅游将基本恢复至 2019 年水平，欧洲和美洲旅游恢复至 2019 年的 85% 以上，但亚太地区和非洲旅游经济恢复存在较大不确定性。

（三）T20 国家旅游发展

中国社会科学院旅游研究中心课题组将旅游总收入（含国内旅游收入和入境旅游收入）在全球排名前 20 的国家命名为 T20 国家（Tourism 20

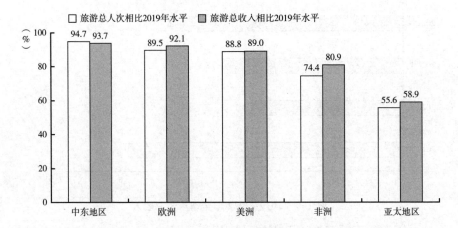

图 1-8 2019 年与 2022 年五大区域旅游总人次和旅游总收入对比

资料来源：《世界旅游经济趋势报告（2023）》。

countries）。长期以来，旅游总收入全球排名前 20 的国家占全球旅游总收入的比例基本稳定在 78% 左右（见图 1-9）。

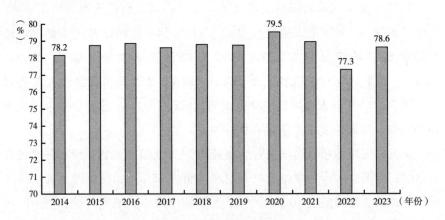

图 1-9 2014~2023 年 T20 国家旅游总收入之和占全球比例

资料来源：《世界旅游经济趋势报告（2023）》。

为有效推动旅游业复苏，这些国家分别从制定旅游发展战略，出台财政、金融、产业等支持政策，推动旅游数字化转型，成立旅游业发展基金，举办推广活动等方面推动旅游业加快复苏。例如，2022 年 6 月，美国商务部发布《国家旅行及旅游战略》，提出四大战略以促进美国旅游发展，启动旅游复苏五年计划；2022 年中国出台《关于促进服务业领域困难行业恢复发展的若干政策》，文化和旅游部印发《关于抓好促进旅游业恢复发展纾困扶持政策贯彻落实工作的通知》并提出 10 条纾困措施，以促进旅游业复苏和发展；2022 年法国旅游发展署发布为期十年的全新"法国目的地发展计划"（Le plan Destination France），预计投入 19 亿欧元预算，将法国打造成"可持续旅行"的第一大目的地以及自行车骑行旅游的第一大目的地。预计 2023 年，在 T20 国家中，大部分国家的旅游收入将恢复至 2019 年的八成（见图 1-10）。

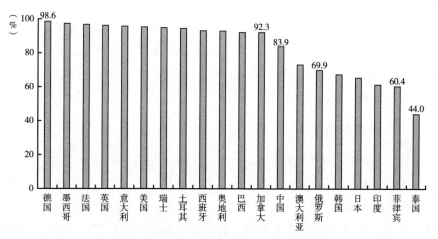

图 1-10　2023 年 T20 国家旅游总收入恢复水平

资料来源：《世界旅游经济趋势报告（2023）》。

第二节　国内环境

2008 年全球金融危机以来，全球进入以长期结构性调整转型为基础的经济增长减速期。在世界经济日益一体化的背景下，受内外部各种因素的共同影响，我国经济增长速度自 2011 年后持续放缓，经济增长的资源环境硬约束越来越强，拉动经济增长的"三驾马车"动力普遍下降。2014 年底，中央经济工作会议从消费需求、投资需求、出口和国际收支、生产能力和产业组织方式、生产要素相对优势、市场竞争特点、资源环境约束、经济风险积累和化解、资源配置模式和宏观调控方式等九个方面分析中国经济新常态的特征。此后；我国经济发展努力朝着形态更高级、分工更复杂、结构更合理的阶段演化，经济发展方式努力从规模速度型粗放增长转向质量效率型集约增长。新常态表明，我国经济进入诸多有利于经济增长的红利加速消失、经济增长的硬约束变得更强、结构转变压力加大的时期[29]。"新冠肺炎疫情是新中国成立以来我国遭遇的传播速度最快、感染范围最广、防控难度最大的重大突发公共卫生事件"[30]，对经济系统的供给侧和需求侧均造成严重打击，深刻改变了中国经济发展的宏观背景[31]。得力于积极有效的防疫措施以及经济本身具有的较强韧性和防风险能力，我国经济在受到疫情冲击后实现了快速恢复，成为 2020 年全球唯一实现经济正增长的主要经济体。面对国内经济结构的持续调整和国际形势的不断变化，"十四五"时期，我国将面临百年未有之大变局深度调整、百年奋斗目标迈向新阶段的重大时代背景[32]。

一　经济形势

（一）长期：增速减缓

2001～2007 年为我国经济的高速增长时期，自 2008 年后的 10 年间，我国经济增速递减明显（见图 1-11）。2012 年后，我国经济增速普遍低于8%，伴随经济增长从高速发展向中高速转变，经济周期波动的模式、特征和原因均发生转变。2014 年我国呈现经济发展新常态下速度变化、结构优化、动力转化三大特点，出现了包括劳动年龄人口数量下降、债务风险加大、城镇化转型艰难等在内的一系列新问题[33]。2019 年后，我国经济发展仍处于趋冷区间，止降回稳是经济发展主基调。外部环境不稳定、不确定因素增加，国内周期性问题与结构性矛盾叠加，经济运行面临较多的风险挑战，导致 2020 年后经济增长速度波动较大。从长期来看，在各种压力下，我国经济发展速度虽然减缓，但仍然具有较好的基础和较高的发展质量，通过加大宏观逆周期调节力度、实施各项改革开放措施等实现止降回稳成为发展重点。

（二）短期：显示韧性

在 2020 年全球经济普遍陷入衰退的同时，我国充分发挥超大规模市场

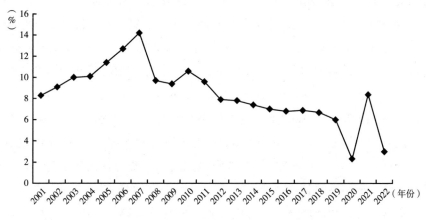

图 1-11 2001~2022 年中国 GDP 增速

资料来源：历年《中国统计年鉴》。

优势，贯彻新发展理念、构建新发展格局，成为全球唯一实现经济正增长的主要经济体[34]。面对国际和国内复杂的环境等多重考验，2021 年中国立足于前期发展基础大规模市场优势，积极畅通经济内外循环，构建新发展格局，中国经济总量占世界经济的比重预计超过 18%，对世界经济增长的贡献率将达到 25% 左右[35]。

国家统计局数据显示，2022 年我国全年国内生产总值 1210207 亿元，比上年增长 3.0%。其中，第一产业增加值 88345 亿元，比上年增长 4.1%；第二产业增加值 483164 亿元，比上年增长 3.8%；第三产业增加值 638698 亿元，比上年增长 2.3%。第一产业增加值占国内生产总值的比重为 7.3%，第二产业增加值占国内生产总值的比重为 39.9%，第三产业增加值占国内生产总值的比重为 52.8%。

从需求来看，2022 年三大需求基本保持稳定，其中全年最终消费支出拉动国内生产总值增长 1.0 个百分点，资本形成总额拉动国内生产总值增长 1.5 个百分点，货物和服务净出口拉动国内生产总值增长 0.5 个百分点。从生产来看，规模以上工业增加值同比增长 3.6%，具体而言，新产业、新业态、新模式的增长较快，例如高技术制造业增加值同比增长 7.4%，占规模以上工业增加值的比重为 15.5%；装备制造业增加值增长 5.6%，占规模以上工业增加值的比重为 31.8%。从投资来看，全国固定资产投资（不含农户）572138 亿元，同比增长 5.1%，其中，第二产业投资增长速度较快，实现 10.3% 的增长，第三产业投资增长 3.0%。从对外贸易来看，全年货物进出口总额 420678 亿元，同比增长 7.7%；全年服务进出口总额 59802 亿元，同比增长 12.9%。从商品销售来看，社会消费品零售总额 439733 亿元，同比下降 0.2%，其中商品零售额 395792 亿元，同比增长 0.5%；餐饮收入额 43941 亿元，同比下降 6.3%；实物商品网上零售额 119642 亿元，同比增长 6.2%。从价格来看，1~5 月全国居民消费价格同比上涨 2%。从就业来看，全年城镇新增就业 1206 万人，比上年少增 63 万人[35]。

　　总体而言，我国经济总量持续增长，发展质量稳步提高，表现出较好韧性；与此同时，也依然面临复杂严峻的国际形势以及需求收缩、供给受挫、预期转弱等三重压力。

二　市场发展

（一）消费市场

　　消费者信心对我国实体经济的发展至关重要，是推动国内大循环、实现国内国际双循环相互促进的新发展格局的重要基础。我国社会消费品零售总额增速在 2012~2019 年略有下降，但整体趋势基本稳定。2020 年，受疫情影响，居民消费能力和消费意愿转弱，特别是过去边际消费倾向较高的青年群体消费水平明显走低，2020 年 1~2 月开始月度同比增长出现下跌，2020 年 8 月开始实现正增长，虽有波动，但在 2023 年基本恢复（见图 1-12）。总体来看，我国居民的消费信心经过波动调整期，还需进一步巩固。

（二）就业市场

　　当前形势下，周期性失业与结构性失业并存，稳就业承受多重考验。2022 年末全国就业人员 73351 万人，其中城镇就业人员 45931 万人，全年全国城镇调查失业率平均值为 5.6%[36]。就业的总量矛盾和结构矛盾仍然存在。在劳动力市场供需不平等、结构性失业压力已然存在的情况下，由经济活动萎缩造成的周期性失业成为近期的主要失业类型。一方面，当经济下行引致劳动力市场疲弱、经济环境不稳定时，市场主体预期转弱，从而缩减投资、降低成本，导致用人需求减少，增加了总体的就业压力；另

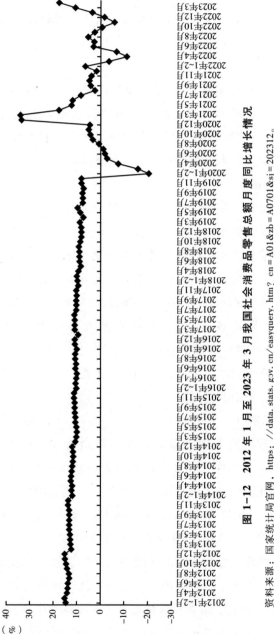

图 1-12　2012 年 1 月至 2023 年 3 月我国社会消费品零售总额月度同比增长情况

资料来源：国家统计局官网，https://data.stats.gov.cn/easyquery.htm? cn = A01&zb = A0701&sj = 202312。

一方面，劳动力市场供需结构不平衡，用人单位和劳动力能力匹配效率不高，应届毕业生的技能供给、就业意愿与市场对应的需求匹配度有待提高，应届毕业生等重点群体就业压力加大，就业等待期延长。

三　民生保障

2021 年我国如期打赢脱贫攻坚战，2023 年我国将防止规模性返贫视为全面推进乡村振兴的底线任务，将更多困难群体纳入社会保障的覆盖范围，不断缩小收入差距、发展差距，将经济发展与人民的生产与生活紧密相连，有力的民生保障将增强消费信心、实现区域协调发展。

（一）收入分配

党的十八大以来，我国实现了贫困人口全部脱贫。消除千年绝对贫困是民生改善的全新历史起点，减贫成就具有重大的世界意义。2022 年是巩固拓展脱贫攻坚成果同乡村振兴有效衔接深化之年，农村居民和贫困地区居民收入较快增长，为有效释放内需潜力、提升消费的经济贡献奠定了坚实基础。2022 年，全国居民人均可支配收入实际增长 2.9%，城镇居民人均可支配收入实际增长 1.9%，农村居民人均可支配收入实际增长 4.2%[37]。目前，全球经济面临衰退、失业率上升、通货膨胀等问题，我国经济发展面临众多挑战，未来还需通过系统性、连续性的民生保障政策和经济发展政策，抵御返贫风险[38]。

（二）社会保障

近年来，我国政府采取一系列社会保障措施加强民生和社会保障。2020 年养老、失业、工伤三项社会保险为企业减负 1.54 万亿元，失业保险稳岗返还 1042 亿元，阶段性降低失业保险、工伤保险费率等社保优惠政策延续到 2022 年。2022 年我国延续实施失业保险保障扩围政策，共向 1000 多万失业人员发放失业保险待遇，向更多低收入群众发放价格补贴。伴随经济发展的波动，部分劳动群体因"去劳动关系"的就业性质，参加社会保险不充分，出现社会救助帮扶不全面、社会保险权益不可携或不完全可携的状况[39]。因此，继续积极探索社会保障体系建设、优化配置各项社会保障资源，将成为改善和保障人民生活、助力经济社会恢复发展的重要举措。

四 政策环境

在我国经济发展面临转型、结构优化升级的过程中，保持宏观政策的连续性，持续深化改革开放，注重宏观政策跨周期和逆周期调节，改善营商环境，促进经济社会发展各项政策的落地，对促进经济复苏、保障经济健康发展至关重要。

（一）全面深化改革与加快对外开放

近年来，供给侧结构性改革、农村土地制度改革、国资国企改革、金融体制改革、"放管服"改革、个税改革、社会保障改革等领域改革措施进一步推进落实，建设更高水平开放型经济新体制和推进合作共赢的开放体系建设等工作有效推进。与此同时，我国对外开放持续深化。一方面，我国对外贸易保持稳定增长。2020 年、2021 年、2022 年我国全年货物进出口分别同比增长 1.9%、21.4%、7.7%。2021 年和 2022 年对"一带一路"沿线国家进出口总额分别比上年增长 23.6% 和 19.4%，对"一带一路"沿线国家非金融类直接投资分别增长 4.9% 和 7.7%，沿线国家对华实际投资增长 10.6% 和 17.2%[40]。另一方面，我国重视加强互利共赢的国际经济合作，在双边贸易、投资协定方面成就斐然，《区域全面经济伙伴关系协定》（RCEP）签署，全球最大的自由贸易区宣告诞生，海南自由贸易港建设进展明显。

（二）重大经济和社会政策

近年来，我国出台了一系列重大经济和社会政策，对高质量发展形成战略支撑。一是区域发展战略陆续出台，增强经济发展的协调性。《中共中央 国务院关于支持浙江高质量发展建设共同富裕示范区的意见》《中共中央 国务院关于支持浦东新区高水平改革开放打造社会主义现代化建设引领区的意见》先后发布，为推动共同富裕和社会主义现代化建设探索制度经验。《中共中央 国务院关于新时代推动中部地区高质量发展的意见》等区域发展战略的延续和深化，体现了补齐发展短板、解决发展不平衡不充分问题的制度关切。二是以人民为中心的家庭和社会政策力度加大，有力应对老龄化等挑战。《中共中央 国务院关于优化生育政策促进人口长期均衡发展的决定》《中共中央 国务院关于加强新时代老龄工作的意见》是积极应对人口老龄化趋势，促进人口长期均衡发展的重大战略选择。三是农业农村现代化步伐加快，脱贫攻坚成果同乡村振兴有效衔接。《中共中央　国务院关于实现巩固拓展脱贫攻坚成果同乡村振兴有效衔接的意见》旨在进一步增强脱贫地区经济活力和发展后劲，《中共中央　国务院关于全面推进乡村振兴加快农业农村现代化的意见》体现出加快农业农村现代化工作在新发展阶段的极端重要性，《关于加快推进乡村人才振兴的意见》指出了促进各类人才投身乡村建设的科学抓手。四是绿色发展扎实推动，碳达峰和碳中和分别成为短期和长期内的政策抓手。《关于推动城乡建设绿色发展的意见》等政策的出台形成了推动绿色发展、建设美丽中国、通过碳达峰和碳中和解决资源环境约束问题的基本方略。

（三）基础设施建设

基础设施建设对经济的发展有较好的刺激作用，交通基础设施促进区域间生产要素的合理流通、降低物流成本、优化资源配置，民生基础设施改善、保障和丰富人民生活，提高人民生活质量和消费信心与消费能力。近年来，我国通过基础设施建设积极扩大内需、促进经济转型、赋能经济发展[41]。未来一段时期，围绕国家重大战略部署和"十四五"规划，重点水利工程、综合立体交通网、重要能源基地和设施，以及城市管网体系、防洪排涝设施、地下综合管廊建设等综合改善民生的项目被提上日程。此外，数字基础设施、新型基础设施供给受到更大程度的重视，人工智能、大数据中心体系、区块链、5G技术等数字基础设施的应用需求将普遍上升。

第三节　未来前瞻

当前和未来一段时期，全球正逢百年未有之大变局。我国的外部环境严峻复杂，国内经济发展也进入增速换挡、结构调整和动力转换的阶段。进入新发展阶段、贯彻新发展理念、构建新发展格局，是由我国经济社会发展的理论逻辑、历史逻辑、现实逻辑决定的[42]。国内外发展环境的变化将进一步给旅游业带来深刻影响。

一　环境展望

在百年未有之大变局的背景下，外部发展环境的不确定性增强，且有持续恶化风险，国内经济在经历高速发展后步入增速放缓的新发展阶段，高速发展过程中积累的问题逐步显现。这些都是未来发展面临的挑战。

（一）全球发展不确定性增加

全球经济环境越发复杂，多重风险叠加。从经济形势来看，全球经济正从新冠疫情和俄乌冲突的影响中逐步复苏，但按历史标准来看，仍持续处于低位，且存在较大的不确定性。未来五年的经济增速预测值连续下降，中期增长将总体放缓。从贸易格局来看，尽管全球供应链的压力仍然高于 2019 年的水平，但自 2022 年中期以来随着运输成本降低和库存正常化，已经有一定缓解。从需求端来看，全球需求减弱依旧对全球贸易造成持续压力，相较于货物贸易而言，服务贸易特别是旅游回升较为明显，但也受到全球活动放缓和高投入成本的限制。此外，高通胀率的持续时间也长于预期，一系列的风险规避举措，将加剧贸易保护主义，抬高贸易成本。从投资格局来看：一方面，总体来看，投资活动在通胀加剧的环境、动荡的金融市场中仍具韧性，但近些年的投资增长主要集中在少数几个大型新兴经济体，全球投资格局仍然存在很大差异；另一方面，随着地缘政治形势越发紧张，为了规避风险、增强供应链韧性，政府和企业更倾向于将生产转移到国内或值得信赖的国家，导致地缘政治上结盟的经济体之间的外商直接投资流动所占比重不断上升，超过了地理位置更接近的国家所占比重，带来全球资本流动的大规模重置。从劳动力市场来看：一方面，短期内经济下行压力加大；另一方面，全球劳动力市场出现长期结构性变化，全球劳动力市场的前景仍然不容乐观，但不同地区的情况也存在差异。全球劳动力供应增长可能会继续减速，特别是发达国家经济体，可能进一步面临劳动力短缺问题。

当今世界正在经历百年未有之大变局，国际秩序变革与转型快速推进，全球治理赤字、信任赤字、和平赤字、发展赤字有增无减，经济全球化和全球治理进程遭遇空前冲击，世界面临的不稳定性、不确定性更加突出[43]。全球不确定性的增加促使大国在价值链治理中更加关注抵抗风险的能力。2020年以来，依据价值链安全风险的变化，主要经济体实现了从引导型到塑造型治理路径的转变。面对大变局时代全球价值链结构性变化所带来的风险，新兴经济体需要加强政策协作，强化全球价值链的公共产品属性，提高维护经济安全的能力[44]。

（二）中国经济进入新阶段

党的二十大报告指出："我国发展进入战略机遇和风险挑战并存、不确定难预料因素增多的时期。"长期来看，我国经济已进入新常态，经济持续稳定发展仍然面临一些挑战。

从市场发展来看，全球金融危机后，过去经济高速增长时期积累的传统行业产能过剩问题依然突出。一方面，受制于我国现阶段高端产业和价值链高端环节的创新能力不足；另一方面，部分关键零部件、核心技术和基础原材料仍然严重依赖进口[45]。因此，在改造提升旧动能的同时，需要畅通经济循环，不断培育和壮大新动能，在增速换挡中构建供需新的平衡。

从民生保障来看，我国发展不平衡不充分问题仍然突出。长期以来，由于地理条件、资源基础、发展速度的差异，东南沿海及各大中心城市发展速度快、人口城镇化率高，而中西部地区的社会发展水平相对滞后。因此，需要推动生产布局合理化、区域产业结构升级和产业协同合作，进一步解决区域经济发展不平衡问题，同时坚持乡村振兴战略、完善收入分配制度、加强民生保障等措施，促进农业现代化、提高农民收入水平、缩小城乡收入差距、补足民生短板[46]。

二 旅游影响

旅游活动和旅游产业有两个突出特点——较强的关联性和敏感性。旅游活动的开展依托于多产业协作，餐饮、住宿、交通、游览、购物、娱乐等行业直接面向旅游者，为其提供服务，建筑业、银行业、邮电业、商业、农业以及文物、卫生、教育、轻工、纺织等行业部门则为旅游产品和服务的生产提供材料、技术、设备，并通过行业协作为旅游消费过程提供保障和支持，具有产业关联性。旅游消费活动的完成依赖于多种因素，维持相对充足、高质量的旅游供给需要多部门配合，具有部门关联性。旅游活动是一种跨区域的人口流动行为，涉及旅游客源地、旅游中转地和旅游目的地，具有区域关联性。多产业、多部门、多区域为旅游业的发展提供机会的同时，旅游业也易受到多方面因素的影响。

（一）直接影响与间接影响

宏观环境影响旅游发展的传导路径可表现为直接影响和间接影响（见图 1-13）。直接影响是指给旅游产业、旅游市场、旅游经济、旅游企业、旅游者以及旅游从业者等带来的影响；间接影响则是给其他领域（如居民收入、医疗等支出、就业状况等）和其他产业（如农业、金融业、制造业等）带来的影响，从而间接地传导到旅游业。

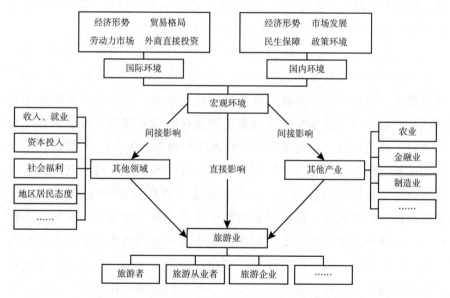

图 1-13　宏观环境对旅游业的直接影响和间接影响

资料来源：作者自绘。

就国际环境而言，全球的经济走势、国际贸易、投资格局以及劳动力市场发展，会对各行业产生影响，特别是国际旅游的开展及其长期发展依赖于稳定的国际发展环境[47]。例如，Seyfi 和 Hall 认为，一些单边或双边的经济制裁将直接限制旅游者在国家之间的流动，或是限制旅游和酒店业的国际投资，也间接影响旅游供应链，例如影响目的地项目吸引资金的能力，减少旅游经济回报，甚至可能造成市场萎缩等[48]。

就国内环境而言，国家的经济环境、市场发展为旅游业提供基本动力。居民可支配收入是影响旅游消费者出游意愿的重要因素，而民生保障、政策环境等也会对旅游市场产生影响。例如，社会福利的改善将影响旅游市场的年龄结构、时间分布，催生新的旅游业态；缩小城乡差距、区域一体化等宏观政策，加强了城乡间的经济联系，进而影响旅游业的空间布局[49]。

（二）不同主体及其互动

旅游发展涉及旅游者、旅游供给企业、旅游组织和旅游媒体等多类主体。面对不同的宏观环境变化，旅游者、旅游企业经营者、旅游组织和旅游媒体反应也有所不同，相互之间还会产生互动影响。

从旅游者角度看，旅游心理感知和消费行为将受到环境影响。近年来，旅游者对风险的感知更为明显，地理距离、经济距离、社会距离、价格变化、便利程度等都会对旅行成本产生影响，进而影响旅游意愿和旅游消费行为。旅游风险感知的客观因素包括人身风险、经济风险、设备风险、社会风险、心理风险、时间风险和机会损失[50]。从旅游供给企业角度看，经济变化通过生产成本、销售情况来影响旅游经营者的供给状况、经营信心和供给决策，从而影响旅游业的投资布局和投资规模。整体经济预期较低时，旅游企业将缩减投资规模；预期更为积极时，旅游企业将更乐意投入更多资源到旅游业中。从旅游组织来看，在面对宏观环境的变化时，旅游组织通过政策制定、宣传引导、信息发布等对旅游市场发挥引导、规范和管理作用，引导旅游流和旅游消费，管理、规范旅游市场发展[51]。从旅游媒体来看，随着技术的发展，社交媒体对人们的生活产生广泛影响，网络评价、媒体信息等成为旅游者对旅游目的地形成认知的一个重要依据，甚至由于"网红效应"，直接促进旅游意愿的形成[52]。

除考虑不同主体对宏观环境的响应外，还要考虑旅游利益相关主体间的联系与互动过程（见图1-14）。

首先，旅游媒体和旅游组织对其他主体的行动有一定引导作用。对于

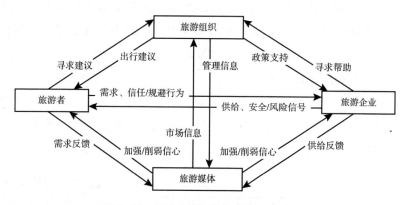

图 1-14　旅游业不同主体间的互动关系

资料来源：作者自绘。

旅游者而言，积极、正向的报道将加强旅游者、旅游经营者信心，而消极、负面的报道将给旅游者带来恐慌、焦虑心理，二者都将影响旅游者和旅游经营者的决策。例如，基于旅游媒体的信息，潜在或现实的旅游者感知到环境变化，以自身的经历背景、性格特征等为基础，对风险事件发生可能性和后果严重性进行评估，对环境形成差异化的风险感知，最终形成旅游行为或者终止旅游活动的决策。在此过程中，旅游者对于不同组织和媒体的信任程度也将对自身的最终决策形成影响。通常情况下，旅游组织的信息传播更具有权威性，而旅游媒体的信息传播则在传播效率、传播范围上更具优势[53]。当旅游企业经营者获取到旅游组织和媒体传播的广泛信息和旅游者传递的需求信息时，也会以所占有的资源和经营管理能力为依据，做出或是规避风险、降低成本，或是扩大生产、提升竞争力等各种生产决策。

其次，旅游组织分析、判断当前形势和行业现状进行主动和有效干预。在发展预期降低、发展乏力时，旅游组织会通过采取一系列措施帮助恢复游客和旅游企业的信心[54]。具体包括：对困难企业提供政策援助，如补贴和税收减免等，以保障供给；及时、透明、准确发布信息，以稳定旅游消费者情绪；管理规范市场，避免市场的恶性竞争和资源浪费。

最后，旅游组织的信息又通过旅游媒体反馈到旅游者，后者对其旅游决策进行修正和确认。伴随宏观环境的变化，信息在不同主体间传递，不同主体之间产生互动关系，从而共同推动旅游业的变化[55]。

（三）不同范围及其层次

旅游经济的不同范围涉及旅游企业、旅游行业、旅游产业和旅游经济四个层次（见图1-15）。随着宏观环境的变化，不同范围和层次的关键问题也呈现差异化发展。

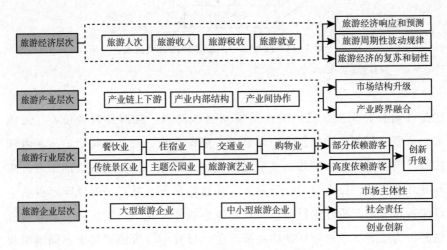

图1-15 旅游发展的不同层次范围

资料来源：作者自绘。

首先，在新形势下，旅游企业更需要发挥市场主体的竞争力和企业家的创新引领力。国际环境复杂多变，为旅游企业带来了更多的租金、工资和税收等成本压力以及产业链上下游的协调压力[56]。与此同时，得益于技术进步和以国民消费为基础的大众旅游的推动，我国旅游市场主体不断壮大。面对新形势，旅游企业要发挥市场主体作用，不断提升自身竞争力和影响力。对于旅游企业而言，其社会责任和营销理念也发生改变，企业家精神和社会责任也成为消费者的重要关注指标[57]。对于不同企业而言，由于企业规模、所有制、资产特点、业务结构、商业模式、发展阶段以及发展策略的不同，例如头部企业、大型企业、国有企业拥有更强的免疫力和抗风险能力，在企业战略调整、业务转型等方面更为游刃有余，更应发挥其在推动行业创新、促进行业积极竞争方面的带头作用。随着旅游活动的日常化、旅游目的地的分散化，中小微企业能够发挥其灵活优势，更好地满足多样化、个性化、多层次的旅游需求，推动旅游创业创新[58]。

新形势对旅游产业的影响主要表现在产业结构与竞争力等方面。宏观经济形势对全产业链产生影响，旅游业具有较高的产业关联性，其供给端和需求端也容易受到影响。例如面对经济危机时，产业链中间生产活动中断、资源闲置、劳动力短缺等问题将深刻影响旅游产业的生产和服务环节[59]。因此，新的经济形势加速了产业结构洗牌与市场优化，传统守旧、难以转型的企业和项目将加速被市场淘汰，而具有创新能力、韧性较强的企业和项目将被市场接受，产业结构内部被重新洗牌[60]。与此同时，产业协作受到重视，产业链上下游企业合作变得极为重要，旅游产业和其他产业的联系也进一步加强，体育、文化等产业与旅游业的融合更为普遍。

研究者对包括疫情在内的各种冲击对旅游经济的影响给予关注，主要是基于具体指标分析的研究[61]。不少学者对短期内旅游总人次、旅游总收入、旅游就业人数、旅游税收等进行了分析预测[62]。实际上，除了具体指标衡量外，还需要更加综合宏观的视角。近年来，"经济韧性"（Economic Resilience）受到关注。杜志威、文志敏、金利霞构建了"结构-能动性"的分析框架，用以揭示影响经济韧性重塑的微观机制[63]（见图1-16）。外部因素对旅游经济的影响体现在旅游经济的周期性上。自20世纪90年代以来，全球旅游经济经历了三次较大波动，包括1990年的石油价格上涨和全球经济衰退、2001年的全球经济危机和美国"9·11"恐怖袭击事件、2008年的全球金融危机，均对全球旅游经济造成重大冲击[64]。目前全球经济进入持续低迷阶段。在全球旅游经济衰退的外部环境压力下，我国旅游经济的周期性特征也越发明显[65]。

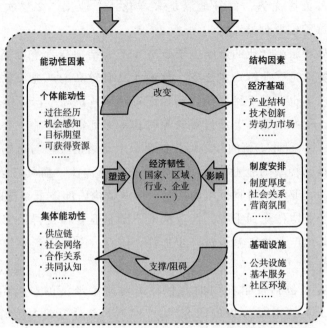

图 1-16　"结构-能动性"的经济韧性分析框架

资料来源：杜志威、文志敏、金利霞《"结构-能动性"框架下短期经济韧性的动态演化与影响机制——基于新冠肺炎疫情冲击下对东莞企业的访谈》，《热带地理》2022 年第 8 期。

本章参考文献

［1］方毅、孟佶贤、张屹山：《中国经济增长的状态跃迁（1979—2020）——基于复杂系统视角的研究》，《中国社会科学》2022 年第 5 期。

［2］刘建飞：《领导干部如何认识世界百年未有之大变局》，中共中央党校（国家行政学院）官网，2019 年 10 月 22 日，https：//www.ccps.gov.cn/zl/ldl/201910/t2019102 2_ 135071. shtml。

［3］习近平：《在 2020 年中国国际服务贸易交易会全球服务贸易峰会上的致辞》，人民网，2020 年 9 月 5 日，http：//politics. people. com. cn/n1/2020/0905/c1024-318502 88. html。

［4］代桂平：《把坚持高质量发展作为新时代的硬道理》，《人民论坛》2023 年第 24 期。

［5］罗明义、裴会平、罗冬晖：《世界旅游发展新特征：低速增长、短期波动、敏感性增强》，《江西科技师范学院学报》2011年第6期。

［6］宋瑞主编《2018－2019年中国旅游发展分析与预测》，社会科学文献出版社，2019。

［7］董志勇、李成明：《全球失衡与再平衡：特征、动因与应对》，《国外社会科学》2020年第6期。

［8］袁勇志、鞠斐：《全球经济进入"低增长陷阱"背景下的中国财税改革研究》，《理论探讨》2020年第1期。

［9］世界银行：《2022年世界发展报告：金融为公平复苏护航》，https：//openknowledge. worldbank. org/server/api/core/bitstreams/88174d16－21c9－57f8－8fb4－ad04172c9f36/content。

［10］国际货币基金组织：《世界经济展望》2020年1月，https：//www. imf. org/zh/Publications/WEO/Issues/2020/01/20/weo－update－january2020；国际货币基金组织：《世界经济展望》2020年10月，https：//www. imf. org/zh/Publications/WEO/Issues/2020/09/30/world－economic－outlook－october－2020。

［11］国际货币基金组织：《世界经济展望》2021年1月，https：//www. imf. org/zh/Publications/WEO/Issues/2021/01/26/2021－world－economic－outlook－update；国际货币基金组织：《世界经济展望》2021年7月，https：//www. imf. org/zh/Publications/WEO/Issues/2021/07/27/world－economic－outlook－update－july－2021。

［12］国际货币基金组织：《世界经济展望——感染病例增加，复苏进程受阻，通货膨胀上升》2022年1月，https：//www. imf. org/zh/Publications/WEO/Issues/2022/01/25/world－economic－outlook－update－january－2022；国际货币基金组织：《世界经济展望》2022年4月，https：//www. imf. org/zh/Publications/WEO/Issues/2022/04/19/world－economic－outlook－april－2022。

［13］《世界银行下调2023年全球经济增长预期至1.7%》，新华网，2023年1月11日，http：//www. news. cn/world/2023－01/11/c_ 1129272987. htm。

［14］国际货币基金组织：《世界经济展望》2023年4月，https：//www. imf. org/zh/Blogs/Articles/2023/04/11/global－economic－recovery－endures－but－the－road－is－getting－rocky。

［15］《多重危机叠加 国际机构再度调低全球经济增长预期》，中国发展改革报社官方微信公众号，2022年7月5日，https：//mp. weixin. qq. com/s? _ _ biz＝MzAwMDA4Njc4MA＝＝&mid＝2651370588&idx＝3&sn＝462e428fd4e9aaafcd98a7865eeb5f2d&chksm＝811253cfb665dad93be41db75abf6966bb73d93eafb6f157a0c826439292c3a3ae2fc15d613b&scene＝27#wechat_ redirect。

［16］Victor, V., et al., "From a recession to the COVID－19 pandemic：Inflation－Unemployment comparison between the UK and India," *Economies* 9 (2), 2021, p. 73.

［17］Goodhart, C., et al., "Corporate legacy debt, inflation, and the efficacy of monetary policy，" CEPR Discussion Paper, December 2021, No. DP16799. Available at SSRN：https：//ssrn. com/abstract=4026664.

［18］刘洪铎、张铌、卢阳、陈晓珊：《新冠肺炎疫情对全球贸易的影响研究》，《统计研究》2021 年第 12 期。

［19］《贸发会议预计 2023 年全球贸易将萎缩近 5%》，WTO/FTA 咨询网，2024 年 1 月 2 日，http：//chinawto. mofcom. gov. cn/article/ap/p/202401/20240103464100. shtml。

［20］徐浩、赵景峰：《新贸易保护主义对我国的影响与对策》，《宏观经济管理》2022年第 3 期。

［21］唐宜红、张鹏杨：《后疫情时代全球贸易保护主义发展趋势及中国应对策略》，《国际贸易》2020 年第 11 期。

［22］United Nations Conference on Trade and Development, *World Investment Report*：*Investing in Sustainable Recovery 2022*（ New York：United Nations Publications，2022）.

［23］张宇：《新科技革命与新冠肺炎疫情冲击下的国际直接投资格局：原因、趋势与影响》，《国际贸易》2022 年第 6 期。

［24］United Nations Conference on Trade and Development, *World Investment Report* 2021：*Investing in Sustainable Recovery*（New York：United Nations Publications, 2021）.

［25］International Labour Organization, *World Employment and Social Outlook*：*Trends 2022*，January 2022，https：//www. ilo. org/global/research/global-reports/weso/trends2022/WCMS_ 834081/lang--en/index. htm.

［26］International Labour Organization, *ILO Monitor*：*COVID-19 and the World of Work*，7th edition，17 January 2021，https：//www. ilo. org/global/topics/coronavirus/impacts-and-responses/WCMS_ 767028/lang--en/index. htm.

［27］International Labour Organization, *ILO Monitor*：*COVID-19 and the World of Work*，9th edition，May 2022，https：//www. ilo. org/global/publications/books/WCMS_ 845642/lang--en/index. htm.

［28］International Labour Organization, *World Employment and Social Outlook*：*Trends 2023*，January 2023，https：//www. ilo. org/global/research/global-reports/weso/WCMS_865332/lang--en/index. htm，10 May 2023.

［29］齐建国、王红、彭绪庶、刘生龙：《中国经济新常态的内涵和形成机制》，《经济纵横》2015 年第 3 期。

［30］习近平：《在全国抗击新冠肺炎疫情表彰大会上的讲话》，人民网，2020 年 9 月 8日，http：//politics. people. com. cn/n1/2020/0909/c1024-31854276. html。

［31］余泳泽、赵成林、张少辉：《新冠肺炎疫情冲击下中国经济目标战略性调整研究》，《经济与管理研究》2020 年第 11 期。

［32］陈昌盛、许伟、兰宗敏、江宇：《"十四五"时期我国发展内部外部环境研究》，《管理世界》2020 年第 10 期。

［33］李扬、张晓晶：《"新常态"：经济发展的逻辑与前景》，《经济研究》2015 年第 5 期。

［34］唐任伍、李楚翘：《中国经济韧性的现实表征、动态演化与决定因素》，《北京师范大学学报》（社会科学版）2022 年第 1 期。

［35］国家统计局：《5 月份国民经济运行延续复苏态势》，国家统计局官网，2020 年 6 月 15 日，http：//www. stats. gov. cn/xxgk/sjfb/zxfb2020/202006/t20200615_ 1767733. html。

［36］国家统计局：《中华人民共和国 2022 年国民经济和社会发展统计公报》，国家统计局官网，2023 年 2 月 28 日，http：//www. gov. cn/xinwen/2023－02/28/content_ 5743623. htm。

［37］国家统计局：《2022 年居民收入和消费支出情况》，国家统计局官网，2023 年 1 月 17 日，http：//www. gov. cn/xinwen/2023－01/17/content_ 5737487. htm。

［38］贺立龙、张衔：《世纪疫情冲击、全球规模性返贫与中国应对》，《上海经济研究》2022 年第 7 期。

［39］席恒：《全球新冠肺炎疫情、超级老龄化、新型就业三重挑战下的中国社会保障》，《社会保障评论》2022 年第 1 期。

［40］《国务院新闻办就 2022 年全年进出口情况举行发布会》，中国政府网，2023 年 1 月 13 日，http：//www. gov. cn/xinwen/2023－01/13/content_ 5736993. htm。

［41］王兵、李琳：《新冠肺炎疫情对中国经济的长期影响及应对》，《现代经济探讨》2021 年第 2 期。

［42］习近平：《把握新发展阶段，贯彻新发展理念，构建新发展格局》，《求是》2021 年第 9 期。

［43］吴志成：《保持战略定力应对全球治理的不确定性变化》，《中国党政干部论坛》2020 年第 10 期。

［44］管传靖：《大变局时代全球价值链安全治理的路径选择》，《国际论坛》2022 年 8 月 12 日网络首发，https：//kns. cnki. net/kcms/detail/11. 3959. D. 20220810. 1718. 001. html。

［45］黄群慧：《新发展格局的理论逻辑、战略内涵与政策体系——基于经济现代化的视角》，《经济研究》2021 年第 4 期。

［46］郭晴：《"双循环"新发展格局的现实逻辑与实现路径》，《求索》2020 年第 6 期。

［47］De Vita, G. , "The long-run impact of exchange rate regimes on international tourism flows," *Tourism Management* 45, 2014, pp. 226-233.

［48］Seyfi, S. , Hall, C. M. , "International sanctions, tourism destinations and resistive economy," *Journal of Policy Research in Tourism, Leisure and Event* 11 (1), 2019, pp. 159-169.

［49］王凯、邹楠、甘畅、胡奕：《区域一体化政策能否促进城市旅游发展？——基于长江经济带的实证检验》，《旅游科学》2023 年第 2 期。

［50］Cui, F., et al., "An overview of tourism risk perception," *Natural Hazards* 82, 2016, pp. 643–658.

［51］郑艳芬、王华：《旅游目的地全面关系流管理研究——以凤凰古城为例》，《旅游学刊》2022 年第 5 期。

［52］刘慧悦、阎敏君：《移动短视频使用对旅游者行为意愿的影响研究》，《旅游学刊》2021 年第 10 期。

［53］Lin, X., Spence, P. R., Sellnow, T. L., Lachlan, K. A., "Crisis communication, learning and responding: Best practices in social media," *Computers in Human Behavior* 65, 2016, pp. 601–605.

［54］Allaberganov, A., Preko, A., Mohammed, I., "Government commitment to tourism and hospitality sector during COVID-19 pandemic," *Tourism Critiques: Practice and Theory* 2 (2), 2021, pp. 153–169.

［55］张江驰、谢朝武：《旅游者对旅游地多元危机信息传播主体的响应》，《华侨大学学报》（哲学社会科学版）2022 年第 6 期。

［56］Carracedo, P., Puertas, R., Marti, L., "Research lines on the impact of the COVID-19 pandemic on business: A text mining analysis," *Journal of Business Research* 132, 2020, pp. 586–593.

［57］张琰、李琼琼、欧丽慧、易凌峰：《公共危机中平台型企业的社会责任治理——基于携程的案例研究》，《管理案例研究与评论》2022 年第 1 期。

［58］杜一力：《中小企业和价值创新》，《旅游学刊》2018 年第 2 期。

［59］张志明、耿景珠、杨攻研、杜明威：《国际疫情蔓延、全球产业链传导与中国产业链稳定》，《国际经贸探索》2022 年第 2 期。

［60］田里、马玉：《常态化防控下的旅游业发展挑战与机遇》，《社会科学家》2021 年第 12 期。

［61］Škare Marinko, Soriano Domingo Riberio, Porada Rochoń Małgorzata, "Impact of COVID-19 on the travel and tourism industry," *Technological Forecasting and Social Change* 163, 2020, 120469.

［62］Song Haiyan, Wang Can, Meng Xianming, Siriwardana Mahinda, Pham Tien, "The impact of COVID-19 on the Chinese tourism industry," *Tourism Economics* 28 (1), 2022, pp. 131–152.

［63］杜志威、文志敏、金利霞：《"结构-能动性"框架下短期经济韧性的动态演化与影响机制——基于新冠肺炎疫情冲击下对东莞企业的访谈》，《热带地理》2022 年第 8 期。

［64］陈勇：《"大事件"、需求波动与旅游业经济周期：新冠肺炎疫情的影响及其他》，《旅游学刊》2020 年第 8 期。

［65］杨勇：《常态化疫情防控下旅游经济研究的新问题与新机遇》，《旅游学刊》2021 年第 2 期。

第二章　趋势演变

改革开放 40 多年来，我国旅游业产业规模持续扩大、产业贡献不断增长。中国连续多年保持世界第一大出境旅游客源国的地位，也在 2019 年成为全球第三大入境旅游接待国；旅游消费对经济增长作用持续增强，成为经济增长和平稳运行的重要"稳定器"和"压舱石"[1]。旅游产业的市场结构、区域格局、产业贡献在发展过程中受到多种因素的影响，发生了不同程度的变化。

第一节　市场结构

我国旅游业发展过程中形成了以国内旅游市场为主体、出境旅游市场次之、入境旅游市场规模最小的发展格局，同时保持着出境旅游规模增长最快、国内旅游次之、入境旅游最慢的发展趋势[2]。对于不同旅游市场而言，旅游需求、供给特征以及对环境的敏感度和依赖度存在显著差别。

一　国内旅游

（一）发展态势

如图 2-1 所示，1994~2019 年，国内旅游人数和收入呈现总体上升趋势，但在不同阶段表现出不同的特点。分阶段来看，国内旅游人数和国内旅游收入除 2003 年经历了小幅下降之外，其余年份均呈现持续上升趋势，且 2003 年之前增长较为缓慢。此外，以 2003 年和 2010 年为分界点，国内旅游人数和旅游收入实现了两次增长率的跨越，2003~2010 年，国内旅游人数从 8.7 亿人次增长到 21.03 亿人次，增长率为 141.7%，国内旅游收入从 3442.27 亿元增长到 12579.77 亿元，增长率为 265.45%；2010~2019 年国内旅游人数从 21.03 亿人次增长到 60.06 亿人次，增长率为 185.6%；国内旅游收入从 12579.77 亿元增长到 57250.9 亿元，增长率为 355.1%。

2020 年受到全球疫情大流行的影响，国内旅游市场在需求和供给两个方面受到限制，国内旅游人数和旅游收入的增长出现了 2003 年后的首次下降。相对而言，国内旅游市场在三大市场中受影响程度最小，恢复速度也最快。一方面，相较于入境旅游市场和出境旅游市场而言，国内旅游市场具备更扎实的发展基础和更稳定的内部结构，更具韧性；另一方面，在国外形势复杂和不确定性增多的背景下，一些原本的出境旅游需求也可能会转化为国内旅游需求。

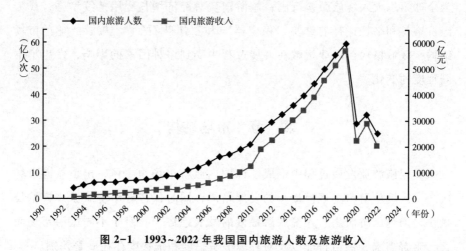

图 2-1 1993~2022 年我国国内旅游人数及旅游收入

资料来源：1993~2020 年的数据来源于《中国社会统计年鉴 2021》；2021~2022 年的数据来源于《2022 年国民经济和社会发展统计公报》。

（二）需求变化

2020 年后，国内旅游的消费需求、方式、特征也发生了一些变化。首先，旅游逐渐成为一种重要的生活方式，旅游者对心理健康疗愈的需求增加，希望通过旅行改善心理状况、调节情绪[3]。其次，旅游者对生态、自然、运动等旅游产品的关注度提升，也更关注产品卫生和安全指数，推崇健康的旅游消费理念，倾向于低密度、高质量的旅游体验[4]。最后，旅游者的旅游方式表现出由"远程低频"向"近程高频"的转变，远程旅游的可控性降低，也增加了更多的风险因素，周边游、近郊游等成为一段时间内的消费热点[5]。

旅游需求的转变也对未来的旅游供给提出新的要求。一方面，旅游供给质量是旅游竞争力的重要基础，高同质化、低服务质量的旅游产品和服务更可能被市场抛弃和替代，旅游企业在市场选择中需要调整产品结构，扩大优质供给，并加强安全服务，稳定消费者信心[6]；另一方面，旅游产品和服务供给需要更加多样性，包括冰雪旅游、康养旅游、城市公园、休闲街区、乡村旅游、家庭旅游、亲子旅游、自驾旅游等新型旅游产品和服务等将成为新的增长点[7]。

（三）存在问题

受各种内外部以及历史和现实因素所限，目前国内旅游市场依然存在诸多问题，最突出地表现在如下几个方面。

一是总体消费水平较低且恢复程度不高。从长期趋势看，我国人均旅游消费、城乡居民出游率、旅游消费占居民消费的比例等均与发达国家存在较大距离。从短期趋势看，旅游消费虽有所恢复，但主要体现为消费人次的增加。以2023年"五一"假期为例，根据文化和旅游部数据中心的数据，国内出游人次和国内旅游收入均略超2019年同期水平，但人均消费和日均消费则分别从2019年的603元和150元下降为540元和108元。各地旅游市场普遍存在"旺丁不旺财"的现象。

二是不同群体和不同区域旅游消费差异较大。从区域差异看，旅游消费也存在一条类似人口、经济分布规律的"胡焕庸线"，线两侧的消费水平差异较大。东部沿海地区消费环境更佳、消费意愿更强，消费水平普遍较高，而中西部地区消费水平明显偏低。长期以来，我国东部地区、中部地区、西部地区的潜在出游力较为稳定地处于7：2：1的三级阶梯状分布格局，尽管近年有所收敛，但地区间差异之大不容忽视。从城乡差异看，农村居民的人均出游率、出游人数增长率、旅游消费增长率、人均旅游消费水平等只有城市居民的1/3~1/2，城乡居民旅游消费差距仍然较大，在某些方面差距甚至有所扩大。

三是旅游消费在时间上呈现出极化特征。我国节假日制度相对固定，带薪年休假、错峰休假等制度落实水平仍然较低，人们出游大多集中在公共假期尤其是"十一"等长假期间。29 天的节假日占全年 365 天的比例不足 8%，但期间全国所接待的游客量占全年国内旅游接待人次的比例超过 30%，旅游收入占全年旅游收入的比例超过 40%。如此集中的旅游消费，不仅给景区、交通、住宿、生态环境等带来巨大压力，也影响了人们的消费质量和旅游体验。

四是旅游消费文化内涵不够。我国名胜古迹、历史文物、民俗节庆等文化资源丰富，文化资源的旅游开发利用较早，但各种业态和产品在"以文促旅、以旅彰文"方面仍有巨大拓展空间。旅游产品和服务对文化内涵的挖掘和利用不够，一般游客对旅游活动、旅游设施、旅游服务中的文化附加值了解和重视不够等问题依然突出。

五是旅游消费分项结构不甚合理。总体来看，我国居民国内旅游消费中，长途交通费、游览费、住宿费、餐饮费、市内交通费五大基本旅游消费占比高达 70%，商品销售、娱乐费用、邮电通信费、其他费用四项非基本旅游消费仅占 30%。对于一些旅游目的地而言，旅游景区的主要收入仍然来自门票经济，产品结构在横向和纵向链条上的延伸性不足，旅游消费结构单一。在新发展格局下，要进一步释放旅游消费潜能，亟须对上述问题做出系统性解决。

六是旅游消费环境不甚完善。在硬件环境上，在通往景区的"最后一公里"道路、文化和旅游接待场所内的智能导览系统以及充电桩、直饮水、公共厕所、智慧咨询等公共设施建设方面还存在短板。在软件环境上，不少地方消费环境诚信度不足，特别是在假期期间，擅自违约、虚假宣传、服务质量明显下滑等现象并不鲜见。

（四）相关建议

一是提升城乡居民消费意愿和消费能力。从需求侧看，当前扩大消费的主要制约在于就业形势复杂严峻、收入预期普遍下降、社会保障尚不完善等导致的消费率偏低。为此，要千方百计扩大就业，增加城乡居民收入，加大社会保障、转移支付、税费优惠等调节力度，全面提升城乡居民特别是中低收入群体的消费意愿和消费能力。

二是建议全面落实带薪假期并优化节假日制度。建议从法律、社会层面对带薪假期问题进行系统研究，将其与税收、财政、劳动保障、民生等问题综合考虑，将整体性和差异性结合，对法定节假日、带薪年休假、弹性休假、学生春秋假等进行通盘考虑和系统设计。建议建立部门联动机制。落实主体责任和政策时间表，将带薪年休假执行情况纳入年度目标责任考核、纳入文明单位等各项评选标准中；各级政府建立市场监管、税务、人社等部门联动机制，推动带薪年休假制度的全面实施；各行业、各部门探索实行带薪年休假制度的具体方式，鼓励实行弹性作息；各地错开大中小学生的寒暑假时段，根据实际情况实施春假、秋假等。

三是加大文化和旅游消费惠民措施力度。引导各地建立省、市、县三级联动机制，实行财政性资金直补，企业参与让利，发放文化和旅游消费券（卡）。鼓励各地举办文化和旅游消费季、消费月、数字文化和旅游消费体验等活动。支持金融机构在依法合规的前提下发行文化和旅游消费联名银行卡。引导地方在消费场所空间建设及惠民措施活动实施中做好适老化服务。政府有关部门需优化旅游消费环境，完善旅游公共服务，引导行业打通旅游消费环节的堵点。要挖掘中西部地区和农村居民的旅游消费增长潜力，具备条件的地区可实施农村居民旅游消费倍增计划，采取消费信贷、补贴、奖励等方式鼓励农村居民出游。

四是持续完善文化和旅游消费环境。推动重点城市开展文化和旅游消费纠纷先行赔付制度试点。利用数字技术，建设覆盖旅行社经营、人员服务、质量安全、消费售后等类别的综合监管平台和消费投诉机制。持续推进文化和旅游市场诚信经营评价体系建设，完善文化和旅游领域市场主体与从业人员信用记录，并将其纳入全国信用信息共享平台和国家企业信用信息公示系统。

五是完善促进文化和旅游消费政策体系。发挥文化和旅游财政专项资金引导作用，通过政府购买服务等方式，将优质文化、旅游产品和服务供给项目纳入专项资金扶持范围。系统评估国家文化和旅游消费示范城市、国际消费中心城市、国家级旅游度假区、国家级旅游休闲街区、国家级夜间文化和旅游消费集聚区等领域的政策落地情况，并适时加以完善。进一步放宽免税购物政策，增设免税店，提高免税购物限额，实行免税商品负面清单管理，有效引导出境旅游消费回流。

六是利用科技提升文化和旅游消费体验。推进文化和旅游业"上云用数赋智"，支持文化场馆、文娱场所、景区景点、街区园区等开发数字化产品和服务。发挥数字技术在出游预约、行程安排、客源分流、消费引导等方面的作用。加强互联网、云计算、物联网、区块链、人工智能等技术的应用，借助 VR、AR、在线直播等形式不断创新应用场景。推动文化和旅游业线上线下消费融合，发挥平台线上交流互动、引客聚客、精准营销等优势，引导线上用户转化为线下消费。

二　入境旅游

（一）发展态势

如图 2-2 所示，1978～2019 年，我国入境旅游人次和旅游收入均呈总体上升趋势，其中 1978～2013 年，入境旅游总人次增长幅度远高于人均旅游总消费增长幅度，且该差距持续拉大，2014～2019 年该差距迅速减小。具体来看，以 2011 年为分界点，2011 年之前二者波动趋势基本保持一致，即除 1988～1989 年、2002～2003 年、2006～2009 年三个阶段，我国入境游客人次经历了短暂、小幅下降之后，其余时间段内，入境游客人次均保持持续、稳定上升趋势。2011 年之后，二者表现出不同的发展趋势，就入境旅游人次而言，2011～2014 年，其经历短暂的下降之后并恢复增长趋势，但 2014～2019 年增速明显放缓；就入境旅游收入来看，2011～2019 年其始终保持上升趋势，由于统计方式的变化，2013～2014 年入境旅游收入急速上升并超过入境旅游人次增速，之后也保持低速增长。

总体来看，我国入境旅游呈现整体波动攀升的发展态势，在 1989 年、2003 年、2008 年、2012 年、2020 年几个节点出现总量下滑的情况。基于此，可将其划分为几个阶段。一是 1991 年之前的起步发展阶段，此时国内旅游供给不足，发展基础薄弱，入境旅游的波动明显；二是 1991～2003 年的高速增长期，在此阶段，我国对外开放程度不断提高，社会经济稳定发展，为入境旅游创造了良好的发展环境，我国入境旅游人次在 1997～2000 年的年均增长率达到 13.04%[8]；三是 2003 年后，我国入境旅游呈现出周期波动的稳定增长态势，在几个节点包括 2003 年"非典"疫情、2008 年全球金融危机、2012 年欧债危机、2020 年全球新冠疫情，出现了连续 1～3 年的负位增长。不容忽视的是，自 2019 年后，受更为复杂的国际环境影响，发展不确定性明显增加，我国入境旅游市场持续低迷。

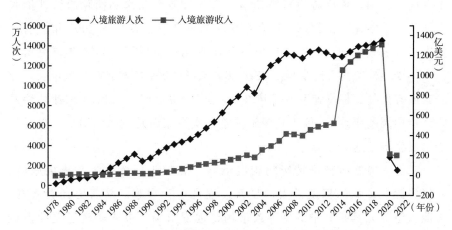

图 2-2　1978～2021 年我国入境旅游人次及入境旅游收入

资料来源：1978～2019 年的数据来源于《2021 中国统计摘要》；2020 年、2021 年的数据来源于相关年份的《中国入境旅游发展年度报告》，2021 年数据为估计值。

（二）结构变化

就入境旅游客源市场结构而言，1978～2019 年，外国入境游客占比呈总体波动上升趋势，以 1988 年为分界点，1978～1988 年，其占比由 12.69% 波动下降到 5.81%，之后便保持波动上升趋势；1988～2019 年，其占比快速增长，从 5.81% 增长到 21.94%，并于 2017 年超过港澳同胞入境游客占比，居我国入境旅游游客类型首位。从全球来看，亚洲入境游客数量一直处于遥遥领先地位，其入境游客数量占比总体稳步提升，从 1997 年的 57.64% 增长到 2019 年的 75.9%。2022 年，国际旅游发展环境趋于改善，国际主要入境客源市场需求逐渐释放，我国入境旅游市场也迎来复苏。根据世界旅游组织（UNWTO）的数据，2022 年 1～7 月，我国主要入境客源市场的出境旅游将恢复到 2019 年同期的七成以上[9]。2023 年 3 月 31 日，我国恢复全国旅行社及在线旅游企业经营外国人入境团队旅游和"机票+酒店"业务，入境旅游有望迎来复苏[10]。

（三）存在问题

受各种因素影响，我国入境旅游市场还存在一些问题。

一是 2020 年已处于长期低迷状态。改革开放之初到 20 世纪 90 年代中后期，我国入境旅游保持高速增长，入境旅游人次和国际旅游外汇收入增长率始终在两位数以上，多数年份高于 20%。此后到 2003 年曾有过两次较大波动，于 1989 年和 2003 年出现两次负增长。2004 年恢复增长不久，受全球金融危机影响，又在 2008 年和 2009 年遭遇两年负增长。此后其虽有恢复，但增速基本维持在 3% 至 7.5% 之间（2014 年增速加快乃统计指标调整所致），低于我国旅游总人次和旅游总收入的增长，更远低于出境旅游增速。

二是入境旅游受疫情影响程度最深。相较于国内旅游和出境旅游，入境旅游受影响的程度最大，复苏过程也最为艰难。从历史经验来看，入境旅游，尤其是其中的外国人市场、远程市场、过夜游市场受冲击最大。境外游客来华旅行从计划到实施耗时更长、需要考虑的因素更为复杂，不难想象，疫情使原本低迷不振的入境旅游市场进一步雪上加霜。根据 FlightAI 市场洞察平台数据，截至 2023 年 3 月 30 日，中国入境航班架次仅恢复至 2019 年的三成以上，与 2019 年整体运力水平还有较大差距[11]。

三是入境旅游市场结构不甚合理。从客源结构来看，长期以来我国入境游客中港澳台地区的入境游客占绝大多数。根据中国旅游研究院（文化和旅游部数据中心）数据，2018 年，我国接待入境游客 1.41 亿人次，其中港澳台市场占比达 78%；在 6290 万人次入境过夜游客中，港澳台地区的入境游客占比也超过 60%。在外国人来华市场中，亚洲市场占比稳定在 60% 左右，其次是欧洲和北美市场，占比分别在 20% 和 10% 左右。至于外国人入境过夜旅游人次等核心指标，我国则不仅低于法国、意大利、西班牙等旅游发达国家，也低于日本和泰国等周边国家，位于全球前 10 名之后。

四是入境旅游市场发展受多重因素所限。其至少包括以下几个方面：从价格角度看，人民币升值、成本上涨等因素导致传统价格优势不复存在；从国际认知看，国际上一些媒体对中国的负面宣传和刻意歪曲导致部分外国人对中国形成负面的刻板印象；从国际竞争力角度看，日本、韩国以及东南亚等国家纷纷实施签证便利化、购物免退税、航权开放、廉价航线、海外宣传推广升级等策略，来自周边国家的竞争日益加剧；从国内旅游和出境旅游二者之间关系来看，国内旅游和出境旅游迅猛增长，在交通、旅游接待设施、导游人员等各方面对入境旅游形成"挤出"效应；从入境旅游的各个环节来看，入境游客在签证、入关、景区门票预约、高铁车票购买、移动支付、社交媒体使用等方面都面临不少困难；从旅游产品来看，目前的入境旅游产品依然较为单一，仍以观光为主，仍以"京西沪桂广"等传统目的地为主；从入境旅游营销来看，营销手段落后，海外推广针对性不强，对互联网、新技术等手段利用不足；从人才队伍来看，入境旅游所需的外语导游流失严重；等等。

（四）相关建议

一是重新认识入境旅游的战略意义。改革开放之初，我国旅游发展以入境为主，核心目的在于创汇，以支持社会经济建设。此后，国内旅游逐渐成为重点，出境旅游成为热点，而入境旅游逐步被边缘化。在新的社会经济和国际发展环境下，目前入境旅游的价值和意义早已超越经济层面，其核心功能不再是创造外汇。要从提高文化软实力、塑造大国形象、提升国家吸引力、展示中国新成就等角度重新定位入境旅游的功能，并从国家层面予以高度重视。

二是制定全面振兴入境旅游国家战略。入境旅游目前所面临的诸多制约，需要政府"有形之手"加以强有力引导。为此，建议将全面振兴入境旅游纳入国家旅游发展战略和未来一段时间的具体行动方案，做好短期、中期和长期发展目标的规划，明确各个部门、地方政府在全面振兴入境旅游过程中的作用与职责，把入境旅游与对外开放、服务贸易创新试点等工作紧密结合。同时，关注入境旅游发展过程中的各种问题，为入境旅游的签证、国际航线、跨境支付、景区门票和高铁车票销售等提供基础性保障制度，长期来看，关注入境旅游发展中社会资源开放分配、市场竞争、人才队伍等不同环节的问题，全面改善入境旅游发展环境，重构入境旅游供应链。

三是制定针对性的扶持政策。建议国家设立入境旅游市场振兴基金；

针对从事入境旅游业务的旅行社，根据其组团量，实施梯度税收减免；给予入境旅游企业创汇奖励；大力培养入境旅游所需要的外语人才等，将高等级外语导游纳入高级职称系列。

四是完善入境旅游营销机制和模式。建议成立旅游推广相关部门机构，全面负责旅游对内、对外宣传推广工作；整合各项资源，建立入境旅游信息网，汇集签证、机票、通关、边检、购物、酒店等各类信息，并与在线旅行社（OTA）、各地旅游部门等链接，设置不同语言版本，满足主要客源市场国家游客的需求；对接 Priceline、Expedia、Booking 等境外预订平台以及携程等国内 OTA，设置《发现中国》频道或栏目，专门销售来华旅游产品和服务；联合海外文化中心、中资驻外机构、大型国企海外办事机构、境外留学生和华人华侨团体等，将入境旅游宣传推广纳入其工作；在主要客源国交通枢纽城市的机场、城市中心等设立"体验中国"多媒体中心，以 VR、AR 等形式吸引境外人士参与；重视航空公司尤其是此前飞往中国的 154 家国外航空公司在入境旅游销售渠道中的作用，同时帮助中国航空公司"走出去"。

五是以文化和旅游融合推动入境旅游发展。建议整合驻外旅游办事处和海外中国文化中心等对外机构的力量，同时加强与驻外文化处组的联系，对重大文化和旅游活动进行统一管理；将中外文化年和中外旅游年相结合；打造具有国际影响力的系列文化活动，提升重磅展览的数量和质量，吸引入境旅游者；将"欢乐春节"与旅游活动、旅游项目、目的地营销等更紧密地结合；整合现有国家级文化和旅游重大节庆、重大活动，形成统一品牌；依托中国游客、中国旅游企业的"走出去"带动中国文化品牌"走出去"；建立全国统一的对外文化交流和旅游促销信息平台及统一的评估体系，引导各地提升海外旅游推广效果。

六是加大数字技术在入境旅游营销和服务中的应用。数字技术已得到广泛应用。可借助多媒体技术、虚拟现实技术、增强现实技术、三维实景技术等现代科技不断丰富旅游产品种类；目的地和旅游企业依托数字基础设施建设，实现无接触服务；入境旅游企业和机构要充分利用数字平台推广项目、拓展业务，开展跨境电商等新的尝试。

三　出境旅游

（一）发展态势

1998~2019 年，我国出境旅游人次呈总体上升趋势，由 1998 年的 842.56 万人次增长到 2019 年的 15463.25 万人次，增长了 17.35 倍（见图 2-3）。随着我国在世界的经济地位和旅游地位越来越稳定，我国为世界出境旅游市场输送的客源数量越来越稳定，出境旅游人次增长趋势放缓[12]。从出境旅游类型来看，因公出境比例逐渐下降，因私出境旅游人次占比呈现总体上升趋势，由 1998 年最低值 37.86% 增长到 2019 年的最高值 95.81%。随着我国经济发展水平的提高、居民收入水平和消费水平的提升、消费观念的改变和自我意识的不断觉醒，再加上节假日制度的完善和相关出境旅游政策的宽松化，出境旅游越来越成为个人及家庭等出境消费的重要选择，受经济状况等限制越来越小。从出境旅游消费的主要客源来看，出境旅游的主要群体从高收入群体、商务游客转向中等收入人群，出境旅游消费者结构逐渐趋于多样化，旅游动机也由观光向休闲度假转变[13]。

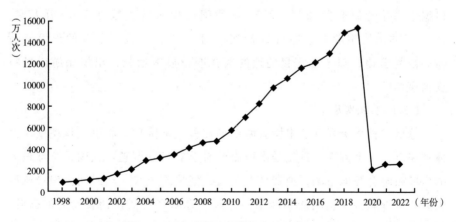

图 2-3　1998~2022 年我国出境旅游人次

资料来源：1998~2019 年的数据来源于《中国文化文物和旅游统计年鉴 2020》；2020~2022 年的数据来源于中国旅游研究院发布的《中国出境旅游发展年度报告 2022》，2022 年数据为预测值。

（二）变化特征

从旅游消费来看，我国出境旅游对国际旅游市场的贡献越来越大。就人次和消费来看，1995年我国居民出境旅游人数居世界第17位，2013年首次跃居世界第一，出境旅游总消费在2005年之后始终位于世界前列，并保持不断上升趋势。2012年之后，我国始终保持世界第一大出境旅游消费国地位。值得一提的是，我国居民出境旅游人均消费世界排名呈现持续下降趋势。这一方面说明我国出境旅游需求逐渐减少、出境消费观念更加理性，另一方面也说明随着我国国内旅游市场的开发与升级、基础设施的完善，在吸引大量入境旅游游客的同时，更多刺激了我国居民的国内旅游需求。

2020年新冠疫情的全球大流行给国际旅游市场造成严重冲击。根据世界旅游组织数据，2020年、2021年全球国际旅游人数分别为4.1亿人次、4.46亿人次，均不到2019年水平的30%。从出境旅游的目的地来看，亚洲是接待中国游客最多的地区，受疫情影响减少了1.4亿人次，其中赴港澳台地区的游客占比达到90%。从旅行社团队出境旅游的角度来看，2021年各大洲接待我国出境旅游游客数降幅接近100%[9]。根据中国旅游研究院预测，2021年我国出境旅游人数近2600万人次，2022年的出境旅游人数将与2021年基本持平，但我国游客的出境旅游信心恢复迅速，对于远程目的地的选择期望显著增长，出境旅游市场将逐渐缓增[9]。

（三）未来发展

总量增长势头强劲的出境旅游市场在首次下降后，将进入调整期。这体现在以下三个方面。首先是出境旅游需求的自发调整。我国是全球最大的出境旅游客源地市场，消费潜力巨大，疫情前很长一段时间内出境旅游人数和境外旅游支出均居全球第一。这一方面来自居民消费能力的提升，另一方面来自居民对相对稳定的国际环境的信任，而随着国际环境形势的变化，出境旅游消费者对于安全问题的关注将上升，旅游目的地的安全形象及其传递的安全信号将直接影响出境旅游市场格局[14]。其次，对于我国的出境旅游企业而言，国际形势的不确定性增加，对境外合作方与境外旅游资源供给的稳定性要求提升，倒逼企业调整业务范围、产品布局，推动出境旅游企业的多元化转型，以多元化运营、高质量产品、创新发展模式提升企业的抗风险能力和持续增长能力。最后，在新时期，出境游需要发挥其在推动中外合作、提升国家国际形象、促进国家间文化交流的过程中的重要作用。我国将以"一带一路"倡议为指引，通过出境旅游强化与"一带一路"沿线国家之间的文化旅游交流，形成良好的旅游互动机制和发展格局[15]。此外，通过出境旅游推动我国旅游业积极参与旅游经济的国际循环，构建好双循环发展格局，形成国内国外的良性互动，引导我国旅游业的持续健康高质量发展[16]。

第二节　区域格局

我国国土面积辽阔，各地区之间在区位条件、旅游资源、经济发展水平等方面存在差异，旅游产业发展也呈现不同的增长速度和增长水平。从长期形势来看，我国旅游发展的区域差异主要表现为省际空间差异和城乡差异；从短期波动来看，受外部环境冲击，旅游业的区域格局出现一定的逆趋势变化。

一　长期省际格局

（一）各省国内旅游

2000~2019年，我国31个省份的国内旅游收入和国内旅游人数均增长迅速，但不同省份之间存在显著差别（见图2-4和图2-5）。首先，就发展基础而言，2000年北京接待的国内游客人数位于全国第一。北京作为首都，具备较好的交通条件、服务设施基础，在国内旅游发展早期具备较强的目的地影响力。但从旅游经济收入来看，广东的国内旅游收入在2000年居全国首位。受益于改革开放政策及毗邻港澳的区位优势，广东经济发展起步较早，对旅游收入的带动作用更为显著[17]。其次，就发展过程而言，随着开放程度的不断推进，政策优势带来的发展动力难以长期持续，广东在旅游收入上的优势地位以及北京在旅游人数上的吸引地位逐渐被江苏取代。2005年、2010年、2015年三个节点中，江苏的国内旅游收入和旅游人数均居全国第一。江苏旅游资源丰富，地处长三角

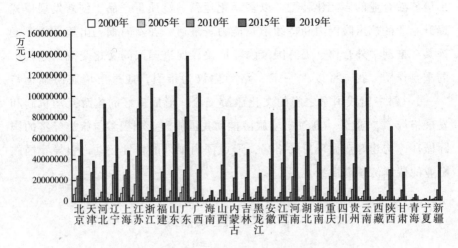

图 2-4 2000~2019 年各省份国内旅游收入变化

注：各省份不包含港澳台，余同。

资料来源：历年《中国统计年鉴》。

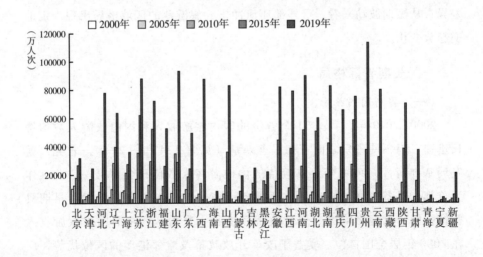

图 2-5 2000~2019 年各省份国内旅游人数变化

资料来源：历年《中国统计年鉴》。

经济区，与其他地区旅游经济联系紧密，发展迅速[18]。最后，就发展速度而言，2000~2019 年，国内旅游收入增长幅度最大的省份是贵州，达

到 21118% 的增长，确有"井喷"的势头；增长最小的是宁夏，增长了
261%。贵州在近几年加强基础设施的建设和完善，开发丰富的旅游资源
并积极宣传打造特色品牌，2016～2019 年，贵州接待外省游客人次、旅
游总收入年均增长皆为 30% 以上，旅游业成为其发展的支柱产业。国内
旅游人数增幅最大的是青海，由于发展基础较低，实现了 12094% 的增
长，最小的是北京，增幅 212%。北京旅游发展较早，每年增长较为稳
定，长期增长较为乏力；青海依托其丰富的自然资源优势和优良的生态
资源条件，在互联网自媒体效应下，受到更多关注，自驾游也成为外省
游客旅游的主要方式，占青海旅游人数的 30%，使其成为极具发展潜力
的目的地。

（二）各省入境旅游

2000～2019 年我国 31 个省份的入境旅游收入和接待入境游客数量的增
长也存在显著差别（见图 2-6 和图 2-7）。首先，从发展情况来看，广东
是我国对外开放的前沿，在入境旅游方面有着明显优势。2000～2019 年，
广东始终保持入境旅游收入和接待入境游客数量最多的地位，且远超其他
省份。甘肃、青海、宁夏的入境旅游发展水平长期处于末位。早在 2000
年、2005 年北京的入境旅游收入和人次排名全国第二，2010 年、2015 年
上海、浙江在入境旅游方面逐渐发力，表现出较为突出的成果，入境旅游
收入和人次发展均超过北京。此外，值得注意的是，2019 年云南共接待入
境过夜游客 739.02 万人次，排在广东之后。云南本身具备丰富的旅游资
源，对国内外游客均有较高的吸引力。云南具有面向东南亚、南亚的独特
地理区位，"一带一路"、昆明曼谷大通道、泛亚铁路网的建设使其对外联
系进一步加强，促进了其旅游经济迅速发展。从发展速度来看，2000～
2019 年，安徽的入境旅游外汇收入发展最为迅速，增幅达到 3830%，其次
为宁夏，增长了 2449%，湖北、重庆、四川、江西等中西部地区的增长也
较为明显。甘肃的入境旅游收入增幅最小，仅为 8%。宁夏接待入境旅游
游客人数增幅达到 1523%，在 19 年间增长最快，其次为重庆、江西、安
徽等省份，而甘肃 2019 年入境旅游人次则相较于 2000 年出现了负增长，
减少了 7%。

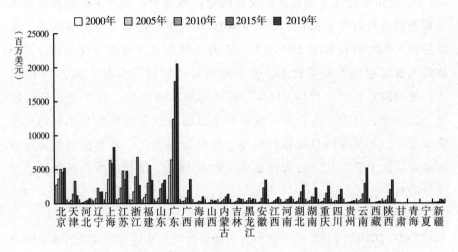

图 2-6   2000~2019 年我国 31 个省份入境旅游收入变化

资料来源：历年《中国统计年鉴》。

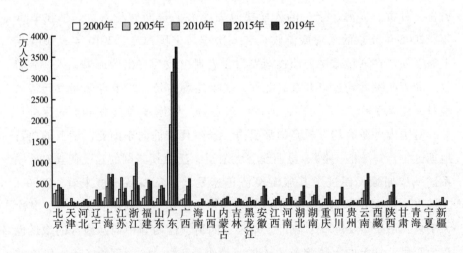

图 2-7   2000~2019 年我国 31 个省份入境旅游人次变化

资料来源：历年《中国统计年鉴》。

（三）全国区域发展

以下对我国东部、中部、西部地区①的发展情况进行比较。我国旅游发展格局在空间上有几个突出特点（见图2-8、图2-9、图2-10、图2-11）。

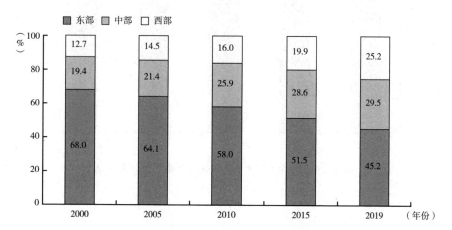

图2-8　2000~2019年各大区域国内旅游收入占比

资料来源：历年《中国统计年鉴》。

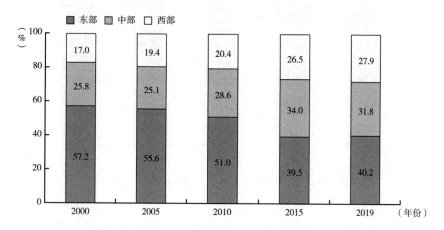

图2-9　2000~2019年各大区域国内旅游人次占比

资料来源：历年《中国统计年鉴》。

---

① 东部地区包括辽宁、北京、天津、河北、山东、江苏、上海、浙江、福建、广东、广西和海南，中部地区包括黑龙江、吉林、内蒙古、山西、河南、安徽、湖北、湖南和江西，西部地区包括新疆、甘肃、宁夏、陕西、西藏、青海、四川、重庆、云南和贵州。

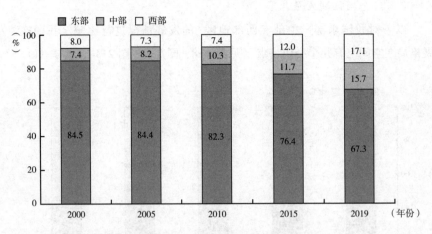

图 2-10　2000~2019 年各大区域入境旅游收入占比

资料来源：历年《中国统计年鉴》。

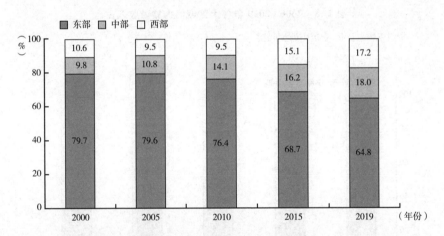

图 2-11　2000~2019 年各大区域入境旅游人次占比

资料来源：历年《中国统计年鉴》。

第一，国内旅游市场和国际旅游市场均呈现明显的东高西低特点，东部地区旅游占比最高，其次为中部地区，最后为西部地区。就国内旅游而言，东部地区贡献了全国 40% 以上的国内旅游人次和收入，而国际旅游在区域间的差异更为明显，东部地区几乎占全国国际旅游市场的 2/3 以上。

第二，国内旅游发展区域差距有所减小。在国内旅游收入方面，东部地区占比从 2000 年的 68.0% 下降到 2019 年的 45.2%，在国内旅游人次方面，东部地区占比从 2000 年的 57.2% 下降到 2019 年的 40.2%。而西部地区的国内旅游收入和人次占比在 2000~2019 年分别从 12.7% 提升到 25.2%、17.0% 提升到 27.9%。第三，入境旅游发展极化特征仍然存在，东部地区依然占据绝对优势。我国入境旅游发展程度差异较大，在空间分布上也很不均衡。2000~2019 年，虽然东部地区的极化现象有所缓解，入境旅游收入占比从 84.5% 下降到 67.3%，入境旅游人次占比从 79.7% 下降到 64.8%，但地区间差异依然较大[19]。

关于我国旅游发展区域差异的形成，周强等认为居民收入、资本投入、旅游资源、区域基础设施、服务设施以及经济发展水平等影响区域旅游发展，其中固定资产投资及环境治理投入等因素对东部地区的旅游发展的拉动效应影响更为显著，中部地区的国内旅游发展还受制于社会人口结构，西部地区的国内旅游发展受制于道路等基础设施建设[20]。凌欢、程励认为旅游资源禀赋、地区经济水平、交通便利程度、旅游服务设施和政策支持是导致我国旅游区域发展差异的主要原因，对于旅游经济发展水平较高的地区而言，便利的交通基础设施是最为明显的驱动因素，而对于旅游经济发展水平较低的地区而言，政策支持力度不足、基础设施和服务设施的不完善则是其发展受限的关键原因[21]。

二 长期城乡格局

（一）城乡旅游人次

1994~2019 年，城镇和农村居民国内旅游人次呈波动式上升趋势（见图 2-12）。具体而言，城镇居民国内旅游人次从 2.05 亿人次增长到 44.71 亿人次，增长近 21 倍，除 1998 年和 2003 年经历小幅下降之后，其余年份增长趋势与全国总体国内旅游人次增长趋势基本一致，但从 2003 年之后，二者差距逐渐拉大。农村居民国内旅游人次总体变化相对稳定，从 3.19 亿人次增长到 15.35 亿人次，增长近 4 倍，其中，1999~2001 年、2009 年、2011 年经历了小幅下降，其余年份均呈不同程度的上升趋势，2007 年之后农村居民国内旅游人次与全国总体旅游人次差距逐渐拉大。城乡对比来看，1994~2009 年，城乡居民国内旅游人次比值在 0.56 到 0.92 之间，差距较小，且农村居民国内旅游人次均高于城镇居民国内旅游人次；2010 年城镇居民国内旅游人次开始超过农村居民国内旅游人次，二者比值由 2010 年的 1.03 增长到 2019 年的 2.91，城乡居民国内旅游人次的差距逐渐拉大。

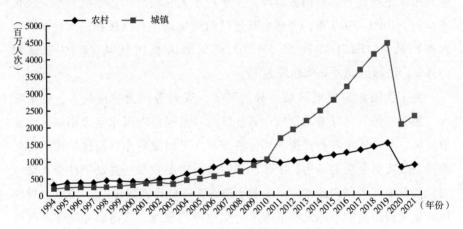

图 2-12 1994~2021 年城乡居民国内旅游人次

资料来源：历年《中国统计年鉴》。

（二）城乡旅游消费

1994~2019 年，城镇和农村居民国内旅游消费均呈现总体上升趋势（见图 2-13）。与国内旅游人次发展趋势类似，城镇居民国内旅游消费与全国国内旅游总体消费发展趋势基本一致，二者均在 2003 年、2020 年经历了短暂的下降，其他年份均为上升趋势。对比农村居民国内旅游消费和城镇居民国内旅游消费，2003 年之前，由于农村居民消费能力相对较低，城镇居民国内旅游总消费与全国总体国内旅游总消费差值总体较小，2003 年之后，二者差距逐渐拉大，这一趋势在 2011 年之后尤为明显。尽管农村居民国内旅游游客数量在前期高于城镇居民国内旅游游客数量，但是其国内旅游总消费却一直落后于城镇居民，虽然 2010 年之后，其国内旅游消费增速加快，但是 2011~2019 年，其增长率也仅有 206.7%，远低于同阶段全国总体国内旅游消费和城镇居民国内旅游消费的增幅。

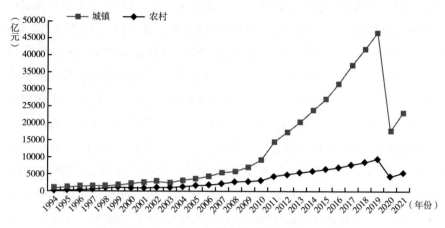

图 2-13 1994~2021 年城乡居民国内旅游总消费额

资料来源：历年《中国统计年鉴》。

从城乡对比来看，1994~2019 年，城镇和农村居民国内旅游消费比值均大于 1，说明在国内旅游消费方面，城镇地区一直大于农村地区。该差距在不同阶段表现出不同特点，总体经历了"五增四降"的变化趋势。在 1994~1996 年、1999~2001 年、2003~2004 年、2005~2007 年这四个阶段，城乡国内旅游总消费差距经历了较为短暂的增加。2008~2019 年，城乡差距持续、快速加大，城镇居民国内旅游总消费由是农村居民国内旅游总消费的 2.15 倍增长到 4.88 倍，但是仍未达到 1996 年的 5.07 倍。此外，1996~1999 年城乡居民国内旅游总消费差距急速缩小，二者比值由 5.07 下降到 1.61，2001~2003 年、2004~2005 年、2007~2008 年也经历了短暂的差距缩小阶段。

（三）城乡旅游人均消费

1994~2019 年，我国城镇和农村居民人均国内旅游消费呈总体上升趋势（见图 2-14）。就城镇居民人均国内旅游消费而言，其数额一直高于全国总体和农村居民人均国内旅游消费，除 2003 年、2008 年及之后一段时间内经历了短期下降外，其余年份均呈现平稳上升趋势，这一趋势在 2011 年之后表现得尤为明显。2010~2019 年，城镇居民人均国内旅游消费由 883 元增长到 1062.6 元。就农村居民人均国内旅游消费而言，1994~2019

年的数额一直远小于城镇居民和全国总体水平，除 2000~2003 年农村居民人均国内旅游消费处于持续、小幅的下降态势，从 226 元下降到 200 元，其他年份均处于上升趋势，这一趋势在 1996~1999 年和 2010~2019 年表现得尤为明显。从城乡对比来看，我国城乡居民人均国内旅游消费差距呈现出总体下降的态势。具体而言，1994~2019 年，城镇和农村居民人均国内旅游消费比值从 7.55 下降到 1.67，其中，1996~1999 年城乡人均国内旅游消费差距缩小趋势最为明显，二者比值从 7.58 下降到 2.46，2010~2019 年这一差距也一直处于持续、稳定缩小趋势。值得一提的是，1999~2007 年，由于农村居民国内旅游人次增加幅度大于其国内旅游消费增加幅度等原因，城乡人均国内旅游消费差距呈现总体波动扩大趋势，与此相反的是，同阶段城乡居民国内旅游消费差距总体波动缩小。

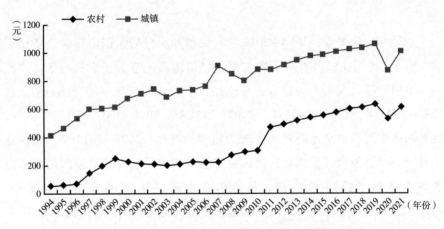

图 2-14　1994~2021 年城乡居民人均国内旅游消费额

资料来源：历年《中国统计年鉴》。

三　短期区域格局

2020 年后，我国旅游发展区域格局出现一些变化。

（一）客源地结构变化

从客源地结构来看，长期以来，国内旅游市场发展更依赖于头部地区的旅游需求。一线城市人口集中，旅游需求量较大，近几年节假日旅游净流出最多的省份是北京、上海、广东等，而当 2022 年清明、"五一"假期上海、北京等大城市受疫情影响时，农村居民的旅游需求开始凸显。例如，2022 年春节期间农村居民旅游人数占比创造历史新高，全国旅游者中农村居民占比近四成[22]。

（二）目的地结构变化

从目的地结构而言，国内旅游市场供给较充足，一些省份（如四川、湖南、江西、云南等）的旅游资源种类丰富、知名度高，长期以来拥有相对稳定的需求基础，而一旦出现公共卫生等方面的事件，所受影响也更大。短程游相对而言风险更小，一些大城市周边地区的旅游也被带动起来，即使一些城市的周边地区旅游资源分布分散、开发程度较低、基础设施落后，也逐渐被旅游者发现，从而发展为新的目的地。

2023 年我国国内出游水平逐渐恢复到 2019 年的水平。2023 年春节假日全国出游人次恢复程度达到 88.6%，旅游收入恢复程度为 73.1%。从空间来看，旅游者平均出游距离为 206.9 公里，恢复到正常年份的 76%，目的地的平均游憩半径为 11.2 公里，也恢复到正常年份的 75%[23]。旅游者的出游空间偏好的恢复与旅游业的恢复程度基本保持一致，可见，旅游需求的变动主要受短期内各种外部因素的限制，旅游者将城市近郊、乡村旅游目的地作为释放旅游需求的一种选择，当旅游需求不再受限时，这些被转移的需求又很快转向城市。因此，旅游发展水平较低的地区，以及一些具备旅游资源基础的乡村，需要提供更多样化的旅游供给。旅游业的空间均衡发展需要一个长期过程。

第三节　产业贡献

我国旅游业在发展的过程中，不仅仅成为人们重要的生活方式，在国家经济发展、社会稳定、文化繁荣等方面的作用也不容忽视。旅游产业对经济发展的贡献表现在旅游业直接创造的收入及与其关联产业的发展上；旅游产业对社会的贡献主要体现在吸纳就业、缩小收入差距、推动社会公平、促进可持续发展等方面；旅游产业对文化繁荣的贡献体现为文化和旅游融合后的多重效应。

一 经济效应

（一）旅游收入占 GDP 比重

1993~2019 年，我国旅游收入占 GDP 的比重呈现出波动上升趋势（见图 2-15）。从 1993 年后，可大致分为几个阶段。1993~2002 年为初步发展阶段。从 1993 年旅游收入占 GDP 的 3.28%发展到 2002 年的 4.28%，整体表现出稳定上升的态势。2003 年由于"非典"疫情对旅游业的冲击，旅游收入占 GDP 的比重出现下降，此后进入不断波动的阶段。2003~2010 年旅游业对国民经济的直接贡献维持在 3%至 4%之间。2010 年后，旅游业的经济贡献出现突破式的发展。2010~2019 年，我国第三产业增加值超越第二产业而成为国民经济的第一大产业，旅游收入占 GDP 的比重也从 2010 年的 3.77%增长到 2019 年的 6.64%，旅游业在国民经济特别是在第三产业中的作用逐渐显现。2020 年受到新冠疫情的影响，旅游业需求受限、供给不足，旅游收入占 GDP 的比重骤降，2020~2022 年均在 3%以下。根据文化和旅游部数据，2023 年前三季度，居民国内出游总花费 3.69 万亿元，恢复至 2019 年同期的 79.92%。

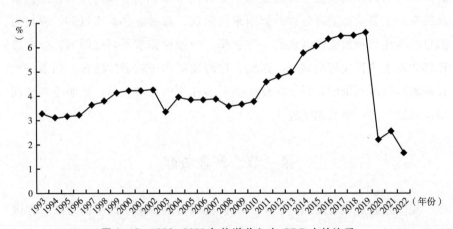

图 2-15　1993~2022 年旅游收入在 GDP 中的比重

资料来源：文化和旅游部官网。

（二）旅游业的产业关联度

旅游活动涵盖了餐饮、住宿、交通、购物、娱乐等多种要素。这些要素相关行业的发展规模、发展趋势也受到一定的影响。左冰、杨艺对我国广东省产业网络的研究发现，通过抽取法抽取旅游业的产业关联效应，可测出 2010 年和 2015 年经济体系的总产出损失分别达到 6.13% 和 6.75%；在旅游业发展过程中，产业关联的经济影响力不断提升，且旅游业主要是后向关联型产业，对其他产业的拉动能力大于旅游业对其他产业发展的支撑作用[24]。就具体行业而言，旅游业对交通运输业、基础设施建设、餐饮住宿业等的影响最大[25]。从我国 2005～2021 年旅行社和星级饭店的数量来看（见图 2-16），旅行社直接面向旅游消费者，与旅游业发展的关联度更为紧密，其发展规模的变化趋势基本与旅游业发展趋势一致，保持相对稳定增长。星级饭店数量在 2009 年以后出现下降。张大鹏、舒伯阳对旅游发展对星级饭店经营效率的影响进行研究后发现，当旅游专业化水平处于旅游发展的低区间时，旅游专业化水平的提高带来更高的住宿市场需求，提升了星级饭店经营效率，而当旅游发展规模持续扩大，旅游发展水平进入高区间时，旅游市场需求多样化和个性化，非标住宿的发展在一定程度上限制了星级饭店的经营，旅游业的发展推动新业态的发展，带来多元化的住宿供给[26]。

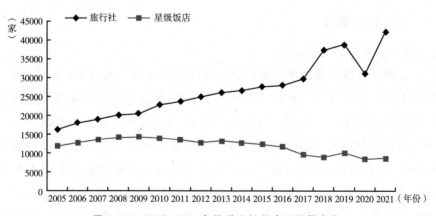

图 2-16　2005～2021 年旅游业相关产业数量变化

资料来源：文化和旅游部官网。

（三）旅游经济韧性

综合来看，我国旅游业的经济贡献整体呈现波动上升趋势，且存在一定的周期性。2010 年后互联网技术、新技术革命为旅游业的发展带来了机遇，加之居民生活水平的提升、旅游消费需求的扩张都为旅游相关行业的迅速发展提供了有利条件，深刻改变了行业规模和结构[27]。一方面，旅游业具有一定的敏感性，旅游对经济的直接贡献并不稳定，旅游收入在 GDP 中的比重的几次下降都是受到外部环境的冲击，包括自然灾害、金融危机、流行病等。在外部环境形成冲击时，旅游业作为一个与其他产业行业关联密切的开放系统，受到的影响更大。旅游消费者、旅游供给商等主体，以及与旅游活动相关的各种要素的变化都将给整个旅游产业系统带来影响，从而影响经济效应[28]。另一方面，旅游业在经济层面的韧性也不容忽视。近年来，"经济韧性"（Economic Resilience）受到越来越多的关注。杜志威、文志敏、金利霞构建"结构-能动性"的分析框架揭示了影响经济韧性重塑的微观机制，其研究发现：经济韧性并不是经济主体与生俱来的固有属性，其形成过程从冲击发生开始先后经历认知、适应、重塑 3 个阶段；重塑经济韧性是多重因素共同作用的结果，不仅需要个体能动性和集体能动性得到发挥，也受产业经济、制度安排和基础设施等结构因素的影响[29]。

二 社会效应

（一）旅游创造就业机会

旅游业是服务劳动密集型产业。其就业门槛低、容量大、层次多样、类型丰富、方式灵活，是扩大就业、维护社会稳定的重要途径，对就业有明显促进作用。一方面，与传统旅游相关的餐饮、零售、住宿、交通等服务的提供需要大量劳动力，旅游业的发展解决了大量低技能劳动者的就业问题；另一方面，信息技术的迅速发展、多样化的旅游需求推动着旅游业不断诞生新的业态，新的职业和岗位的涌现为劳动者提供了更多的就业机会。2014 年《中国旅游业统计公报》开始统计旅游直接就业和间接就业数据。2014~2019 年，我国旅游业创造的直接就业每年都不超过 3000 万人，直接和间接就业加起来为 8000 万人左右，占全国就业人口比重的 10% 左右（见图 2-17）。2023 年旅游业开始明显复苏，对旅游劳动力的需求也快速上涨。根据智联招聘发布《2023 年一季度人才市场热点快报》，2023 年 3 月旅游/度假行业招聘职位数环比增速为 20.2%，在各大行业中排名第二。

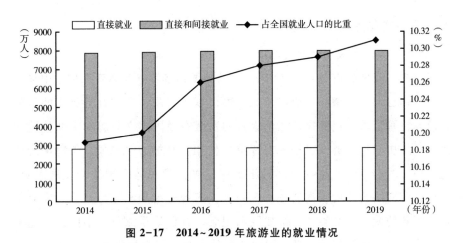

图 2-17 2014~2019 年旅游业的就业情况

资料来源：文化和旅游部数据中心官网。

（二）旅游发展促进社会公平

首先，旅游业的发展为女性等群体提供了大量的就业机会。在旅游业中，女性从业人员占据相当大比重，主要集中在餐饮、住宿等部门。其次，旅游发展对减少贫困、缩小收入差距具有直接作用，是改变老少边穷地区面貌、平衡区域发展的重要支撑，是统筹城乡发展、促进新型城镇化的新增长点的抓手。郭为等通过对 2010~2018 年中国家庭追踪调查的相关数据进行研究后发现，旅游发展通过提高劳动力的本地化就业，提高了居民家庭收入，且对低收入家庭的贡献更大，使城乡家庭收入水平不断趋于收敛[30]。张大鹏等对 2007~2019 年我国 75 个民族自治县的旅游减贫效应进行研究后发现，民族地区的旅游发展促进了人均收入增长，有效降低了城乡贫困水平、农村贫困水平和城镇贫困水平，而旅游发展对收入相对较低的贫困群体有更强的带动作用，缩小了城乡差距[31]。最后，旅游业在推动社会可持续发展方面的作用也值得关注。当然，旅游业并非解决目的地所有社会经济问题的万能妙药，如何平衡旅游经济的发展和当地社会生态文化的关系至关重要。为此，要构建多样性旅游供给体系，保护生态环境，提高旅游资源利用水平[32]。2020~2023 年旅游业的结构调整进一步强化了对旅游的社会和生态正义的认识，一些学者呼吁重新定位公共利益，将公正的概念融入旅游研究和实践中。

三　文化效应

（一）旅游发展与文化传播

首先，我国拥有每年超 50 亿人次的旅游市场，这是培育和传承中华文化、弘扬社会主义核心价值观、提升国民基本素质、促进社会进步的重要渠道。特别值得一提的是，红色旅游的发展在爱国主义教育和革命传统教育以及历史知识的普及过程中发挥重要作用。高楠、张新成、王琳艳的研究发现，2011~2018 年我国红色旅游网络关注度总体呈现波动发展态势，红色旅游网络关注度较高的月份区间段，多处于暑期和旅游旺季，同时也是全国各地爱国主义教育、抗战胜利纪念、红色研学旅行、中国共产党的重要节日等活动开展的时期，研学旅行等发挥了越来越重要的作用[33]。其次，旅游业促进了边疆民族地区的发展和对民族文化的重视与传播，加强了各族人员之间的交流，是促进民族团结与社会和谐、加强社会融合的黏合剂。合理、科学的旅游开发促使优秀的传统文化得到发掘、保护，民族文化的精华得到提炼、弘扬和发展[34]。例如 2023 年泼水节期间，西双版纳共接待游客 200.21 万人次，同比增长 310.35%，泼水节的话题也在网络引起广泛讨论，促进了人们对民族文化的了解。最后，旅游具有对外文化传播的功能，旅游从单一经济功能向外交等综合功能转变，是我国与世界各国交流的重要桥梁和纽带，是促进国家外交的重要平台。特别是在泛亚铁路网、"一带一路"交通网络以及国际航空网络建设的背景下，旅游作为民间公共外交的作用将发挥更为显著的作用。旅游在传播文化时，能实现文化的柔性输出，旅游外交成为我国外交活动中最活跃、争议最少、效果最好的途径之一[35]。

（二）旅游发展与文化传承创新

旅游凭借坚实的市场基础、多样的表现形式和丰富的精神体验，逐渐融入人们的日常生活。发展旅游可满足人的精神需求，提升人的精神境界，增强人的精神力量。用文化引领旅游发展，用旅游促进文化繁荣，在文旅融合中实现文化的传承创新已经有诸多实例[36]。其中，博物馆旅游、乡村旅游和旅游演艺就是很好的例证。

以博物馆旅游为例。博物馆是历史演进变迁、社会文化发展风貌的综合展示窗口。从雄伟壮丽的故宫博物院、古韵十足的陕西历史博物馆，到天圆地方的上海博物馆、典雅时尚的苏州博物馆，再到北京通州大运河畔拔地而起的"运河之舟"——大运河博物馆，这些人们耳熟能详的博物馆已经成为所在城市的亮丽名片。首先，博物馆为艺术文化知识的传播提供了绝佳场所，通过文物展览、讲解导览、影像记录、交互设备、文创产品等，带给旅游者知识滋养、艺术熏陶和精神体验。目前越来越多的博物馆将建筑文化、文物藏品、主题展陈等特色文化要素与旅游演艺、特色餐饮、旅游购物等旅游服务要素有机融合，拓宽博物馆服务边界。博物馆在城市建设、推动城市旅游发展的过程中也能发挥良好的作用，不仅延伸了物理空间，还扩大了价值辐射。例如苏州博物馆"寻找唐寅的足迹"、北京"故宫以东"系列主题旅游产品等都成为旅游者探寻和体验城市文化的线索。博物馆与城市旅游的同频共振、互促互荣，凡此种种不胜枚举。

如果说博物馆是现代城市的历史沉淀，那么乡村则是传统文化的现代载体。广袤的乡村不仅承载着农业生产和农民生活，也是中华优秀传统文化的丰厚沃土。因此，旅游也在今天乡村建设中发挥着越来越重要的作用，成为彰显乡村文化魅力、提升乡村文明、实现乡村振兴的重要途径。从平原到山区，从东部到西部，传统乡土所留下的建筑形态、形成的社会风尚、蕴含的人文精神在乡村旅游中得以延续，借助现代表达形式，激活其生命力。通过发展乡村旅游，民房变客房、农事变体验、农园变景园、农产品变旅游纪念品；通过挖掘乡村田园风光、古建筑文化、地方风俗、特色美食，乡村文化以旅游为载体重焕勃勃生机。今天，伟大的脱贫攻坚精神、乡村振兴战略更加丰富了乡村文化内涵，进一步增强了乡村文化的影响力和感召力。乡村旅游的蓬勃发展不仅提高了农民收入、改善了农村生活，更重要的是，乡村文化得到了深入挖掘和有效活化，让游客在潜移默化中感受中国乡土文化的魅力。

再以旅游演艺为例，其能够提供优秀传统文化的沉浸式体验。一段时间以来，兼具文化韵味和地方特色的旅游演艺项目受到游客喜爱。唐诗宋词、历史传说、戏曲武术……创作者们从中华民族浩瀚宏大的文化宝库中挑选最具本地特色的部分，以现代审美方式加以诠释，在高度还原旅游地文化符号的基础上，运用丰富的艺术形式创作出富有感染力的旅游演艺作品。从早期的《仿唐乐舞》和《唐·长安乐舞》，到后来的"印象"系列、"千古情"系列、"又见"系列，旅游演艺大多取材于地方文化，实景演出场地往往选在当地标志性景观附近，剧目演员大多是当地群众。杭州的大型歌舞《宋城千古情》展现了良渚文化、南宋文化，武夷山实景演出《印象大红袍》深化了大红袍的内涵故事；开封清明上河园的《大宋·东京梦华》用经典宋词展现北宋都城东京的社会风貌；西安华清池景区的《长恨歌》展现了唐代历史文化。现代歌词旋律、现代舞台设计和数字交互、虚拟现实技术等现代科技的融合与应用促进了文化的具象化展示，丰富了旅游演艺的表现形式，带来了传统旅游演艺的发展与变革，增强了旅游演艺的艺术性和感染力。

"以文塑旅，以旅彰文"，文化和旅游的融合发展，需要充分发掘中华优秀传统文化内涵，通过信息技术、数字技术等现代化手段，将更多文化遗产、文化资源、文化要素转化为深受当下旅游者喜爱的产品和服务，进一步提升文化的吸引力和影响力。这也说明，文化和旅游的融合需要以旅游这种喜闻乐见的方式连接市场，不断拓展文化旅游产品和服务的供给类型和供给方式。除上述示例之外，国家文化公园、主题公园、红色旅游、历史文化名村名镇、历史街区、特色小镇乃至节庆、文创、主题酒店等诸多领域，同样具有广阔的拓展空间。

（三）旅游和文化融合发展

与旅游市场的持续扩大相伴生，我国文化事业和文化产业首先体现在文化和旅游市场的繁荣方面。如图 2-18 所示，2007~2021 年我国艺术表演场馆观众人次在波动中增长，2019 年相比 2007 年增长了 38%，2020 年有所下降，2021 年基本恢复至 2019 年的水平。博物馆参观人次增长更为迅速，从 2007 年的 2.5625 亿人次，增长到 2019 年的 11.2225 亿人次，增长率达 338%，2020 年受到疫情影响，2021 年后也呈现积极恢复态势。从博物馆的数量来看，2007~2021 年全国博物馆数量从 1722 个增长到 5772 个，增长了 235.2%。如图 2-19 所示，我国文化和旅游机构数量在 2012 年后相对稳定，在 30 万至 40 万之间波动，从业人员数量则呈波动式增长，从 2012 年的 423.33 万人发展到最高点 2019 年的 542.3 万人，再受到影响回落到 2021 年的 483.43 万人。

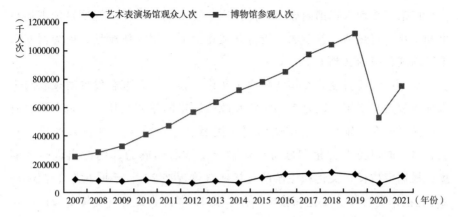

图 2-18 2007~2021 年中国艺术表演场馆观众人次和博物馆参观人次

资料来源：历年《中国统计年鉴》。

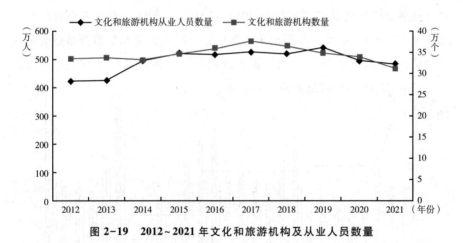

图 2-19 2012~2021 年文化和旅游机构及从业人员数量

资料来源：文化和旅游部官网。

随着文化和旅游的发展，二者的融合程度和融合方式不断加深与丰富。例如，"影视+旅游"的融合发展形式多样，早期影视拍摄地借助影视传播效果发展旅游业（如《庐山恋》对于庐山的宣传），之后影视拍摄制作基地发展为具备一定的旅游功能（如天龙八部影视城），再到后来出现以旅游体验为核心的影视主题乐园（如北京环球度假区）等，影视流行文化与旅游场景体验的结合推动了文化和旅游融合发展，提供了巨大的增值机会[37]。2022 年陕西长安十二时辰——"做一回唐'潮'人"融媒体创意宣传推广活动入选国内旅游宣传推广十佳案例，依托影视项目的市场热度和文化消费热情，打造的全唐市井文化生活沉浸式体验地，成为西安乃至国内现象级的文旅 IP[38]。

从国民经济行业分类体系角度对文化和旅游产业融合发展的现状与未来加以测度与展望，既是市场实践和政策制定的重要关切，又是本领域研究的薄弱所在。宋瑞、冯珺使用《国民经济行业分类》和投入产出表数据，对不同口径下文化和旅游产业融合发展所形成的部门产出进行了测度，根据窄口径，文化和旅游的直接融合体现在 27 个行业小类（见图 2-20）；根据宽口径，文化和旅游融合涉及 10 个行业大类（见图 2-21）。结果显示，2012 年，文化和旅游窄口径融合所形成的产出规模为 1492.99 亿元，宽口径融合所形成的产出规模为 7673.71 亿元；2015 年，文化和旅游窄口径融合所形成的产出规模为 2050.57 亿元，宽口径融合所形成的产出规模为 12884.69 亿元。展望未来，现代服务业是文化和旅游直接融合的重点领域，"三新"经济对文化和旅游融合发展的渗透作用愈加突出，在融

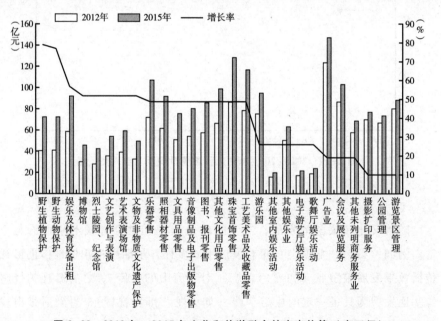

图 2-20 2012 年、2015 年文化和旅游融合的产出估算（窄口径）

资料来源：宋瑞、冯珺《文化和旅游融合发展——基于国民经济行业分类体系的测度与展望》，《财经智库》2019 年第 3 期。

合过程中旅游及相关产业的外延界定更为明确。建议逐步建立统一的统计与核算体系，推进供给侧结构性改革，充分发挥产业政策的引导作用[39]。

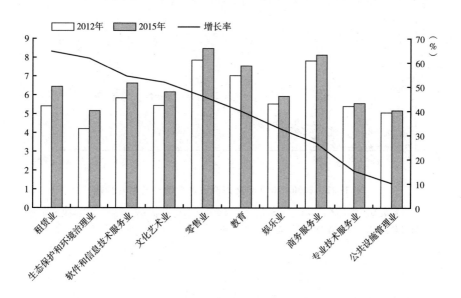

图 2-21 2012 年、2015 年文化和旅游融合的产出（对数值）估算（宽口径）

资料来源：宋瑞、冯珺《文化和旅游融合发展——基于国民经济行业分类体系的测度与展望》，《财经智库》2019 年第 3 期。

伴随着我国文化和旅游产业融合发展日趋深化，在融合质量方面，根据张新成、高楠、王琳艳测算的 2000~2019 年我国 31 个省份的文化和旅游融合指数，如图 2-22 所示，我国文旅融合整体呈现波动上升态势，文旅产业融合指数的发展从 2000 年的严重失调、2005 年进入中度失调、2006 年进入轻度失调、2010 年进入濒临失调，到 2017 年进入勉强协调阶段，具体对于两种影响路径而言，2000~2015 年文旅产业融合路径发展态势与其融合指数发展趋势一致，2015 年后文旅产业融合路径出现分歧，在文旅产业融合的过程中，文化对旅游的促进程度指数超过了旅游对文化的促进程度指数。2015 年后，旅游市场规模、产业投入增多，如 2016 年旅游直接投资增长了 29.05%，但在此过程中，与文化产业相比，更多的旅游投资却并未发挥出更好的融合促进作用，在新形势下，旅游产业的结构效率问题值得关注[40]。

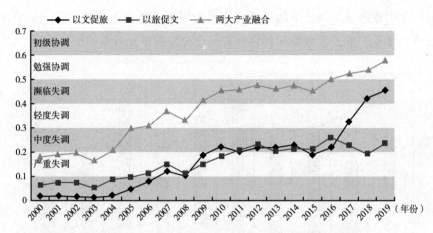

图 2-22　2000～2019 年文旅产业融合路径与融合指数

资料来源：张新成、高楠、王琳艳《中国文化和旅游产业融合质量的时空演化特征及形成机制研究》，《统计与决策》2023 年第 7 期。

本章参考文献

［1］杨勇、程玉：《改革开放 40 年旅游业发展的中国道路及其世界意义》，《旅游学刊》2019 年第 1 期。

［2］宋瑞：《经济新发展格局下促进旅游消费的思路与方向》，《旅游学刊》2021 年第 1 期。

［3］Ma, S., Zhao, X., Gong, Y., Wengel, Y., "Proposing 'healing tourism' as a post-COVID-19 tourism product," *Anatolia*32（1），2021, pp. 136-139.

［4］申军波、徐彤、陆明明、翟燕霞：《疫情冲击下旅游业应对策略与后疫情时期发展趋势》，《宏观经济管理》2020 年第 8 期。

［5］钱建农：《后疫情时代的文旅变局》，《旅游学刊》2020 年第 8 期。

［6］戴斌：《高质量发展是旅游业振兴的主基调》，《人民论坛》2020 年第 22 期。

［7］戴斌：《新冠肺炎疫情对旅游业的影响与应对方略》，《人民论坛·学术前沿》2020 年第 6 期。

［8］林文凯、夏会琴、胡海胜：《改革开放以来中国入境旅游周期波动的阶段性变迁分析》，《江西财经大学学报》2023 年第 1 期。

［9］中国旅游研究院：《中国入境旅游发展年度报告（2022）》，旅游教育出版社，2022。

［10］《文化和旅游部办公厅关于恢复旅行社经营外国人入境团队旅游业务的通知》，文化和旅游部官网，2023 年 3 月 21 日，http：//www. gov. cn/zhengce/zhengceku/2023-04/01/content_ 5749628. htm。

［11］《入境航班搜索热度增长 370%》，人民政协报网，2023 年 4 月 10 日，https：//www. rmzxb. com. cn/c/2023-04-10/3328356. shtml。

［12］马晓龙、陈泠静、魏楠、张丽甜：《中国及周边国家出境旅游市场互动格局动态研究》，《人文地理》2021 年第 2 期。

［13］杨莹莹、陈瑛：《我国出境旅游研究综述与展望》，《资源开发与市场》2018 年第 7 期。

［14］朱尧、邹永广、李强红、李志强：《网络关系视角下中国公民出境旅游安全感知事件时空分布特征——以"一带一路"沿线国家为例》，《世界地理研究》2020 年第 6 期。

［15］刘壮、郑鹏、王洁洁、赵月光：《"一带一路"倡议对中国出境旅游流的影响及作用机制》，《资源科学》2022 年第 11 期。

［16］李鹏、邓爱民：《"双循环"新发展格局下旅游业发展路径与策略》，《经济与管理评论》2021 年第 5 期。

［17］王思洁、甘巧林：《旅游大省旅游业发展实力的变动分析》，《旅游学刊》2008 年第 9 期。

［18］李华、王丽娜、俞路：《中国区域旅游经济联系强度和网络特征分析》，《统计与决策》2022 年第 13 期。

［19］张城铭、翁时秀、保继刚：《1978 年改革开放以来中国旅游业发展的地理格局》，《地理学报》2019 年第 10 期。

［20］周强、薛海燕、马效：《旅游产业发展影响因素的区域差异研究——基于中国省际面板数据的分析》，《城市发展研究》2018 年第 1 期。

［21］凌欢、程励：《非对称视角下区域旅游经济差异形成机制研究——基于 31 个省（区、市）的清晰集定性比较分析》，《旅游科学》2023 年第 4 期。

［22］戴斌：《听见的声音 看到的信心——2022 年一季度旅游经济形势与上半年展望》，中国旅游大数据微信公众号，2022 年 4 月 13 日，https：//mp. weixin. qq. com/s/I6CS_ orHWr8Vx1f_ boz_ 3Q。

［23］《2023 年春节假期文化和旅游市场情况》，文化和旅游部官网，2023 年 1 月 27 日，https：//www. gov. cn/xinwen/2023-01/27/content_ 5738858. htm。

［24］左冰、杨艺：《旅游产业关联结构及其经济贡献研究——以广东省为例》，《旅游学刊》2021 年第 4 期。

［25］刘晓欣、胡晓、周弘：《中国旅游产业关联度测算及宏观经济效应分析——基于 2002 年与 2007 年投入产出表视角》，《旅游学刊》2011 年第 3 期。

［26］张大鹏、舒伯阳：《中国星级饭店经营效率及其影响因素的实证研究——基于随机前沿分析方法（SFA）》，《经济管理》2018 年第 9 期。

［27］程玉、杨勇：《互联网促进区域旅游业聚集密度提升了吗？——基于中国省级面板数据的实证研究》，《旅游科学》2022 年第 1 期。

［28］叶欣梁、何一、孙瑞红：《脆弱与反脆弱：旅游业韧性研究进展与述评》，《旅游学刊》2023 年第 10 期。

［29］杜志威、文志敏、金利霞：《"结构-能动性"框架下短期经济韧性的动态演化与影响机制——基于新冠肺炎疫情冲击下对东莞企业的访谈》，《热带地理》2022 年第 8 期。

［30］郭为、王静、李承哲、张言庆：《不患寡而患不均乎：发展旅游能促进共同富裕吗？——基于 CFPS（2010—2018）数据的分析》，《旅游学刊》2022 年第 10 期。

［31］张大鹏、王巧巧、涂精华、李亚娟：《民族地区县域旅游减贫效应研究——基于包容性增长的视角》，《旅游科学》2022 年第 2 期。

［32］庞世明、孙梦阳、宋志伟：《"资源诅咒"、旅游供给多样性与可持续旅游发展》，《旅游学刊》2021 年第 5 期。

［33］高楠、张新成、王琳艳：《中国红色旅游网络关注度时空特征及影响因素》，《自然资源学报》2020 年第 5 期。

［34］钟洁、石洪：《文化旅游促进各民族交往交流交融的价值与路径》，《旅游学刊》2022 年第 12 期。

［35］张西龙、李柏文：《旅游民间公共外交属性对更高水平对外开放的价值及其应用》，《旅游学刊》2023 年第 1 期。

［36］宋瑞：《用旅游促进文化繁荣 在文旅融合中实现文化传承创新》，《人民日报》2021 年 10 月 3 日。

［37］吴金梅、宋子千：《产业融合视角下的影视旅游发展研究》，《旅游学刊》2011 年第 6 期。

［38］《陕西"长安十二时辰"入选 2022 年度国内旅游宣传推广十佳案例》，陕西网，2023 年 5 月 31 日，https：//www.ishaanxi.com/c/2023/0531/2849490.shtml。

［39］宋瑞、冯珺：《文化和旅游融合发展：基于国民经济行业分类体系的测度与展望》，《财经智库》2019 年第 3 期。

［40］张新成、高楠、王琳艳：《中国文化和旅游产业融合质量的时空演化特征及形成机制研究》，《统计与决策》2023 年第 7 期。

第三章　需求转向

　　旅游需求是旅游业得以发展的重要基础。伴随互联网应用的普及、消费服务化趋势的强化、旅游目的地竞争的加剧以及恐怖主义袭击、全球金融危机和新冠疫情等重大事件的冲击，旅游需求的多元化、个性化、复杂化、层级化趋势更加突出，旅游需求的迭代和演进速度也日趋加快。通过对旅游需求的文献梳理、需求转变的理论分析和问卷调查，可全面揭示我国旅游需求的变化及其前因后果。具体而言，通过文献梳理可对旅游需求研究形成系统性的认识，分析旅游需求转向的相关理论可探究旅游需求变化机制；在此基础上，采用全国范围内的问卷调查，具体反映我国旅游需求的转变情况，借以促进旅游需求理论的深化和旅游管理实践的发展。

第一节　旅游需求转向的理论分析

　　伴随社会经济的发展，人们对世界的认知、思考、生活方式发生了一些改变，旅游者的心理、预期、偏好、行为、方式、支出等均可能发生变化。研究旅游需求的变化既是对原有理论和相关分析的检验、校正、补充、丰富和拓展，也是引导行业发展的重要前提。认识旅游需求变化周期、变化表现、转变机制和转变预测的相关理论，将有助于更为科学地分析旅游需求在新时期的转变。

一　变化周期

　　旅游需求的发展具有一定规律性：从长期来看，旅游需求在经济周期和商业周期的变化中不断波动；从中期来看，季节性也是旅游需求变动的重要规律。此外，旅游需求在短期内还可能受到特殊事件的影响，产生非规律性的转变。

（一）经济周期

经济活动可能会经历高于或低于长期趋势的阶段，这种偏离趋势的现象被视为供需错位下的商业周期[1]。经济转型过程中，根据实际购买力水平和消费倾向，消费结构的总体消费规模和服务型消费比重不断变化，旅游需求也会随商业周期进入不同阶段而发生变化[2]。有学者指出，旅游需求可能会偏离长期趋势并随客源地商业周期变化，这种变化可能是同步的，也可能存在一定延迟，表现为顺周期或者非对称性运动[3]。总体来看，商业周期的影响程度、渗透深度、扩散宽度和持续时间长短等差异很大，从而对不同目的地的旅游需求产生不同的影响。大量研究表明，当一个国家实际收入和旅游价格变量受到负面冲击，其他国家的国际旅游需求和旅游价格在短期内也会面临波动。从长期来看，发展中国家往往比发达国家受到更多的负面影响。

（二）季节性周期

季节性是旅游业的重要特征之一，是指旅游流会在一年中相对较短的时期内集中，造成旅游需求在时间上不平衡的现象，可被看作旅游需求中长期周期性波动的一部分。旅游季节性可以分为自然因素（自然季节性因素、自然偶发因素）和社会因素（社会季节性因素、社会偶发因素）。一般而言，自然的季节变化具有相对持久的特征，而由社会原因引起的季节性变化通常是稳定的、可预测的，一般与由人类行为和政策形成的传统时间变化有关。此外，季节性不仅涉及时间变化，也涉及空间变化，旅游需求在时间上的两极分化会加剧空间上的两极分化。一般来说，城市旅游的季节性特征小于乡村旅游，但一些研究者认为不同城市由于环境差异会形成差异较大的旅游需求[4]。季节性的负面影响包括劳动力不稳定和失业问题、收入不稳定及其导致的投资回报难问题、旅游资源和设施的低效利用问题等。但也有研究者指出，旅游需求的季节性有一些潜在的益处，例如，进行旅游设施维护管理、目的地生态和社会文化恢复等[5]。整体而言，大多数目的地将受益于更均匀的需求分布，从而优化资源利用并将与需求季节性波动相关的负面影响降至最低。

（三）特殊事件短期冲击

旅游业受多种因素和力量的影响，其中一些外来特殊事件虽不来自旅游业内部，但因其对个人和社会的深远影响，也会带来旅游需求的转变。随着全球社会和经济向着高度互通互联发展，特殊事件对旅游需求变化的影响程度越发放大，影响程度和波及范围更深更远。特殊事件往往具有突发性或一次性特征，对旅游需求的影响通常是阶段性的，且具有很大不确定性。已有研究涉及非典、猪流感、新冠疫情等流行病，金融危机、"9·11"恐怖袭击、泰国普吉岛沉船、墨西哥湾外海油污外漏事件等突发事件，以及地震、海啸和台风等自然灾害对旅游需求的影响。

二 变化表现

旅游需求的形成遵循"感知—态度—行为"的演进阶段。旅游者对环境的感知产生变化，进而影响其情感感知和旅游消费观念；而心理层面的感知和态度进一步反映在旅游者行为上，最终使旅游需求表现出新特征。

（一）心理层面

旅游者心理层面的需求变化主要表现在感知和态度等方面。

1. 风险感知

对风险的感知是旅游者对潜在负面后果的评估和判断，旅游者对健康和经济等方面的风险感知尤为敏感。健康风险感知使旅游者意识到包括健康安全在内的低层级旅游需求的重要性[6]。影响旅游者生理健康风险感知的因素有"卫生系统"[7]、"预防性健康行为"[8]和"目的地信息的准确性和可得性"[9]等目的地特定因素。在生理健康受到威胁的情况下，旅游者极易产生担忧、焦虑和恐惧等负面情绪，这反过来会提高风险感知[10]。就经济风险感知而言，经济衰退使旅游者感受到更强的经济不确定性。为了应对潜在的经济困难，人们倾向于减少旅游等非必要活动，这种隐含的自我保护行为被称为"茧化"行为[11]。值得一提的是，旅游者的风险感知并不总是客观的和准确的，因为风险感知不是完全基于事实，在一定程度上是主观的、间接的和高度个性化的。风险感知是一个流动的概念，并与更广泛的环境"动态交织"。

2. 情感感知

旅游产品及服务所提供的情感价值是影响旅游需求的重要因素。心理学研究发现，情绪通过认知影响旅游决策，影响旅游决策的因素不仅取决于旅游者如何直接体验情绪，而且取决于情绪反应的心理过程。当旅游者决定去哪里或如何旅游时，会在心理上预先体验假期形成心理图像，这些心理图像能使其预估到达目的地旅游的感受。例如，Karl、Chien、Ong 通过线上问卷对美国旅游者进行调查，引入心理学中的群体间威胁理论（Inter-group Threat Theory）和情景式未来思维，测试情感能否以及如何降低旅游者对疫情的风险感知并影响未来的旅行决策。结果证实，情景式未来思维是影响目的地选择的重要决定因素，并可能在旅游过程中诱发冲动性的决策[12]。

3. 消费观念

经济衰退和社会冲击深刻影响着旅游者的消费观念，突出地表现在两个方面：一是旅游者更加关注旅游消费的实用性；二是旅游者更倾向于选择具有社会责任感的企业及其产品。一方面，潜在的经济风险使旅游者更加关注旅游产品及服务的实用性和性价比[13]。Hu 等在对上万篇中国酒店评论文本进行分析后发现，旅游者在选择住宿产品时，逐渐从关注享乐属性转向实用属性（例如服务、清洁度、价格和设施等）[14]。另一方面，目的地社会责任成为旅游者建立目的地信任的重要考量因素，由此建立的信任感可降低旅游者的风险感知，增加游客选择该目的地的可能性。一些学者使用心理契约理论来解释这一现象，若消费者认为企业是道德的、对社会有贡献的，则可以促进其与该公司达成心理契约。消费者出于对企业社会责任活动的支持，更倾向于购买该企业的产品[15]。

（二）行为层面

旅游需求行为层面的变化可从行为倾向、行为选择和行为演化三个方面窥见。旅游者对旅游环境进行评估后形成行为倾向，继而考虑不同因素做出旅游行为选择，而当下的行为选择进一步对未来的旅游行为演化产生影响。

1. 行为倾向

旅游者的行为倾向呈现出一定的矛盾性，回避旅游活动和进行补偿性旅游并存。一方面，外部风险激发了旅游者的自我保护动机，使其倾向于回避旅游活动。以往研究发现，在面对海啸、"9·11"恐怖袭击、非典、埃博拉病毒等危机时，旅游目的地的安全风险会导致旅游需求下降[16]。另一方面，受个体差异和补偿心态的影响，旅游者的回避行为并不是绝对的。旅游日益成为度量人们自由与幸福程度的重要标准之一，旅游者期望通过时间和空间的转换来减小身心自由受限带来的不良影响。

2. 行为选择

旅游者主要考量目的地的热门程度、旅游范围和旅游类型等方面的因素做出行为选择。从旅游目的地的热门程度来看，旅游者更倾向于避开热门旅游目的地，去往相对不太拥挤的小众旅游目的地[17]。从旅游范围来看，出游空间表现出明显的短程性和行政区划性，距离客源市场较近的休闲度假产品逐步向生活化转型[18]。从旅游类型来看，相较于城市旅游目的地，更加安全和自由的乡村旅游和生态旅游目的地更受旅游者欢迎[19]-[20]。

3. 行为演化

短期危机促使旅游者做出一些适应性行为。例如，时空限制和感知风险等促使旅游者倾向于通过虚拟旅游在短期内释放旅游需求，其中有积极体验的人更愿意在旅游恢复后访问真实的旅游目的地[21]。长期而言，一部分短期适应行为或将演化为长期旅游行为。例如，Wen 等认为，独自旅游或小规模团体旅游、豪华私人旅游以及康养旅游等将会在中国旅游市场日益普及，虚拟旅游和慢节奏旅游等新的旅游形式将引领未来的旅游活动[22]。以虚拟旅游为例，李珊珊指出，"云旅游"具有模式新颖、形式多样、接受度高的特点，使社会价值分享便利化，未来的线上及线下旅游行为会结合得更为紧密，发展出新的旅游模式[23]。

三　转变机制

旅游需求的转变机制如图 3-1 所示，具体而言，旅游需求的转变涉及旅游者、政府、行业、企业四个层面。其中，旅游者自身对于外部环境变化的感知将影响其行为决策，政府在危机沟通、短期引导和长期应对等方面的政策措施，旅游产业在技术应用、市场转向、产业合作等方面的变革发展，以及旅游企业在安全保障、情感信任、产品和服务创新等方面的行动都对旅游需求的变化有引导作用。

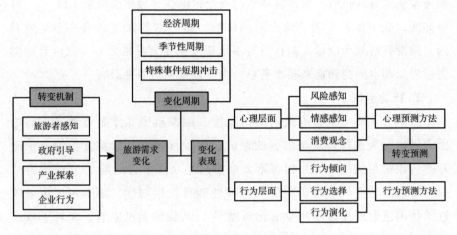

图 3-1　旅游需求转变机制

资料来源：作者自绘。

（一）旅游者感知

外部因素首先对旅游需求产生直接影响，这种深度冲击使旅游者主观上更为关注身体安全、经济安全和情感价值等因素。此外，旅游者的旅游经历和人口特征等客观因素也会对旅游需求产生影响。

1. 外部环境感知

旅游目的地的基本状况是旅游者纳入考虑的首要外部因素，高度影响旅游者的安全感知，进而影响其旅游需求。其次，政府制定的政策作为对公众行为的权威导向，深刻地影响着旅游者的心理及行为。具体而言，旅游走廊（又称"旅游泡泡"）等政府间的政策合作会推动跨国或跨地区旅游需求的恢复。再次，媒体报道对于旅游目的地形象具有重要影响，旅游者可能据此选择回避、适应或是忽视旅游风险[24]，从而影响当下甚至未来的旅游需求[25]。最后，旅游企业也在不断探索，积极利用技术手段提供产品及服务来释放旅游需求[26]。

2. 内部因素影响

除上述外部环境因素外，与旅游者相关的主观因素和客观因素也会影响旅游者的环境感知，带来旅游需求的变化。

主观因素是指受旅游者思考和判断影响的因素。根据马斯洛需求层次理论，人类需求的五个层级由低到高依次为生理需求、安全需求、归属和爱的需求、尊重需求和自我实现需求。整体来看，如果旅游者感知到更为明显的风险，则倾向于降低旅游带来的需求满足层次，更为看重低层次需求。具体而言，新冠疫情发展初期，对应马斯洛需求层次理论中的生理需求和安全需求，经济衰退和病毒威胁使得经济安全和身体安全成为旅游者做出旅游决策首要考虑的因素；随着威胁感知的降低，旅游者开始提升需求满足的层次，对应马斯洛需求层次理论中的归属和爱的需求，旅游目的地及其产品和服务能否为旅游者提供情绪价值，使其身心放松成为重要考量[27]。

客观因素包括旅游者过往的旅游经历和社会人口特征。过往的旅行经历影响其对目的地的熟悉程度，熟悉度所带来的安全感和信任会促进旅游者与目的地发展出长期关系，这种情感联结可能会引发旅游者对目的地的"偏见"，使旅游者在了解风险的前提下仍然选择相信和前往目的地[28]。同时，文化背景、性别、年龄等社会人口特征也会对旅游需求产生影响，例如，与其他文化背景的人群相比，亚洲旅游者安全需求更强，更倾向于规避风险[29]。关于韩国公民对非接触旅游行为意向的一项研究发现，在情感风险感知与行为意向的关系中，性别存在显著的调节作用，女性参与者的情感风险感知对非接触旅游的行为意图的负面影响比男性更强[30]。

（二）政府引导

政府是引导旅游需求变化的重要主体，具体通过危机沟通、短期引导和长期应对等实现。在危机沟通方面，保障信息透明度，主动积极地与公众沟通以减少媒体的负面报道，可释放更为积极的信号，降低风险感知[31]。在短期引导方面，不同国家及地区的政府部门已为旅游企业提供金融及财政支持，例如开辟新的信贷渠道、延长债务期限、增加融资选择等[32]。政府的短期引导多通过影响旅游产品、旅游企业、旅游市场等来对旅游者的需求进行干预。而长期的政府引导更倾向于通过旅游目的地建设、品牌建设、社区环境营造、人文氛围营造等方式对旅游者的需求产生潜移默化的影响。

（三）产业探索

旅游产业在技术应用、市场转向、产业合作等方面进行探索，可以引导旅游需求的转变。具体如下。一是技术应用。开发和创新数字化的旅游体验能够打破旅游需求的时空限制并降低旅游需求实现的感知风险。从大数据、云计算、语音和面部识别等基础技术，到社交媒体、虚拟现实（VR）/增强现实（AR）等各种应用，再到智能服务台和服务机器人等，人工智能技术正在加速应用于旅游产业。二是市场转向。国内游和周边游成为行业关注的重点[33]。促进国内旅游业发展有助于减少对国际游客的依赖，并能促进区域旅游平衡发展，缓解国内目的地的季节性问题。同时，近距离旅游，尤其是高质量的城市周边休闲旅游、度假旅游产品受到追捧，正在扩容、优化和升级。三是产业合作。旅游行业协会可以打造行业协会的专业化危机管理能力、推动旅游产业集体回应的深化、推动行业科技协作平台的打造并提升行业协会的智库服务功能[34]。

（四）企业行为

旅游企业是旅游供给端的重要主体，与旅游者直接接触，企业行为将对旅游需求的变化产生直接影响。总结已有研究可见；风险环境下旅游企业主要通过安全保障、情感信任、产品和服务创新等方式对旅游需求加以引导和管理。具体而言，旅游行业和从业人员的安全意识的提升、旅游企业的安全资源配置水平的强化，以及旅游企业建立起的常态化危机的应对机制和安全保障体系，将提升旅游企业产品和服务供给的稳定性。对内，旅游企业制订危机管理计划、协议和行动措施，如制定新的清洁标准、对工作人员进行健康和安全认证等，都将增强企业韧性，能够更加有力地引导旅游需求转变[35]。在情感信任方面，首先通过良好的企业声誉赢得旅游者的信任，其次积极进行企业品牌营销以增强旅游者的情感信任[36]。在产品和服务创新方面，旅游企业通过个性化和多样化的旅游体验激发旅游需求。例如，一些旅游企业允许旅游者在抵达前24小时内更改或取消任何预订订单；利用技术开发线上服务，开发更多的康养旅游和生态旅游产品，促进旅游产品和服务迭代更新。

四　转变预测

旅游服务具有时间上的不可储存性，因此准确预测旅游需求的变化对于旅游企业和政府机构制订计划和有效管理至关重要。旅游需求的预测可以根据旅游需求变化的两个表现，即心理层面和行为层面来分别进行。

（一）心理预测方法

对于旅游需求的心理预测研究主要集中在情感预测方面。情感预测是个体对未来事件模拟情感反应的预测。情感预测适用于研究旅游决策，因为任何旅游决策均是人们基于未来获得积极情感体验的预期而做出的决定[37]。积极情绪预测会促使人们前往目的地，而消极情绪反应可能会让其放弃旅游。Skard 等构建了一个虚拟现实对旅游者意向和行为影响的时序处理模型，通过实验将参与者随机分配到传统静态图像或虚拟现实中观看自然目的地，在做出旅游决策之前记录参与者的情绪反应。结果表明，虚拟旅游能够生动地模拟目的地的情景，比传统的静态图像对旅游者心理意象的影响更大，并且让旅游者更容易产生对未来旅游的幸福预期，从而增加人们在现实中前往目的地的意愿[38]。

（二）行为预测方法

对于旅游者行为结果的预测主要体现在旅游规模上，可以通过定量和定性的研究方法来预测。关于定量方法，时间序列模型是应用数理统计学方法进行旅游需求变化预测的典型模型，主要基于时间序列数据的历史模式来预测未来趋势，可反映旅游需求的周期性和季节性变化[39]。一些研究者关注因果关系，使用回归模型讨论旅游收入、旅游价格、替代价格、汇率、运输成本、营销费用和气候变化等各种解释变量对未来需求的影响程度，但当前如何有效地对大量变量进行建模仍是旅游需求预测中需要解决的一个问题。此外，随着计算技术指数级的发展，计算机科学中的人工智能技术在旅游需求预测中受到广泛关注，来自谷歌趋势、谷歌分析和百度指数等的搜索引擎数据已成为旅游需求预测的新数据源。定性分析也被广泛应用于旅游需求预测研究中。判断性预测旨在纳入未被包含在统计模型中的相关专家经验和意见，以进行预测或对预测过程进行调整，从而克服时间序列预测的局限性。这种方法在 20 世纪 90 年代以前被经常采用，随着计算技术的发展以及时间序列和计量经济模型的式微，近几年越来越多的学者发现，将判断性预测与其他定量预测模型相结合能够提高预测准确性。判断性预测中常用的方法有情景分析和德尔菲技术等。

第二节 旅游需求转向的调查发现

我国旅游需求结构在发展过程中尚未稳定，在各种外部因素的作用下不断演化，目前对旅游需求转向的研究仍更多地将旅游需求视为整体来关注其发展变化，而对其结构性问题关注较少。基于对旅游需求转向的理论研究，为进一步认识我国旅游需求的变化情况，本研究从旅游者自身的角度，对新时期旅游需求的变化进行探索。为了全面揭示我国不同社会群体旅游需求的变化及未来预期，中国社会科学院旅游研究中心联合腾讯文旅产业研究院、腾讯 CDC（用户研究与体验设计中心）于 2020 年 3 月进行了全国性调查。

一 调查设计

旅游需求调查重点为旅游者心理和行为的变化。具体涉及：旅游者出游动机、影响旅游者选择目的地的因素、恢复正常旅游活动的时间间隔、旅游频次、旅游逗留时间、旅游交通方式、旅游组织方式、旅游同行人选择、旅游消费倾向和平均旅游花费等。设计调查问卷的主要思路是，依据旅游心理学和旅游行为学相关理论，通过对旅游者心理和行为的对比来分析公共卫生问题对不同群体、不同方面的影响，并尝试对旅游市场的恢复时间、方式、规模和特点等进行预判。

调查以网络调查问卷为主，在线深度访谈和大数据舆情分析为辅。其中调查问卷分为 A 问卷和 B 问卷（问卷题目不同），投放时间为 2020 年 3 月 12～14 日，收集完成后对数据进行清洗，删除人口属性和题目逻辑存在矛盾的样本及 14 岁以下的用户样本，最终获得 A 问卷有效样本 6383 份、B 问卷有效样本 5837 份，问卷的人口统计特征见附表 1、附表 2。同时，通过腾讯会议对受邀用户进行线上一对一深度访谈，每位用户访谈 1 小时左右，访谈时间为 2020 年 3 月 13～16 日，有效样本 12 人。大数据舆情分析以网络抓取的 2000 余万条文本作为研究资料。问卷中"旅游"是指离开惯常居住环境，以旅行游玩（而非商业）为目的的活动。问卷中所有涉及"过去一年"和"未来一年"的表述均指调查年度，而非自然年度。

二　调查发现

（一）旅游需求预期

1. 闲暇时间预期

闲暇时间是影响旅游者未来一年旅游计划的第一大因素。调查显示，旅游者预期能用于旅游的闲暇时间较过去一年有所减少。调查问卷将未来一年较过去一年的闲暇时间预期划分为明显增加、稍有增加、基本不变、稍有减少、明显减少 5 个分段来计算指数值①。本次调查旅游闲暇时间预期增加指数为 99.2，与 2018 年 11 月腾讯所进行的调查预期增加指数相比下降明显，表明旅游人群预期能用于旅游的闲暇时间较过去一年有所减少（见图 3-2）。

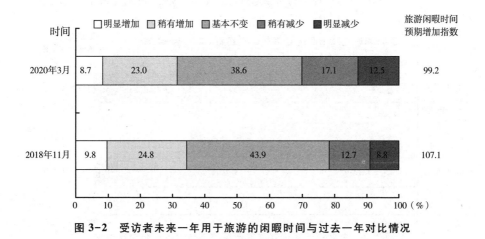

图 3-2　受访者未来一年用于旅游的闲暇时间与过去一年对比情况

2. 消费信心预估

了解未来一年受访者的收入和支出情况可对旅游需求的变化做大致判断。调查显示，未来一年家庭月均总收入预期增加指数为 102.5，较 2019 年 5 月调查数据减少 26.5%（见图 3-3）；家庭消费支出预期增加指数为 137.0，较 2019 年 5 月调查数据减少 10.9%（见图 3-4）。受访者对家庭收

---

①　指数值 =（100×明显增加的比例 +50×稍有增加的比例 +0×基本不变的比例 -50×稍有减少的比例 -100×明显减少的比例）+100。数值越大表示人群对未来预期向好的信心越强。

入和家庭消费支出的预期增加指数都大于 100，表明预期收入和支出仍有增加趋势，但与过去一年相比，增长势头有所回落。

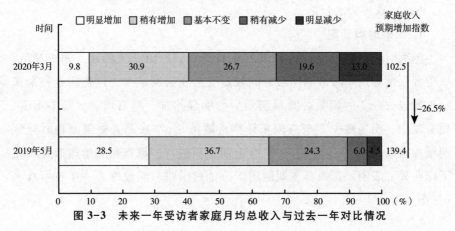

图 3-3　未来一年受访者家庭月均总收入与过去一年对比情况

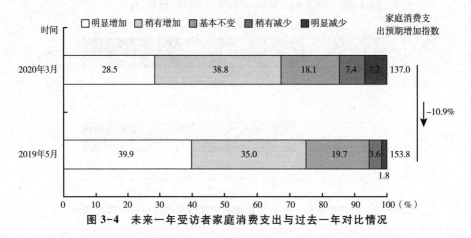

图 3-4　未来一年受访者家庭消费支出与过去一年对比情况

3. 消费品类预估

如图 3-5 所示，在对各细分品类有消费计划的人群中，22.2% 的受访者难以估计未来一年旅游消费支出增减情况。在 11 种消费支出品类中，旅游消费预期不确定性较高，仅次于医疗消费（26.1%）。将受访者对细分品类消费较过去一年同期有明显倾向的程度，分为增加、基本不变、减少三个分段，基于此来计算消费预期增长指数①（见图 3-6）。计算结果显

---

① 消费预期增长指数 =（增加的比例−减少的比例）×100+100。

示，未来一年旅游消费预期增长指数为 119.0，排名第 7，较 2018 年 11 月
下降 2 个位次。居民消费大体可分为生存型消费、发展型消费和享受型消
费。本次调查的 11 种消费品类中，教育、日常饮食、日常购物支出预期增
长指数最高，与 2018 年 11 月相比，受访者对购房（＋10.0%）、购车
（+7.9%）、日常饮食（+7.3%）细分品类的消费预期增长指数有较大幅度
上升（见图 3-7），可见抗风险、生存型消费支出预期增长明显。旅游消
费属于享受型消费，显示出较大的消费弹性。

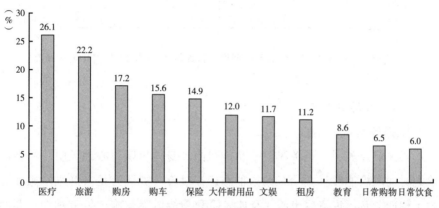

图 3-5　未来一年细分品类消费支出增减情况"难以确定"比例

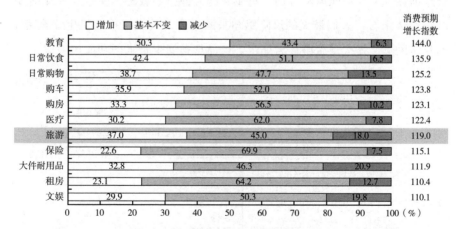

图 3-6　受访者未来一年各项细分品类消费预期与过去一年对比情况

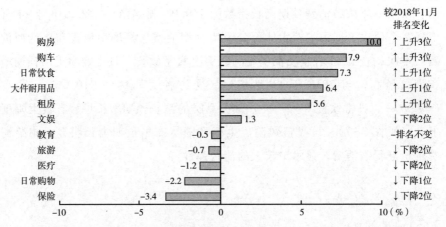

图 3-7　受访者未来一年消费预期增长指数与 2018 年 11 月同比增减情况

（二）旅游心理变化

1. 风险感知

相关研究表明，经济风险、功能风险、身体风险、心理风险、社会风险和时间风险能解释 88.8% 的人群总感知风险，被认为是人群风险感知的六个构面。新冠疫情后出游，身体风险和功能风险是旅游风险感知主要的来源。未来一年，近五成人担心景区人多拥挤，近四成人担心旅游过程各触点不够卫生。功能风险方面，近 1/4 的人群担心旅游体验缩水（见图 3-8）。总体来看，人们最大的风险感知来源是景区人多拥挤和卫生安全带来的身体风险，其次是旅游体验缩水、产品选择变少带来的功能风险。

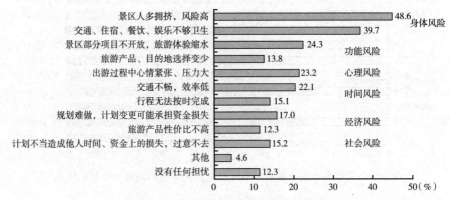

图 3-8　未来一年受访者出游担忧因素

2. 旅游态度

旅游态度包含三个维度：认知维度（评价如何）、情感维度（情感体验如何）和意向维度（反应倾向或行为准备状态如何）。本次调查中各维度包含两正一负三个子描述项，如表 3-1 所示。每个描述项采用 5 点量表打分，对应 -2、-1、0、1、2 计分。经过正负转换计分、计算均值并乘100 得到态度均值，值域为 [-200，200]，结果如图 3-9 所示。

表 3-1　受访者旅游态度

计分方式	旅游认知	旅游情感	旅游意向
正向计分	旅游有积极意义	我喜欢旅游	我愿意在旅游上投入时间精力资金
正向计分	旅游有意思	旅游让我感觉良好	如果有空安排活动，我优先考虑旅游
负向计分	旅游是浪费时间	我不看重旅游	如果工作/学习很忙，我会牺牲旅游

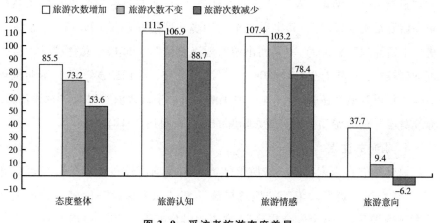

图 3-9　受访者旅游态度差异

总体来看，如图 3-10 所示，79.0% 的人群对旅游持正面态度（态度得分为正），其中旅游认知和旅游情感维度正向比例分别为 80.5% 和77.7%。旅游行为意向维度正向比例略低，为 48.4%。观察新冠疫情对旅游态度的影响可以发现，27% 的受访者受疫情影响，旅游态度变得更加积极。39.7% 的受访者整体旅游态度没有变化。旅游态度的改变，主要体现在情感维度感受更加正面，而行为意向维度态度更加负面。

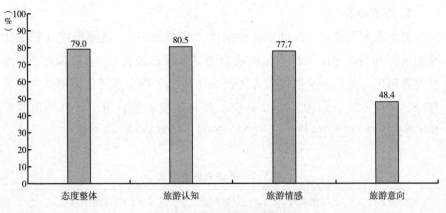

图 3-10　旅游态度认同程度

3. 旅游动机

调查显示，未来一年受访者总体旅游动机均值较过去一年有所提升，其中"进行社交、结识新友"提升最为显著。"亲近自然、感受山水"依然是首要旅游动机（83.7）。其次为"个人兴趣、满足好奇"（79.1）、"了解文史、丰富知识"（75.3）、"亲朋出游、增进感情"（75.1）。总体旅游动机强度均值较过去一年有提升（4.0%）。"进行社交、结识新友"的旅游动机较过去一年提升最为显著（8.0%），"了解文史、丰富知识"以及"健康治疗、修养身心"的旅游动机也有较大幅度的提高（见图 3-11）。

4. 旅游关注点

总体来看，未来一年，旅游整体需求强度均值较过去一年有显著提升（3.3%），对"退费政策"、"应急措施"和"旅游保险"的需求较过去一年有显著提升，"社会安全秩序"、"卫生健康状况"和"自然景观"是未来一年旅游者选择旅游目的地时最看重的因素（见图 3-12）。

调查显示，未来一年旅游者对旅游中"卫生健康状况"的看重程度超过"自然景观"。从定性研究中发现，旅游者认为重大公共危机/卫生事件对旅游观念的影响是深远的，旅游者对旅行中的卫生健康将更加重视。很多受访者认为会更加注重卫生和健康，日常生活卫生习惯发生了转变，如勤洗手、随身携带免洗洗手液、注重运动和饮食健康等行为习惯与生活观念也将延伸到旅游活动中。此外，旅游者对旅游卫生健康的关注是全触点

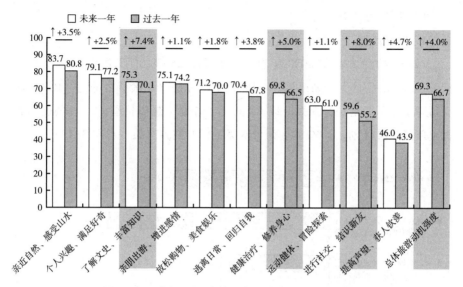

图 3-11　过去一年/未来一年受访者旅游动机情况

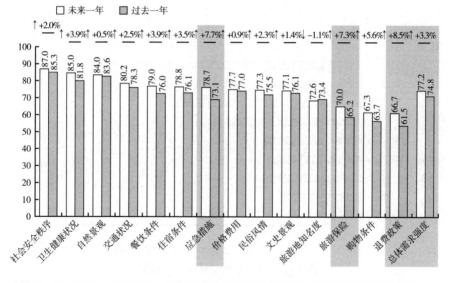

图 3-12　过去一年/未来一年旅游者选择旅游目的地时对各种因素的关注程度

性的。旅游者对卫生安全的评估和需求涉及出行、住宿、餐饮等全过程，也会关注各个环节的所有节点，例如住宿时关注大堂、服务人员健康、房间消毒，就餐时关注服务人员健康程度、餐具消毒情况、人员拥挤度等。

（三）旅游消费行为

1. 旅游计划

72.4%的受访者在 2020 年有旅游计划，28.3%的受访者取消了原行程，16.7%的受访者计划改期，9.1%的受访者更改了旅游目的地，10.0%的受访者承受了一定经济损失，27.5%的受访者处于观望状态，9.4%的受访者做了新的旅游计划，2.0%的受访者购买了新的旅游产品（见图 3-13）。

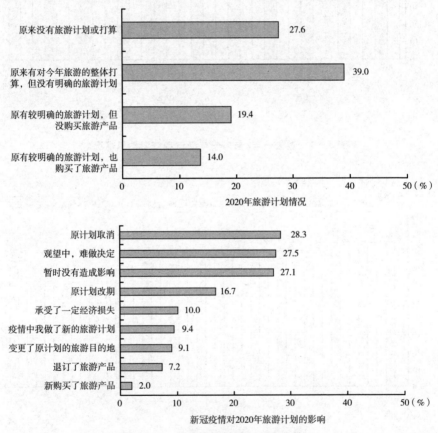

图 3-13　受访者旅游计划及变化情况

在未来一年的旅游计划方面，阻碍旅游者制订未来一年旅游计划最重要的三个因素是时间、预算和风险，表现为担忧"假期不足"（37.1%）、"预算不足"（32.5%）、"担心出游有风险"（26.1%）。此外，影响因素还包括"不确定性大，难做规划"（24.6%）、"对旅游缺乏兴趣"（22.1%）、

"没有想去的地方"（18.5%）、"没有合适的旅伴"（15.5%）、"有其他活动安排"（14.5%）、"找不到性价比合适的旅行产品"（5.7%）、"找不到可靠的产品或服务"（4.3%）等（见图3-14）。可见，"有钱有闲"所指的经济和时间仍然是制约旅游者出游的重要因素，对旅游环境的不确定和风险感知对出游计划的制订影响程度加深，而随着互联网的发展，信息获取对人们出游的阻碍越来越小。

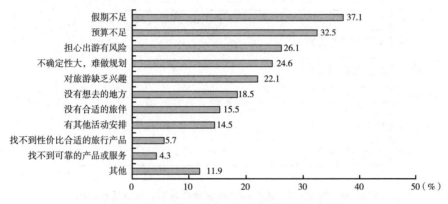

图 3-14 受访者未来一年无旅游计划的原因

2. 出游方式

从逗留时间来看，未来一年预计旅游平均逗留时间4.6天，与过去一年（4.2天）相比差距不大。未来一年半数以上旅游者预计旅程为2~4天（见图3-15）。

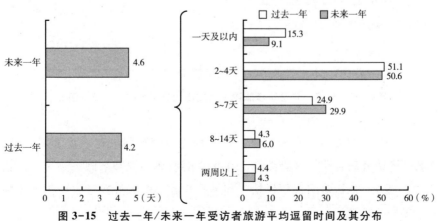

图 3-15 过去一年/未来一年受访者旅游平均逗留时间及其分布

就不同的旅游活动而言，未来一年，周边游预期出游次数达到 1.70 次，仍然是各类旅游活动中选择最多的。未来一年，省外（境内）游的人均出游次数较过去一年增加 0.27 次，是增长最多的类型（见图 3-16）。未来一年，受访者旅游消费支出优先增加的旅游类型情况如图 3-17 所示。

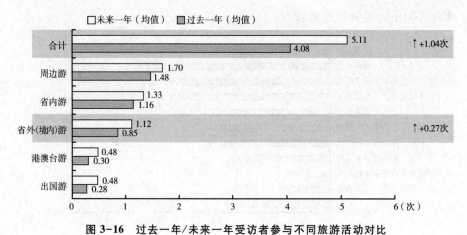

图 3-16 过去一年/未来一年受访者参与不同旅游活动对比

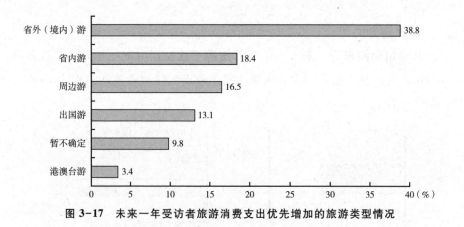

图 3-17 未来一年受访者旅游消费支出优先增加的旅游类型情况

在旅游类型方面，未来一年，自然观光类旅游目的地占比为 66.7%，依然是受访者最青睐的旅游类型，其次是度假休闲类和名胜古迹类，占比均为 54.9%。旅游者对民俗风情类和健康疗养类的偏好较过去一年增长显著（见图 3-18）。

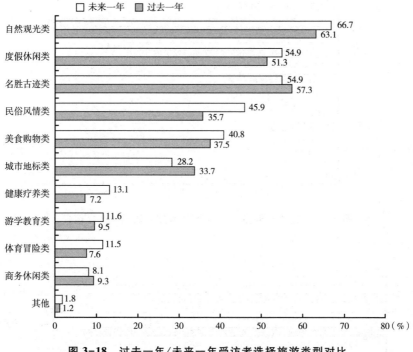

图 3-18 过去一年/未来一年受访者选择旅游类型对比

在组织方式方面，未来一年，与家人出游仍是第一选择，与恋人出游和独自一人出游的比例较过去一年有显著提升（见图 3-19）。未来一年，67.7% 的旅游者会将个人游作为最主要的旅游方式，较过去一年增长了16.7 个百分点，选择家庭游和团队游的比例都较过去一年下降显著（见图3-20）。其中：有孩子的旅游者（有 6 岁以下的孩子、有 6~18 岁的孩子）以及多代同堂（两代同堂、三代同堂）的旅游者，未来一年选择个人游的比例较过去一年有大幅度提升，分别为 45.9 个百分点（有 6 岁以下的孩子）、43.8 个百分点（有 6~18 岁的孩子）、37.2 个百分点（两代同堂）、45.8 个百分点（三代同堂）；同时他们选择家庭游的比例有显著下降，降幅均在 40 个百分点左右（见图 3-21）。

在交通方式方面，如图 3-22 所示，未来一年，61.0% 的受访者选择火车/高铁，其次是自驾车（含租车自驾）（46.9%）以及飞机（44.2%）。自驾（含租车自驾）选择比例较过去一年无变化，但定性研究显示短期出

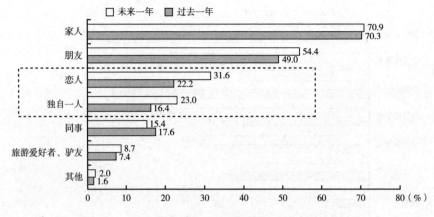

图 3-19　过去一年/未来一年受访者旅游时同伴选择情况

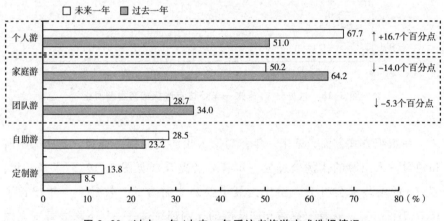

图 3-20　过去一年/未来一年受访者旅游方式选择情况

游自驾仍是优选。与过去一年相比，旅游者选择汽车/大巴的比例略有降低，选择火车/高铁和飞机的比例显著增加。

　　具体到旅游支出结构，最大的支出项目依次为住宿消费（64.9%）、餐饮消费（64.0%）和交通消费（53.7%），排名与过去一年一致（见图3-23）。餐饮消费和娱乐消费较过去一年有所增加。旅游消费预算增加时，旅游者倾向于优先增加餐饮支出（见图3-24）。定性研究发现，旅游者会选择更高卫生标准的饮食场所，更关注酒店的卫生条件，选择卫生标准更高的星级酒店。"安心酒店""安心航班""餐饮服务标杆企业"等受到关注。

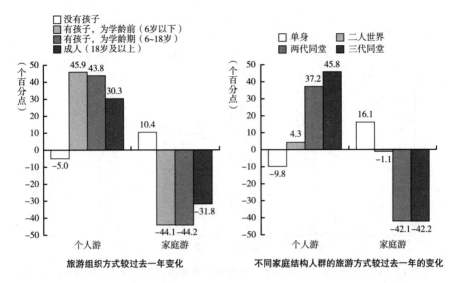

图 3-21　不同家庭受访者过去一年与未来一年参与个人游及家庭游选择对比

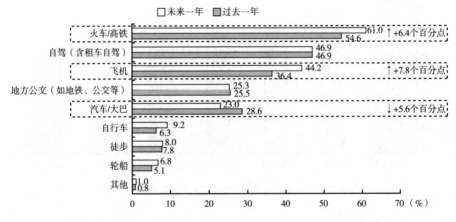

图 3-22　过去一年/未来一年受访者旅游出行选择交通方式情况

3. 相关保障

　　一般认为，旅游消费者在感知到各种风险信号时，会通过主动策略降低感知风险。比如：降低风险发生的概率、延迟消费行为，最终减少出游行为；降低后果的严重性，做更全面的准备；将感知损失降到旅游者能忍受的范围，即等到风险环境变化到可以接受时再进行旅游行为；进行旅游

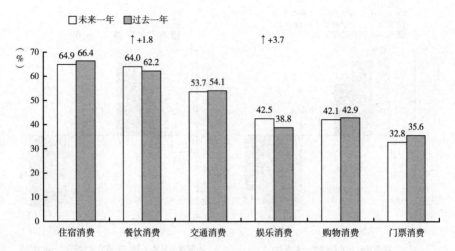

图 3-23　过去一年/未来一年受访者各类旅游消费被列入花费前三高的比例情况

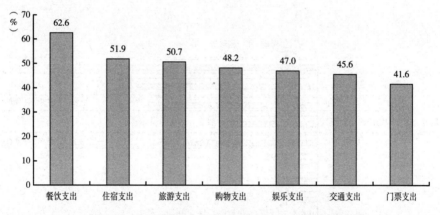

图 3-24　受访者未来一年旅游消费支出增加的类型

行为并承担损失。调查显示，针对受访者的出行担忧，旅游企业和目的地可通过不同方式缓解其忧虑（见图 3-25）。

三　重要启示

　　问卷调查从旅游者的角度揭示了旅游需求的变化倾向和原因，为旅游需求的管理提供了重要启示。

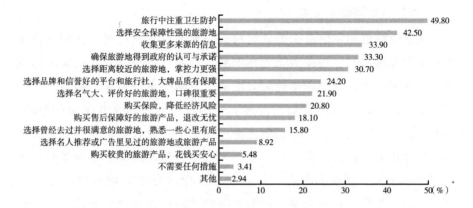

图 3-25 受访者认为出游时可以缓解担忧的措施及其占比情况

（一）旅游需求多元化

从总体趋势看，目前人们的出游目的、出行方式、旅行距离和旅游习惯都已发生显著变化，且有进一步固化的趋势。在出游目的上，人们对自然环境也更为向往，亲近自然、感受山水成为出游动机的首选。在出游方式上，家庭游、小团游、定制游更受青睐。在出游距离上，长距离旅行受到限制，而短距离的本地游、周边游、微旅游、微度假成为趋势，不能去远方看世界的人们开始努力发现身边的美好。在出游决策上，之前多数人旅行都会提前做好计划和预订，变化后更倾向于临时决定，旅行时间、地点和项目的选择更具弹性和可变性。在旅行关注点上，人们的旅游风险意识普遍提高，对目的地和旅游设施的卫生健康状况、应急措施、退费政策、旅游保险、客流预警与疏导措施等更为关注。旅行距离短、决策时间短、出行时间灵活、目的地选择具有可变性、旅游风险意识高等已经成为旅游需求的新趋势。但从长期来看，当外部风险降低，旅游者的风险感知、情感感知等趋于稳定，心理因素对旅游需求的影响或将逐渐减小。可以预见，未来旅游需求仍将持续增长，新型消费需求层出不穷。面对空前的增长和变化，旅游公共服务和产业供给均需做出新的调整，从而更好地适应旺盛需求下产生的多样变化。

（二）旅游供给新要求

　　旅游供给侧和旅游需求侧共同构成完整的旅游供应链。在旅游需求不断走向新阶段时，对旅游企业在产品、服务和营销等方面也提出新的要求。旅游企业需要合理整合和分配资源以响应市场需求，创造竞争优势。由于出行决策时间变短，游客对去哪玩、怎么玩没有明确的想法，因此会依赖互联网平台所提供的各种"种草"信息，也需要各种多样化的选择和组合。目前，在一些互联网平台上，精致露营、电影酒店、宠物摄影、蹦床、漂浮、冲浪、滑翔伞等各种细分业态均呈快速增长态势，为游客提供了数量众多、种类齐全的产品信息和消费组合。一个居住在北京的上班族，可能会在周四、周五或其他的闲暇时段打开 App 进行相关目的地攻略的查询，考虑如何在本地享受周末，是去京郊爬山，还是在市内赏花，或者去胡同里的名人故居打卡。这就要求旅游企业能够抓住旅游需求的新变化并及时做出调整，开发各种低密度、高品质的周边游产品，并通过新媒体进行营销。目的地和相关企业要提供更加广泛的服务和更加可靠的保障，尤其关注卫生、安全、保险、退订等方面的问题，除提升餐饮、住宿、酒店等的卫生标准和服务品质外，也要保障全行程和全链条的安全性。

附表 1 总体样本的人口统计特征

项目		频数	百分数（%）
性别	男	6474	53
	女	5746	47
	总计	12220	100.0
年龄	14~17 岁	1146	9.4
	18~21 岁	1444	11.8
	22~24 岁	1039	8.5
	25~30 岁	2405	19.7
	31~35 岁	1693	13.9
	36~40 岁	1265	10.4
	41~50 岁	1907	15.6
	50 岁以上	1321	10.8
	总计	12220	100.0
代际	60 后	1072	8.8
	70 后	1907	15.6
	80 后	2958	24.2
	90 后	3734	30.6
	00 后	2300	18.8
	其他	249	2.0
	总计	12220	100.0
教育程度	小学	127	1.0
	初中	920	7.5
	高中/中专/技校	2730	22.3
	大专	2724	22.3
	大学本科	4943	40.5
	硕士研究生	596	4.9
	博士研究生及以上	155	1.3
	没有接受过正规教育	25	0.2
	总计	12220	100.0

项目		频数	百分数（%）
职业	学生	2512	20.6
	学徒/实习	249	2.0
	全职职工	6966	57.0
	兼职	478	3.9
	全职主妇	375	3.1
	无业/失业/待业/下岗	485	4.0
	离退休	451	3.7
	农民	212	1.7
	其他	492	4.0
	总计	12220	100.0
工作单位 *	私营企业（包括个人独资企业/合伙经营/有限责任企业）	2782	38.6
	事业单位	1268	17.6
	国有企业	1536	21.3
	集体企业	399	5.5
	政府机关	342	4.7
	外资企业（包括中外合资合作企业/外商独资企业）	382	5.3
	非政府组织（NGO）	53	0.7
	工商个体户	367	5.1
	其他	87	1.2
	总计	7216	100.0
家庭平均月收入	1000元及以下	353	2.9
	1000~2000元	330	2.7
	2000~3000元	698	5.7
	3000~4000元	917	7.5
	4000~6000元	1303	10.7

续表

项目		频数	百分数(%)
家庭平均月收入	6000~8000 元	1509	12.3
	8000~10000 元	1867	15.3
	10000~20000 元	2364	19.4
	20000~30000 元	1119	9.1
	30000~50000 元	465	3.8
	50000~100000 元	271	2.2
	100000 元以上	304	2.5
	无固定收入	720	5.9
	总计	12220	100.0

*　此题只访问有工作的受访者，故与总体样本量有所差异。

附表 2　A、B 问卷的人口统计特征

项目		A 问卷		B 问卷	
		频数	百分数(%)	频数	百分数(%)
性别	男	3382	53.0	3092	53.0
	女	3001	47.0	2745	47.0
	总计	6383	100.0	5837	100.0
年龄	14~17 岁	599	9.4	547	9.4
	18~21 岁	754	11.8	690	11.8
	22~24 岁	543	8.5	496	8.5
	25~30 岁	1256	19.7	1149	19.7
	31~35 岁	884	13.9	809	13.9
	36~40 岁	661	10.4	604	10.4
	41~50 岁	996	15.6	911	15.6
	50 岁以上	690	10.8	631	10.8
	总计	6383	100.0	5837	100.0
代际	60 后	533	8.4	539	9.2
	70 后	996	15.6	911	15.6
	80 后	1545	24.2	1413	24.2
	90 后	1926	30.2	1808	31.0
	00 后	1226	19.2	1074	18.4
	其他	157	2.5	92	1.6
	总计	6383	100.0	5837	100.0
教育程度	小学	50	0.8	77	1.3
	初中	471	7.4	449	7.7
	高中/中专/技校	1495	23.4	1235	21.2
	大专	1542	24.2	1182	20.2
	大学本科	2361	37.0	2582	44.2
	硕士研究生	332	5.2	264	4.5
	博士研究生及以上	111	1.7	44	0.8
	没有接受过正规教育	21	0.3	4	0.1
	总计	6383	100.0	5837	100.0

续表

项目		A 问卷		B 问卷	
		频数	百分数(%)	频数	百分数(%)
职业	学生	1386	21.7	1126	19.3
	学徒/实习	140	2.2	109	1.9
	全职职工	3467	54.3	3499	60.0
	兼职	223	3.5	255	4.4
	全职主妇	169	2.6	206	3.5
	无业/失业/待业/下岗	281	4.4	204	3.5
	离退休	208	3.3	243	4.2
	农民	116	1.8	96	1.6
	其他	393	6.2	99	1.7
	总计	6383	100.0	5837	100.0
工作单位*	私营企业(包括个人独资企业/合伙经营/有限责任企业)	1563	43.3	1219	33.8
	事业单位	662	18.4	606	16.8
	国有企业	715	19.8	821	22.7
	集体企业	99	2.7	300	8.3
	政府机关	195	5.4	147	4.1
	外资企业(包括中外合资合作企业/外商独资企业)	127	3.5	255	7.1
	非政府组织(NGO)	22	0.6	31	0.9
	工商个体户	168	4.7	199	5.5
	其他	56	1.6	31	0.9
	总计	3607	100.0	3609	100.0

续表

项目		A 问卷		B 问卷	
		频数	百分数（%）	频数	百分数（%）
家庭平均月收入	1000 元及以下	174	2.7	179	3.1
	1000~2000 元	172	2.7	158	2.7
	2000~3000 元	390	6.1	308	5.3
	3000~4000 元	563	8.8	354	6.1
	4000~6000 元	744	11.7	559	9.6
	6000~8000 元	870	13.6	639	10.9
	8000~10000 元	1040	16.3	827	14.2
	10000~20000 元	1121	17.6	1243	21.3
	20000~30000 元	457	7.2	662	11.3
	30000~50000 元	205	3.2	260	4.5
	50000~100000 元	131	2.1	140	2.4
	100000 元以上	192	3.0	112	1.9
	无固定收入	326	5.1	394	6.8
	总计	6385	100.0	5835	100.0
城市等级	一线城市	730	11.6	1489	25.8
	二线城市	993	15.8	1341	23.2
	三线城市	1666	26.5	1225	21.2
	四线城市及以下	2907	46.2	1728	29.9
	总计	6296	100.0	5783	100.0
区域	华北	1136	18.1	1171	20.2
	东北	501	8.0	602	10.4
	华东	1930	30.8	1656	28.6
	华中	908	14.5	753	13.0
	华南	951	15.2	962	16.6
	西南	588	9.4	495	8.5
	西北	251	4.0	155	2.7
	港澳台	4	0.1	1	0.018
	总计	6269	100.0	5795	100.0

*此题只访问有工作的受访者，故与总体样本量有所差异。

本章参考文献

[1] Gu, X., et al., "Local tourism cycle and external business cycle," *Annals of Tourism Research* 73, 2018, pp. 159-170.

[2] 李维维、虞虎、王新歌、马晓龙：《消费需求与国内旅游消费需求的周期性波动同步吗——基于 MS-VAR 模型时变特征的分析》，《商业经济与管理》2018 年第 1 期。

[3] Croes, R., Ridderstaat, J., Rivera, M., "Asymmetric business cycle effects and tourism demand cycles," *Journal of Travel Research* 57（4），2018, pp. 419-436.

[4] 周成、冯学钢、唐睿：《我国反季旅游发展评价与区域差异——基于旅游供需视角》，《经济管理》2016 年第 10 期。

[5] Higham, J., Hinch, T., "Tourism, sport and seasons: The challenges and potential of overcoming seasonality in the sport and tourism sectors," *Tourism Management* 23（2），2002, pp. 175-185.

[6] Aebli, A., Volgger, M., Taplin, R., "A two-dimensional approach to travel motivation in the context of the COVID-19 pandemic," *Current Issues in Tourism* 25（1），2021, pp. 60-75.

[7] Kaushal, V., Srivastava, S., "Hospitality and tourism industry amid COVID-19 pandemic: Perspectives on challenges and learnings from India," *International Journal of Hospitality Management* 92, 2021, 102707.

[8] Chua, B. L., et al., "Tourists' outbound travel behavior in the aftermath of the COVID-19: Role of corporate social responsibility, response effort, and health prevention," *Journal of Sustainable Tourism* 29（6），2020, pp. 879-906.

[9] Ahmad, A., et al., "Visit intention and destination image in post-Covid-19 crisis recovery," *Current Issues in Tourism* 24（17），2021, pp. 2392-2397.

[10] 程云、殷杰：《新冠肺炎疫情是否激发了康养旅游意愿？——一个条件过程模型的检验》，《旅游学刊》2022 年第 7 期。

[11] Kosmaczewska, J., "Should I stay or should I go out? Leisure and tourism consumption of geocachers under the existence of COVID restrictions and economic uncertainty in Poland," *Annals of Leisure Research*, 11 May 2022, pp. 1-19, DOI: 10.1080/11745398.2022.2070515.

[12] Karl, M., Chien, P. M., Ong, F., "Impulse buying behaviour in tourism: A new perspective," *Annals of Tourism Research* 90, 2021.

[13] 钱建农：《后疫情时代的文旅变局》，《旅游学刊》2020 年第 8 期。

[14] Hu, F., Teichert, T., Deng, S., Liu, Y., Zhou, G., "Dealing with

pandemics：An investigation of the effects of COVID‐19 on customers' evaluations of hospitality services," *Tourism Management*85，2021，104320.

［15］Tong，Z.，Xie，Y.，Xiao，H.，"Effect of CSR contribution timing during COVID‐19 pandemic on consumers' prepayment purchase intentions：Evidence from hospitality industry in China," *International Journal of Hospitality Management*97，2021，102997.

［16］Binnicker，M. J.，"Emergence of a novel coronavirus disease（COVID‐19）and the importance of diagnostic testing：Why partnership between clinical laboratories，public health agencies，and industry is essential to control the outbreak," *Clinical Chemistry*66（5），2020，pp. 664‐666.

［17］Park，I. J.，et al.，"Impact of the COVID‐19 pandemic on travelers' preference for crowded versus non‐crowded options," *Tourism Management*87，2021，104398.

［18］冯晓华、黄震方：《疫情常态化防控下游客旅游行为意向研究》，《干旱区资源与环境》2021 年第 4 期。

［19］马波、王嘉青：《常态化疫情防控下的旅游产业新走向》，《旅游学刊》2021 年第 2 期。

［20］彭兆荣：《后疫情时代的旅游人类学反思》，《中南民族大学学报》（人文社会科学版）2021 年第 1 期。

［21］厉新建、李兆睿、宋昌耀、陆文励、张琪：《基于计划行为理论的虚拟旅游行为影响机制研究》，《旅游学刊》2021 年第 8 期。

［22］Wen，J.，et al.，"COVID‐19：Potential effects on Chinese citizens' lifestyle and travel," *Tourism Review*76（1），2020，pp. 74‐78.

［23］李珊珊：《新冠肺炎疫情背景下"云旅游"价值评估及对策建议》，《价格月刊》2021 年第 3 期。

［24］Chemli，S.，Toanoglou，M.，Valeri，M.，"The impact of Covid‐19 media coverage on tourist's awareness for future travelling," *Current Issues in Tourism*25（2），2022，pp. 179‐186.

［25］王婷、吴必虎、王芳、薛涛：《重大疫情下潜在旅游者风险承受力对出游意愿的作用机制——基于音乐视频地方意象的前因影响与熟悉度的调节作用》，《西南大学学报》（自然科学版）2020 年第 9 期。

［26］成茜、李君轶：《疫情居家约束下虚拟旅游体验对压力和情绪的影响》，《旅游学刊》2020 年第 7 期。

［27］朱运海、曹诗图：《试论作为追寻诗意栖居的旅游》，《地理与地理信息科学》2020 年第 4 期。

［28］Sembada，A. Y.，Kalantari，H. D.，"Biting the travel bullet：A motivated reasoning perspective on traveling during a pandemic," *Annals of Tourism Research*，2021.

［29］Kock，F.，et al.，"Understanding the COVID‐19 tourist psyche：The evolutionary tourism paradigm," *Annals of Tourism Research* 85，2020，103053.

[30] Bae, S. Y., Chang, P. J., "The effect of COVID-19 risk perception on behavioural intention towards 'untact' tourism in South Korea during the first wave of the pandemic," *Current Issues in Tourism* 24 (7), 2021, pp. 1017-1035.

[31] Thirumaran, K., et al., "COVID-19 in Singapore and New Zealand: Newspaper portrayal, crisis management," *Tourism Management Perspectives* 38, 2021, 100812.

[32] Kaczmarek, T., et al., "How to survive a pandemic: The corporate resiliency of travel and leisure companies to the COVID-19 outbreak," *Tourism Management* 84, 2021, 104281.

[33] 王兆峰:《"双循环"背景下旅游业高质量发展的实现路径》,《企业经济》2022年第2期。

[34] 陈岩英、谢朝武:《常态化疫情防控下的旅游发展:转型机遇与战略优化》,《旅游学刊》2021年第2期。

[35] Garrido-Moreno, A., García-Morales, V. J., Martín-Rojas, R., "Going beyond the curve: Strategic measures to recover hotel activity in times of COVID-19," *International Journal of Hospitality Management* 96, 2021, 102928.

[36] Kim, J., et al., "COVID-19 and extremeness aversion: The role of safety seeking in travel decision making," *Journal of Travel Research* 61 (4), 2022, pp. 837-854.

[37] Karl, M., et al., "Affective forecasting and travel decision-making: An investigation in times of a pandemic," *Annals of Tourism Research* 87, 2021, 103139.

[38] Skard, S., et al., "How virtual reality influences travel intentions: The role of mental imagery and happiness forecasting," *Tourism Management* 87, 2021, 104360.

[39] Hu, M., et al., "Hierarchical pattern recognition for tourism demand forecasting," *Tourism Management* 84, 2021, 104263.

第四章　企业转型

　　企业是国民经济和具体行业的细胞，是最重要的市场主体。旅游企业既是旅游市场上资本、土地、劳动力、技术等生产要素的提供者或购买者，也是相关产品和服务的生产者、销售者和提供者。旅游企业的经营决策、产品结构、发展战略等直接影响着旅游者的体验和满意度，影响旅游产业的发展方向。我国旅游企业数量众多、类型多元。近年来，随着旅游行业竞争的加剧和各种外部风险的增多，旅游企业面临生存发展、科学决策、危机应对、持续创新等方面的挑战。考虑到旅游企业应对危机以及在新发展阶段转型的必要性，在此我们基于企业危机管理理论、社会责任理论、价值创造理论和创新理论等，尝试探索我国旅游企业的应对举措和发展路径。

第一节　旅游企业发展状况

一　旅游企业概况

（一）企业数量

　　随着我国旅游业的快速发展，作为市场主体的旅游企业在数量和规模上不断增加和扩大。企查查数据显示，我国现存国内旅游相关企业超过188万家。2013~2019年我国旅游企业数量的增速为正，整体来看，2017年后每年新增旅游企业数量较为稳定。如图4-1所示，2017年我国新增国内旅游相关企业25.89万家，同比增长20.59%；2018年新增29.11万家，同比增长12.44%；2019年新增31.49万家，同比增长8.18%，是2013年以来我国新增国内旅游相关企业最多的一年；2020年后进入波动期，2020

年新增旅游相关企业 25.28 万家,同比减少 19.72%;2021 年新增 27.77 万家,同比增加 9.85%;2022 年新增 25.51 万家,同比减少 8.14%;2023 年表现出强势的复苏态势,旅游相关企业注册量为 36.29 万家,同比增长 42.26%。

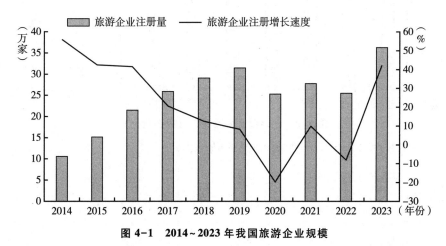

图 4-1 2014~2023 年我国旅游企业规模

资料来源:企查查,统计时间为 2024 年 1 月 2 日。

(二) 区域分布

从区域布局来看,山东和广东的旅游企业数量遥遥领先于其他省份,山东拥有 16.01 万家旅游相关企业,数量最多,其次为广东(15.75 万家)、四川(10.96 万家)。其他省份的旅游相关企业数量均在 10 万家以内。旅游企业数量排名前十的省份为山东、广东、四川、北京、湖南、海南、江苏、浙江、广西和贵州(见图 4-2),多为旅游经济和旅游资源大省,且以南方省份为主。从城市分布来看,北京旅游相关企业有 9.77 万家,是我国第一大旅游企业集聚城市,其次为上海,有旅游相关企业 6.90 万家,与成都、深圳、重庆、海口、广州、西安、长沙、南宁共同构成我国旅游企业数量前十的城市(见图 4-3)。

(三) 海外投资

我国旅游企业对外直接投资起始于东亚和欧美地区,而后逐步展开,至今已扩大到全球 120 多个国家。就东道国而言,我国旅游企业对外直接投资十大东道国分别是美国、日本、韩国、澳大利亚、加拿大、英国、泰

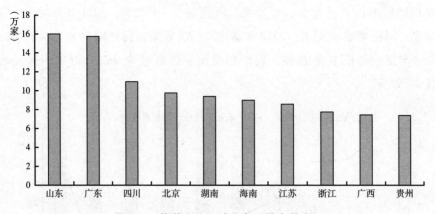

图4-2 旅游企业区域分布（排名前十）

资料来源：企查查，统计时间为2023年4月13日。

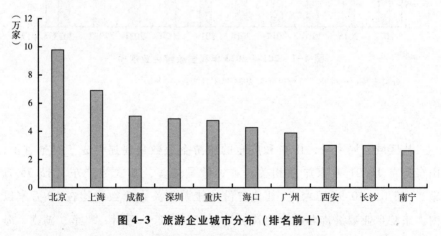

图4-3 旅游企业城市分布（排名前十）

资料来源：企查查，统计时间为2023年4月13日。

国、德国、阿联酋和法国，多为发达国家。就区域而言，我国旅游企业对外直接投资主要集中在亚洲，亚洲地区排名前六的国家依次是韩国、日本、泰国、阿联酋、新加坡和柬埔寨。北美洲和欧洲地区是我国旅游企业对外直接投资的第二和第三大区域，其中欧洲主要东道国包括英国、德国、法国、荷兰和俄罗斯等。

王娟、魏荣杰、马红梅总结了2004~2019年中国海外旅游投资数量（见图4-4），并将其划分为三个阶段：第一阶段为2004~2009年，此阶段我国旅游企业海外投资增幅并不明显，在低位波动中增长；第二阶段为2010~2015年，2010年我国旅游企业海外投资项目数量同比增长124%，此阶段在"一带一路"倡议等相关政策支持下，旅游企业海外投资增长迅猛，2015年达到最高值；第三阶段为2016~2019年，此阶段受到国际政治经济格局重构、单边保护主义抬头、逆全球化加剧等复杂多变的国际形势的影响，我国旅游企业海外投资项目增势减缓且趋于稳定。总体来看，除中国香港、澳门和台湾外，北美、东亚是我国旅游企业海外投资过程中最受欢迎的地区，其次是西欧、大洋洲和东南亚等地区，非洲和南美洲的累计海外投资数量位于第三梯队[1]。

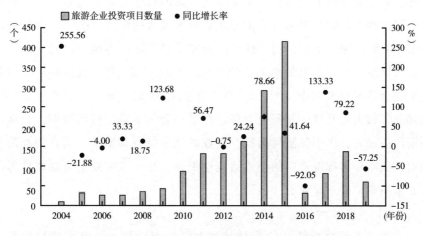

图 4-4　2004~2019 年我国旅游企业海外投资

资料来源：王娟、魏荣杰、马红梅《中国旅游企业海外投资网络特征研究》，《地理与地理信息科学》2023 年第 2 期。

二　旅游上市公司

旅游上市公司可较为全面、细致地了解旅游企业的相关发展情况。主要原因如下：一是旅游上市公司具有行业代表性；二是旅游上市公司的数据具有及时性，上市公司信息披露及时、信息透明度高，对于准确把握旅游行业企业的变化有即时的参考性；三是旅游上市公司的表征具有前瞻性，资本市场是实体经济的晴雨表，旅游上市公司的发展和决策变化在一定程度上可以体现旅游行业企业的基本情况。

（一）周期变动

旅游业受外部经济的影响较大，特别是经济形势的不稳定和经济政策的不确定将导致系统性金融风险加剧，管理者的投资决策也会变得更加复杂。蒋腾、张永冀、赵晓丽研究了我国经济政策不确定性对企业债务融资的影响后发现，经济政策不确定性提高将带来企业银行借款水平的显著下降。高预期通货膨胀会增加经济政策不确定性对企业银行借款水平的负向影响。银行关联会减弱经济政策不确定性对企业银行借款水平的负向影响。具体而言，对于面临融资约束程度较高的企业以及产业政策不支持的行业、处于周期性的行业和市场集中度较高的行业的企业而言，经济政策的不确定性增加时，将为企业债务融资带来显著的负向影响[2]。王建平以2007~2020年旅游上市公司为样本，研究了经济政策不确定性对我国旅游上市公司现金持有情况的影响。他指出，2007~2020年，我国旅游上市公司的现金持有平均比例约为18.9%，最大值为58.4%，最小值为0.7%，内部具有较大差异性。其研究发现，在经济政策不确定性增强时，企业的融资约束提高，出于预防性动机，企业的现金持有将增加；当外部经济波动时，战略差异程度更高的企业适应性更强，在一定程度上可缓解外部经济政策不确定性对企业的冲击[3]。

（二）资本结构

旅游企业健康持续的经营与其资本结构密切相关，资本结构的优化调整有助于提高旅游企业经营能力和获利水平，促进优质旅游供给。郭慧萍、王慧以中国24家沪深股市旅游上市公司为研究对象，围绕资本结构的变化构建资本结构的动态调整。研究发现，从资产负债率来看，2007~2017年，我国旅游上市公司的平均资产负债率在2007年最高，为43.8021%，而后逐年下降，到2012年达到最低值36.6259%后又逐年上升，属于波浪式变化；在24家上市公司中，资产负债率最小值为8.9715%，而最大值为116.4787%，最大值与最小值相差较大。从盈利能力来看，盈利能力指标与旅游上市公司资本结构调整负相关，高盈利能力的企业会有充裕的内源资金，更倾向于使用自有资金进行项目投资。从股权集中度来看，股权集中度与资本结构调整速度正相关，为追求股东利益最大化,当投资报酬率高于债务资本成本率时,旅游上市公司倾向于利用债务融资而非股权融资进行外部筹资。从资产可抵债能力来看,存货、固定资产这些有形资产抵偿债务的能力是企业自身实力的表现,我国旅游上市公司的资产可抵债能力越强,在寻求债务融资时发挥的作用越显著[4]。

(三)成长能力

企业成长能力不仅是企业当前经营状况的体现,同时也是企业长期发展潜力、持续经营能力的重要衡量指标。根据企业内生成长理论,企业的成长与组织间合作网络息息相关。孙平、康文青、周晓明以 2010~2019 年我国 33 家 A 股旅游上市公司的数据,采用模糊集定性比较分析方法分析了我国旅游上市公司成长能力的影响因素,归纳出我国旅游上市公司的 3 种高成长性驱动模式。一是"苦练内功"型,具有高内部整合、低供应商整合和低客户整合、弱同群效应的特点。在样本中均为国资控股企业。例如华侨城、首旅酒店、中国中免和锦江酒店等。二是"全面整合"型,具有高内部整合、高供应商整合和高客户整合的特点。此类型公司以民营旅游企业为主。由于其资本体量相对较小,运营体系相对独立,发展依赖于自身的资源和利益导向,面临更高的成长风险,因此更需要通过全面的供应链整合,走集成化发展道路,以此获取成长优势。例如探路者、新国脉、丽江旅游等。二是"创业领跑"型,具有强创业导向、高客户整合和低供应商整合的特点。代表性公司是东方园林,它是旅游上市公司中唯一一家主营业务为设计施工类的公司,强调设计与研发。同时孙平、康文青、周晓明还总结出我国旅游上市公司的两种低成长性驱动模式。一是"随波逐流"型,具有强同群效应、低内部整合和低客户整合的特点,这一类型的 4 家代表性公司均为国有企业,有较高的行业地位,包括锦江在线、九华旅游、华天酒店、黄山旅游;二是"供需错配"型,具有高内部整合、高客户整合、低供应商整合、弱同群效应的特点,例如凯撒旅业[5]。

(四)管理结构

高层管理者是企业战略决策的实际制定者,根据高层梯队理论,高层管理者所掌握的专业知识及其在任职过程中积累的管理实践经验,能够提升对信息的理解能力、判断能力和决策能力,从而做出更为理性和有效的战略决策。王春丽分析了2010~2019年我国48家旅游上市公司。结果显示，拥有海外背景的高管人数比重均值为7.6%，其中，拥有海外教育背景的高管人数比重均值为4.9%，拥有海外任职背景的高管人数比重均值为3.4%。以持股比例差距衡量的高管权力差距均值为2.5%，但在不同年份之间差异较为明显。她还进一步分析了高管海外背景对企业财务绩效和资本市场绩效的影响后发现，对我国旅游上市公司而言，高管海外背景对旅游企业财务绩效存在显著的正影响，海外任职背景对旅游企业财务绩效的正效应强于海外教育背景；高管权力差距对企业财务绩效有正影响，但权力差距增大将会限制海外背景高管的经验与能力发挥，进而降低企业经营业绩[6]。

（五）近年走势

近年来，受外部因素影响，旅游上市公司呈现出一些新的变化特征。下面以2021年为例，对旅游上市公司的情况进行简要分析。

1. 营收

如图4-5所示，2021年上市公司的整体营收情况基本与2020年保持一致。中国中免的营业收入在众多旅游上市公司中仍居最高位，锦江酒店、中青旅、首旅酒店依旧处于第二梯队，其他旅游上市公司的规模较小，营业收入大多处于10亿元以下。海航创新、海南大东海、腾邦国际的2021年年度报告显示营业收入出现极大增长，但其财务报告审计意见类型为"无法表示意见"，存在股票终止上市风险，故不做分析，仅调查30家旅游上市公司。如图4-6所示，24家旅游上市公司的营业收入都相比2020年有着不同程度的正增长。

2021年大部分旅游上市公司的营业收入均在一定程度上实现了恢复。通过新的旅游产品和项目的运营，大连圣亚、西域旅游、西安旅游的营业收入实现了较大幅度的增长。例如，2021年度大连圣亚来自景区运营的收入增长101.59%；西安旅游公司的旅游商贸营业收入实现了120.18%的增长；西域旅游公司的旅游客运、索道运输、游船、旅行社的营业收入增长均超过200%。主要经营出境游批发、出境游零售的众信旅游公司营业收入仍然受到较大影响。24家公司在2021年的营业收入已恢复至2019年前水平（见图4-7）。

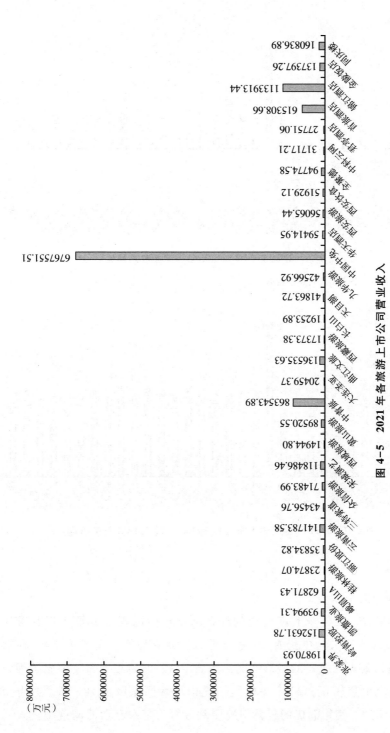

图 4-5　2021 年各旅游上市公司营业收入

资料来源：各上市公司年报数据。

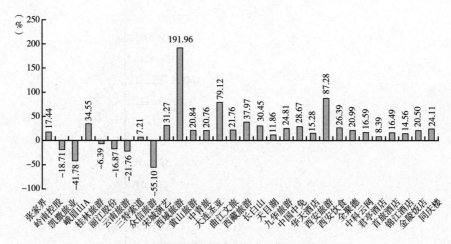

图 4-6　2021 年各旅游上市公司营业收入同比

资料来源：各上市公司年报数据。

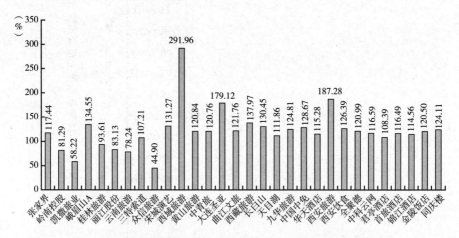

图 4-7　2021 年各旅游上市公司营业收入较 2019 年恢复程度

资料来源：各上市公司年报数据。

2. 现金流

总体来看，大部分上市公司的经营活动产生的现金流量净额有所增长，但 30 个上市公司中仍有 10 家公司的现金流为负（见图 4-8）。根据 2021 年各旅游上市公司的经营情况，峨眉山 A、西域旅游和黄山旅游等公司的现金流由负转正。2021 年峨眉山进山人数同比增长 38.7%，游山门票、客运索道、宾馆酒店的经营情况得到改善，带来经营活动现金流入增长 36.03%,最终使经营活动净现金流转正。然而,也有部分旅游上市公司在 2021 年出现了现金流危机。例如,凯撒旅业、云南旅游和众信旅游等(见图 4-9),其现金流风险主要来自两方面:一是主营业务持续低迷,现金流入不足;二是与上年度经营相关,弥补上年度积欠款项、预收项目款等影响了 2021 年的经营。总而言之,2021 年相比上一年的支付费用及其他经营活动有关的现金变动不大,现金流主要来源于日常经营活动,相对稳定的环境更有助于上市公司摆脱现金流困境。

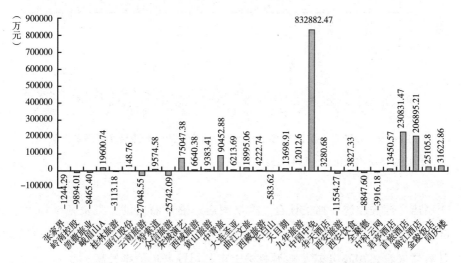

图 4-8　2021 年各旅游上市公司经营活动产生的现金流量净额

资料来源:各上市公司年报数据。

3. 债务情况

通过经营净现金比率可衡量企业偿还短期债务的能力。如图 4-10 所示,在现金流为正的上市公司中,西域旅游、宋城演艺的经营净现金比率均大于 100%,君亭酒店、同庆楼也表现相对较好,但大多旅游相关公司仍然短期债务压力较大,特别是丽江股份、三特索道、大连圣亚、华天酒店、西安饮食在现金流为正的上市公司中经营净现金比率较低,短期偿债能力不足。例如,丽江股份的经营净现金比率在 2021 年从 99.348% 直接降至 0.898%,当前的经营活动产生的现金较难应对更大的短期债务压力。

从资产负债率来看,凯撒旅业、众信旅游、大连圣亚、曲江文旅、华

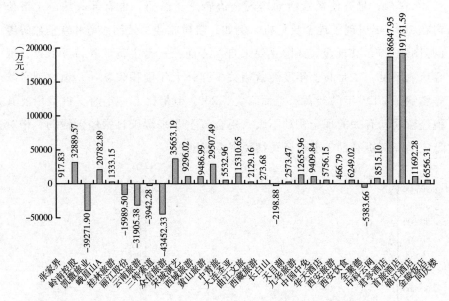

图4-9 2021年各旅游上市公司经营活动产生的现金流量净额增长差值

资料来源：各上市公司年报数据。

天酒店、西安旅游、西安饮食、君亭酒店、锦江酒店的资产负债率均大于60%，众信旅游在疫情下连续两年都保持着高资产负债率（见图4-11）。从整体来看，2021年较多旅游相关上市公司资产负债率升高。

三 企业发展不足

（一）旅游企业主体不强

总体来看，我国旅游行业发展较为迅速，旅游企业数量众多，但个体规模较小，导致企业自身持续发展能力弱，服务水平难以保证，市场整体竞争力有限等问题。特别是诸多经营规模和经营产品范围都较小的旅行社，不少年均利润在1%以下，持续经营能力差。由于缺乏创新能力，旅游企业产品同质化现象较为严重，旅游产品服务以模仿为主，相关企业为扩大市场占有率，不得不依靠价格战来争夺客户。旅游市场小微企业进入门槛低，常出现针对某一热门需求一拥而上的情况。例如许多"网红"景观、"网红"小吃、"网红"打卡地出现后，一些地区和企业片面追逐

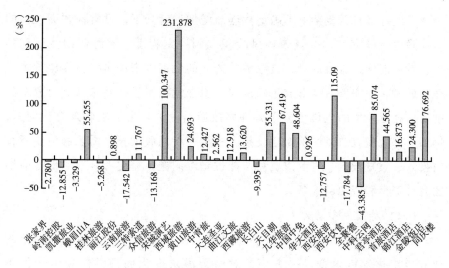

图 4-10　2021 年各旅游上市公司经营净现金比率（短期债务）

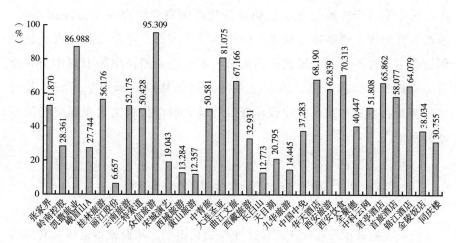

图 4-11　2021 年各旅游上市公司资产负债率

资料来源：各上市公司年报数据。

"流量最大化"，不考虑自身发展阶段和发展特点，直接复制热点并打出"网红"口号吸引旅游者，却掩盖了其本身的吸引力和竞争优势，不利于旅游企业或旅游目的地形象的塑造[7]。

（二）危机应对能力不足

旅游业本身存在较强的脆弱性，是旅游业固有的内在属性和矛盾。在全球发展环境日益复杂、不确定性逐渐增加的背景下，日常性和突发性的风险隐患持续存在，一旦各种风险积累到一定程度，旅游业韧性受到挑战，就可能导致旅游危机，给旅游全产业的发展带来冲击。我国旅游企业在发展过程中需要对其形成正确认识，增强危机意识，并做好面对危机的准备。在近几年的危机考验下，许多旅游企业的发展面临着现金流问题，例如一些大型旅游景区前期建设投入资源多、回收期长，需要避免要素盲目投入、重复投入、资源浪费和产能过剩等问题，需要做好应对低谷时期的各种资金和资源的准备。

（三）持续发展动力不足

我国旅游企业呈现出规模小而分散、涉及行业泛而多的特点，集约化和组织化程度偏低。一方面，对旅游需求变化的预见性和引导性不足，我国多数旅游企业仍处于旅游供给的发展远远滞后于旅游需求的阶段，这主要源于旅游企业在长期发展战略的制定上存在专业能力不足、战略目光短浅、创新能力缺乏等问题。另一方面，旅游企业对旅游价值创造的主动性不强，在增进人民福祉、推动产业经济发展中的作用有待进一步提升，当前阶段，旅游企业的发展仍然以追求短期经济效益为主，甚至存在一些旅游企业破坏资源环境、扭曲传统文化而谋求经济利益的乱象[8]。

第二节　旅游企业危机应对

旅游业的高度关联性使其易受外界变化影响，从而使得危机应对成为旅游企业需要面对的重要任务。旅游企业面对危机时的应对举措关乎其未来能否实现持续、健康的经营。可从旅游危机管理理论、企业社会责任理论的角度分析旅游企业的应对策略。具体而言，企业需要在危机演化的不同时段采取不同的危机管理措施；旅游企业作为社会组织中的重要环节，需要关注企业的经济责任、法律责任、道德责任以及慈善责任等相关社会责任。从具体举措来看，需要建立风险防控机制、提升风险承受能力、丰富旅游产品结构、充分利用政策支持、积极布局未来发展。

一 管理决策

旅游危机管理理论是重大突发公共卫生事件科学防控与有效应对的重要理论支撑。旅游危机管理理论已经取得了长足进展（见表4-1），总体来看，有如下四个方面的共识：一是在不同阶段，危机表现为差异化的演进特征，需要有针对性地提出应对机制；二是加强对危机前的防范与关注；三是在危机防控期，要求反应具有及时性与有效性；四是通过危机后的经验总结与教训吸取，持续优化危机管理体系。

表4-1 旅游危机管理相关理论

理论（模型）名称	代表人物	理论观点
旅游危机管理框架	Faulkner	事前阶段、前兆、紧急情况、中间阶段、恢复阶段、解决阶段[9]
PPRR 理论	Ritchie	危机前预防、危机前准备、危机爆发反应期和危机结束后恢复期[10]
4R 危机管理模型	Becken and Hughey	缩减、预备、反应、恢复[11]
生命周期模型（F 模型）	Fink	征兆期、发作期、延续期、痊愈期[12]
五阶段模型（M 模型）	Mitroff	信号侦测、控制伤害、预测和预防、探索阶段、学习阶段[13]
三阶段模型	Coombs	将危机管理分成危机前、危机中和危机后[14]

在旅游危机管理理论中，Faulkner 建立的旅游危机管理框架模型[9]应用较为广泛。根据危机发生的阶段性特征，该模型对旅游危机管理计划的先决条件、危机应对的组成要素以及危机管理战略组成进行了详细分析，具有较强的理论和实践意义。基于此，旅游企业对新冠疫情的应对举措可从事前（Pre-event）阶段、前兆（Prodromal）阶段、紧急（Emergency）阶段、危机中间（Intermediate）阶段、长期恢复（Long-term recovery）阶段、解决（Resolution）阶段进行讨论（见表4-2）。

表 4-2 Faulkner 的旅游危机管理框架

危机过程中的阶段	危机应对管理组成要素	危机管理战略主要组成部分
1. 事前（Pre-event）阶段：可通过采取行动阻止或减小潜在危机影响	▲前兆：识别相关公共/私人部门机构 ▲组织：建立合作/协商框架和沟通系统；建立危机管理战略；培训相关主体；同意草案或承诺协议；建立危机协调委员会	▲风险评估：评估潜在危机及发生的可能性；分析潜在危机成因和影响；建立危机统一原则；形成预测能力；识别可能的公共政策应对方案
2. 前兆（Prodromal）阶段：此时危机即将发生	▲动员：警告体系（包括大众传媒）；建立危机管理指挥中心	▲危机管理战略要点：确认可能的影响及危险人群；评估社会和游客应对危机的能力；清楚阐述危机管理方案；确定各阶段可以避免或使消极影响最小化的必要行动；修正与优化各时期的战略行动；依据经验、组织结构改变和人员变动及环境变化继续回顾和修正；危机过后评估风险
3. 紧急（Emergency）阶段：采取措施保护生命财产安全	▲行动：救援/撤退程序；紧急供应和物资提供；政府援助所需的其他安全策略	
4. 危机中间（Intermediate）阶段：短期需求受重视，活动焦点集中在社会生活与服务恢复正常	▲恢复：破坏程度与损失检查/监测系统；清理与修复；媒体沟通战略	
5. 长期恢复（Long-term recovery）阶段：重建与恢复，关注危机后的改变与投入改进	▲重建和重新评估：修补毁坏的基础设施；恢复环境毁坏地区；安抚受害者；提振消费信心，优化投资方案；汇总情况增加危机管理策略修订投入	
6. 解决（Resolution）阶段：秩序恢复或新的、更好的秩序形成	▲回顾：回顾政策成败，改正不足	

资料来源：张跃西编著《旅游危机管理理论》，中国旅游出版社，2017。

（一）事前阶段

事前阶段亦称预防阶段，可通过对潜在风险与发生概率进行评估，制定危机处理预案，建立危机管理的防控机制，有效提高企业危机应对能力。相比中小微型旅游企业而言，大型旅游企业通常具备更完善的危机预案机制，使其在面对危机时有较强的抗风险能力。例如，大型 OTA 企业，提前设立重大灾难专项资金，在危机发生后及时启动保障金，保证企业在业务退订、经营运转等方面所需的资金。突发事件发生时，现金流断裂是旅游企业面对的最大压力。因此，旅游企业需要进一步完善事前的风险评估与危机预防。

（二）前兆阶段

前兆阶段通常指危机即将发生，此时启动警告系统，通过大众媒体发布危机信息、建立危机管理指挥中心等，开展危机应对的应急性工作。突发性危机事件由被发现、认定到媒体传播、社会发酵，再到旅游供应链受到限制、旅游需求减少，最后到旅游企业暂停经营、收入损失，有一定时间。在危机前兆阶段，即早期危机源头被社会发现尚未形成广泛影响时，旅游企业就需要进行风险评估、制定风险备案。

（三）紧急阶段

紧急阶段，旅游企业以保证人们的生命财产安全为首要出发点采取应对措施。一方面，旅游企业需及时启动应急机制，制定处理方案，采取科学有效的防控措施，严格按照规定暂时关闭或暂停运营旅游景区场所，宣传引导减少或尽量避免密集场所活动，在关键环节上设置监测点，完善数据统计和信息报送制度，做好监督检查，建立安全值班、带班制度。同时注意后勤资源保障，加强一线服务人员培训，进行应急方案的实操演练，发放卫生和基本保障用品。另一方面，各类旅游企业根据业务情况向社会提供多方面的支援，需坚持保障消费者权益为先，推出系列退改保障政策。

（四）危机中间阶段

在危机中间阶段，旅游企业需要重视短期需求，主要的应对策略包括以下两方面。一方面，科学应对危机，旅游企业需要做好对相关危机处理方式的系统性、专业化的学习，避免二次危害；同时，采取系列措施缓解、消解危机潜在的后续冲击。另一方面，探索新的业务，为市场恢复做准备。旅游企业需要关注危机对游客心理、行为、需求的影响，适度调整旅游产品结构和业务经营范围，积极拓展产品品类与营销渠道，改进产品结构。此外，旅游企业在危机中间阶段还需评估损失，制定复苏方案，做好复工复产的前期准备。

（五）长期恢复阶段

在长期恢复阶段，以相对稳定、巩固、有一定发展基础的旅游需求群体作为旅游恢复与发展的主导市场。旅游企业应采取多举措助力市场复苏。一方面，调整旅游产品结构，提升服务质量，提供多样化的优质供给。例如，生态健康类旅游产品、近郊休闲类旅游产品发展成为热点，自驾、探险、露营旅游等多元旅游产品也有很大发展空间，小规模、自组织、家庭型旅游产品和服务可能更受青睐[15]。另一方面，积极创新商业模式、经营模式和管理模式。通过构建"线上+线下"融合的营销模式，探索旅游精准营销；通过旅游跨界合作、科技赋能降低人力成本、运营成本和运行风险，实现企业自救。此外，在长期恢复阶段，还需要旅游管理部门加大力度落实对旅游企业的帮扶政策，根据旅游业的受损程度和企业需求，研究设立旅游专项基金，面向旅游企业做好相关政策的梳理和解读，科学指导旅游企业在保障安全的前提下审慎恢复旅游经营[16]。

（六）解决阶段

本阶段危机得到解决，社会秩序恢复或新的、更好的秩序逐步形成。旅游活动逐渐恢复，社会生产生活有序开展。一方面，旅游企业面对新时代背景、新的需求变化和技术发展，需要提供高质量的供给和更具人性化、智慧化的服务，促进新时代旅游业的高质量发展的实现[17]；另一方面，旅游企业也要不断提高危机应急处理和企业管理水平，建立和完善企业风险评估机制，从而促进管理与服务的提升。

二　社会责任

企业社会责任的概念最早产生于 20 世纪初的美国，不同学者界定不同。1991 年卡罗尔（Carroll）提出企业社会责任框架，借以界定企业社会责任内涵。Carroll 提出金字塔模型[18]（见图 4-12），按重要程度将企业社会责任划分为经济责任、法律责任、伦理责任和慈善责任，该模型应用最为广泛。21 世纪初至今，企业社会责任的研究范围和研究内容更为丰富，较有代表性的理论是马克·施瓦茨（Schwartz）和卡罗尔提出的 IC 模型[19]（见图 4-13）以及贾迈利（Jamali）在此基础上发展的"3+2"模型[20]，即将企业社会责任分为强制性社会责任（经济责任、法律责任、道德责任）和自愿性社会责任（自由决定的策略性责任、自由决定的慈善性责任）。

随着市场经济的发展成熟，企业社会责任在社会经济中发挥越来越重

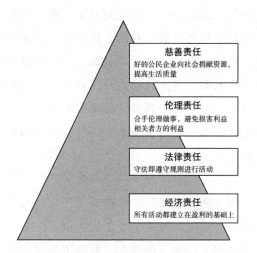

图 4-12　金字塔模型

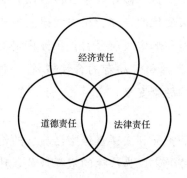

图 4-13　IC 模型

要的作用，现代企业社会责任（Corporate Social Responsibility，CSR）的理论内涵与外延不断拓展。企业在创造经济价值与利润的同时，要承担个体、社区与环境等方面利益相关者的责任，这意味着利润不再是企业生产经营的唯一目标，在生产过程中还需要加强对个体价值的关注，以及经济责任、法律责任、道德责任和相关社会责任等综合贡献。

（一）经济责任

经济责任是旅游企业最基本也是最重要的社会责任。主要表现在以下三个方面。一是最大限度地保障游客权益，减少游客退订损失，主动承担变更造成的经济损失。二是行业企业之间互惠互利、互相支持，发挥行业头部企业作用，为利益相关方提供救助。旅游集团、酒店集团等大型旅游企业对加盟合作伙伴给予支持，通过减免加盟费、管理费、会籍延期、专项资金、特殊金融政策等方式支援加盟合作伙伴。三是产品创新，提质增效。旅游企业需将重心放在创新和提升旅游服务质量方面，建立以顾客导向为核心的旅游服务原则，提高服务水平，提升企业的核心竞争力、经济效益和可持续发展能力。

（二）法律责任

企业作为社会的重要组成部分，承担着生产与经营任务，需要在法律框架内实现经济目标。其法律责任主要表现在以下三个方面。一是严格落实国家和地方政府管理工作的各项要求，遵守市场纪律和市场规范，走向市场良性竞争。二是做好法律法规宣传普及工作，通过线上线下宣传，发挥社会影响力，向旅游消费者做好政策宣传，在提供旅游服务和进行产品销售时，做好有关政策变化的告知、相关法律法规知识的普及。三是保障利益相关者的合法权益，响应政府号召，积极稳定就业，合法合规合理开展企业运营，保障消费者和劳动者的合法权益，对内部员工做好宣传引导，关注游客和员工的健康安全。

（三）道德责任

道德责任反映经济责任和法律责任中已隐含的伦理规范。旅游消费者希望旅游企业遵循那些尚未成为法律的道德规范。其道德责任主要表现在以下三个方面。一是将生命健康安全放在首位。旅游企业要坚持以人为本，积极关切旅游消费者与员工的生命健康和心理健康。二是高度重视防控工作。旅游企业科学、积极、严格进行危机防控工作，制定严密细致的应对措施，完善防控机制，积极响应地方政府需要。三是回馈社会，关怀医护、警察消防等特殊岗位群体，推出免费导游服务、门票减免、折扣优惠、免费年卡、VIP 尊享等优惠活动。此外，企业通过发放福利、优惠券及补贴等多种方式惠及当地居民，助力行业复苏[21]。

（四）慈善责任

慈善责任是非强制性企业社会责任，企业自愿、主动地向社会需要的地方提供资源、资金等支持。旅游企业危机应对的自愿性社会责任主要体现在三个方面：一是旅游企业的业务支持，即利用业务优势和闲置资源，动员海内外力量，为全国危机重点影响地区提供助力与支援，保障一线工作者的需求；二是旅游企业的公益支出，即通过开展义售募得善款、设立专项公益基金，给予资金支持；三是旅游企业的社会慰问，即关心和关怀受危机影响的困难职工、基层服务工作人员等。

三　危机应对

（一）建立风险防控机制

旅游企业需进一步强化风险管理意识，建立风险评估与预测机制。除重大公共卫生事件外，也需对国际关系事件、国内政治事件、恐怖主义袭击、金融危机、自然及人为灾难等不同类别的重大危机事件，制定科学防控预案，加强制度性事前危机防控准备，不断完善旅游企业应急方案细则与内容，建立事前阶段、前兆阶段、紧急阶段、危机中间阶段、长期恢复阶段、解决阶段等各时期相应的危机防控应对机制，指导旅游企业科学防控与良性运营。

（二）提升风险承受能力

一方面，要启动建立重大危机事件专项资金，完善保险保障机制，做好重大危机事件事前专项资金储备，降低危机发生时人力成本、资金成本及相关其他运营支出的资金压力。目前已有的旅行社质量保证金制度等不足以应对重大危机事件对旅游企业造成的经济冲击，应推进建立旅游企业危机保险保障机制。另一方面，要优化成本结构，通过技术创新、经营模式创新控制成本，摆脱传统粗放式发展模式以提升抗风险能力[22]。

（三）建立企业韧性进阶机制

邹永广等以资源编排理论为解释框架，分析了我国旅游企业韧性的进阶机理[23]（见图4-14）。他们指出，面对外部冲击，旅游企业通过"动态环境唤醒资源整合→资源整合形成动态能力→动态能力指导资源行动→资源行动实现韧性能力"的动态循环过程依次实现韧性的激活、恢复与突破（见图4-15至图4-17）。每一阶段的资源整合既是本阶段资源行动的基础，又受上一阶段的资源行动的反哺，如此循环演化，在与动态环境的交互过程中构成企业韧性的进阶路径，并完成转型与升级。总体来看，旅游企业的韧性复苏与发展需要充分发挥政府、行业、市场、企业和员工的主观能动性，以创新发展催生新动能，以深化改革激发新活力（见图4-18）。

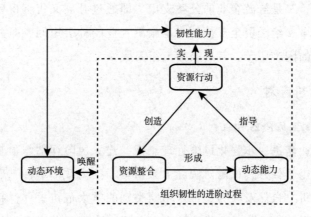

图 4-14　企业韧性进阶机制的解释框架

资料来源：邹永广、吴沛、李媛、张建铭《新冠病毒感染疫情影响下旅游企业韧性：进阶机理与复苏路径》，《中国软科学》2023 年第 2 期。

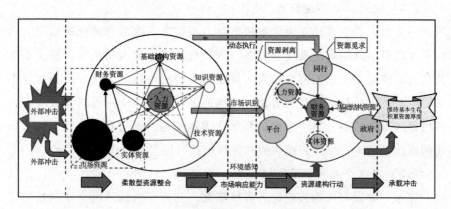

图 4-15　旅游企业的韧性激活机制

资料来源：邹永广、吴沛、李媛、张建铭《新冠病毒感染疫情影响下旅游企业韧性：进阶机理与复苏路径》，《中国软科学》2023 年第 2 期。

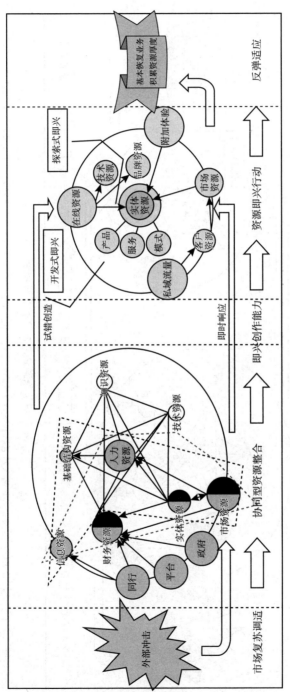

图 4-16 旅游企业的韧性恢复机制

资料来源：邹永广、吴沛、李媛、张建铭《新冠病毒感染疫情影响下旅游企业韧性：进阶机理与复苏路径》，《中国软科学》2023 年第 2 期。

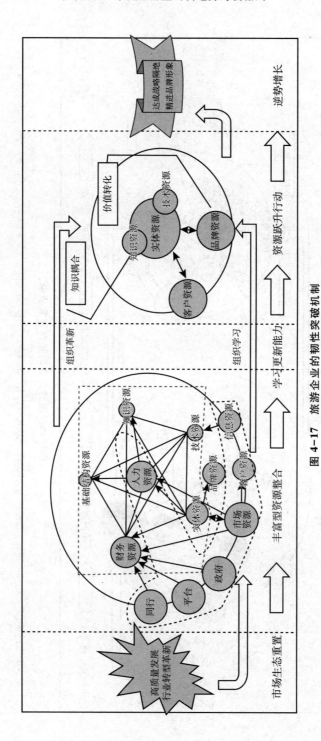

图 4-17 旅游企业的韧性突破机制

资料来源：邹永广、吴沛、李媛、张建铭《新冠病毒感染疫情影响下旅游企业韧性：进阶机理与复苏路径》，《中国软科学》2023 年第 2 期。

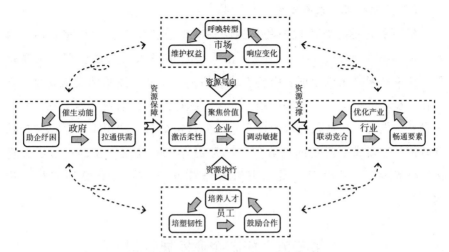

图 4-18 旅游企业韧性的复苏路径

资料来源：邹永广、吴沛、李媛、张建铭《新冠病毒感染疫情影响下旅游企业韧性：进阶机理与复苏路径》，《中国软科学》2023 年第 2 期。

（四）丰富旅游产品结构

一是旅游企业要重视产品体验与服务。旅游企业应深入挖掘市场需求，分析旅游者消费心理变化，挖掘与研判旅游市场新需求，向精细化、多元化转变，重视传递人文关怀与产品文化内涵，重视旅游者的旅游体验与情感价值。二是开发新的旅游产品和服务。要利用科技创新旅游产品的内容生产，深入跨界融合，开发新的消费场景和旅游服务，挖掘新内容，进行旅游资源的综合性开发。三是开拓新市场。应积极开拓符合企业发展实际的市场新业务，弥补低谷运行产品短板，深挖市场需求动向，加快企业产品结构的优化升级[24]。

（五）充分利用政策支持

旅游企业应及时关注国家出台的各项扶持政策，结合旅游企业实际困难，充分利用政策支持。除旅行社质量保证金外，旅游企业还要关注国家出台的相关金融扶持政策、降低企业成本政策等，在符合条件的情况下积极加以利用[25]。与此同时，旅游企业应积极与行业协会、各级行政主管机关沟通，自下而上推动政策的优化和调整。

（六）积极布局未来发展

旅游企业要把握危机中的机遇，提升核心竞争力。一是完善用工机制、重视旅游人力资本，减少无效的人力资本投入，加强管理与人员培训，注重高素质旅游管理和服务人才的培养。二是关注基础设施安全，强化各类设施维护保养，提供健康、安全、绿色的旅游消费环境。三是布局多种营销模式，包括联合旅游地实施新的营销策略、利用用户数据实现精准营销、创新线上营销的内容等。四是提升战略发展定位，通过兼并重组、跨界融合、加深产业链上下游合作等方式扩大市场份额和行业影响力。

第三节 旅游企业发展转型

在新发展阶段，旅游企业一方面要发挥好市场主体作用，与多个利益相关者共同创造价值；另一方面面对更为复杂多变的宏观环境，也要发挥企业创新的驱动作用。在新的发展条件下，旅游企业的转型成为必要，其中以下四种转型尤为突出——企业治理体系向现代化转变、企业商业模式向数字化转变、企业组织模式向集团化发展、企业经营向国际化发展。

一 价值创造

传统观点认为，企业和消费者在价值创造中独立扮演着不同角色，企业是价值创造者，通过价值链将价值传递给消费者，而消费者是价值使用者。伴随着市场环境的发展变化，价值不再由企业单独创造。Prahalad 和 Ramaswamy 最早提出了价值共创的概念，用以描述多个利益相关者共同创造价值的过程[26]。随着社会网络系统的发展，价值共创研究中的参与主体也不再局限于企业和消费者，而是扩展至诸多利益相关者。企业作为一个节点，与消费者、软件商、硬件商、云服务商、销售渠道、物流商和社交媒体等形成社会化网络生态体系，通过互动和资源整合而共创价值[27]。

（一）企业和旅游者价值共创

关于企业和旅游者的价值共创，Vargo 和 Lusch 最早提出服务主导逻辑，强调了顾客在关系交换、共同生产和价值创造中的重要作用，具体表现为顾客把自己的知识、技能、经验等资源投入价值创造过程，与企业一起创造价值[28]。Prahalad 和 Ramaswamy 基于顾客体验的价值共创理论，认为价值共创是企业与顾客通过互动共同创造顾客个性化体验的过程，并分析了影响企业和顾客价值共创的因素，包括对话、可得、透明、风险及收益，企业与消费者需要可以对话的机制，过程透明，消费者能够获得准确及时的信息，且能正确认识风险和收益[26]。Heinonen 等进一步提出消费者主导逻辑与服务主导逻辑的差别是企业的价值创造导向不再是为消费者提供产品和服务，而是消费者如何利用产品或服务达到自己的目的，即价值创造需要围绕消费者的体验价值[29]。

在体验经济时代，旅游者需求趋于个性化、多样化、层次化，更加重视高质量的旅游体验。旅游者参与价值共创是产品经济向服务经济转变的必经之路。在旅游价值共创的过程中，旅游生产者和消费者之间的界限模糊，旅游者是服务和产品价值的接受者，同时在与旅游目的地进行交互的旅游活动过程中更是旅游体验价值的创造者。因此，企业和旅游者价值共创的核心是旅游体验共创。影响旅游体验价值的因素可从旅游者、旅游企业以及二者的互动机制来分析。具体包括如下三方面。一是旅游者的自身的资源、态度和感知。这会影响旅游者的参与意愿和参与程度。二是旅游者和企业的互动机制。及时、稳定、值得信任的互动渠道能够降低风险、提高沟通效率，为旅游体验价值的创造提供良好的环境。三是旅游企业的决策支持和品牌形象影响。旅游企业拥有更多的资源，能够在技术和情感上提供支持，从而降低旅游者参与价值共创的难度[30]。对于旅游企业而言，积极履行社会责任、提供优质的服务和宽松亲和的情绪氛围，能使旅游者形成更加正面的认知感知，提升参与旅游价值共创的积极性。在此过程中，实际上是旅游者和企业共同塑造了企业形象，实现了企业品牌资产增值。

（二）企业间价值共创

旅游企业具有明显的集群效应。旅游业中以小微企业为主体，不同旅游企业在不同的旅游细分行业中开发、提供、配套旅游产品和服务，在一定程度上形成良性共生关系。例如，核心企业为旅游景区时，旅游景区的发展带动了周边交通企业、餐饮企业、住宿企业、零售企业等的发展，各类型的旅游企业围绕核心景区形成企业集群。旅游企业集群通过资源整合、生态构建、集群治理发展成为利益共同体，企业成员共同维护企业集群形象和利益。在资源、区位、产业、制度等多种因素的共同作用下，旅游企业形成产业集群，加强企业间合作水平，丰富旅游服务供给层次和结构，从而提升旅游整体竞争力[31]。

在旅游企业的产业集群、空间集群内，各旅游企业在互动、合作与分享的过程中共同创造旅游价值、形成旅游价值网络、促进集群发展，实现企业间的价值共创过程。王琼英、唐代剑认为，在旅游产业集群形成后，除经济动因外，旅游集群企业的价值共创还受到社会因素的影响，并从社会认同理论的角度解释了集群企业价值共创的驱动因素（见图4-19）。首先，旅游个体企业是否有意识地将自己视为集群的一员、拥有集群的身份，即是否拥有"内部人身份感知"。其次，旅游企业不同的身份认同程度将带来差异化的行为表现。对集群具有高认同的企业更倾向于采用集体策略，将群体利益作为情绪及行为反应的目标，而对集群具有低认同的企业则更多使用个体策略，从个体的角度做出判断和反应。最后，集群声誉作为一种无形资产，包括真诚、信任、尊严、同情和尊重等，能够有效推进商业关系和提升商业表现，在经济稳定、持续发展的合作环境中，成为旅游企业个体合作的重要激励机制[32]。

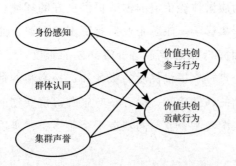

图4-19 旅游集群企业价值共创动因

资料来源：王琼英、唐代剑《旅游集群企业价值共创的社会动因》，《社会科学家》2022年第4期。

（三）价值共创发展

在新发展阶段，数字技术的应用加速了旅游者和企业互动范围与权利关系的转变进程，促进了旅游者和旅游企业在旅游体验价值共创方面的发展。互联网和大数据打破了旅游体验生成的时空界限、虚拟和现实界限，增强了旅游者参与价值共创的能力，同时扩大了价值共创的范围和内容。旅游企业和旅游者可以在虚拟社区中延长价值创造的时间限制，二者都可实时动态地参与到价值共创之中。旅游体验价值的创造不再局限于旅游活动过程中，在旅游结束后，通过在线社区，企业和旅游者的价值共创能发挥更为持续的作用；同时，大量的用户生成内容也将成为潜在旅游者价值共创的一部分，改变了传统的价值创造模式[27]。

从企业之间的情况来看，市场环境趋于复杂多变，旅游集群内部竞争加剧，再加上互联网对地缘优势的冲击，企业空间集群、产业集群的价值共创在一定程度上出现效率降低的情况。企业间的价值共创也需要突破地理区域限制，实现多元主体的参与。特别是平台企业在信息时代的迅速发展，推动了企业间价值共创的变化。首先，除了物质形式之外，数据、流量、评价和感受等也成为价值创造中极为重要的资源和形式；其次，价值链拓展成为复杂的价值网络，通过信息资源共享的形式，可以实现多个利益主体的互动；最后，价值共创参与者的角色持续处于动态变化中，既是价值创造者，也是价值的共享者、传递者和使用者[33]。

二 企业创新

经济发展是由技术创新和生产组织形式的创新所引发的经济生活内部的一种创造性变动。在新发展阶段，经济和产业要从投入驱动型向创新驱动型转变，实现供给侧结构性改革。创新在我国现代化建设的全局中处于核心地位，而企业是推进科技与经济发展、实现现代化的重要力量。在新发展阶段，旅游企业需要肩负起创新驱动发展的时代使命，贯彻新发展理念，构建新发展格局。

（一）企业创新发展

Schumpeter 将创新视为企业家用以推动经济变革和发展的"经济工

具"，即创新是一种结果并由此提出创新绩效的概念[34]。他进一步指出，创新既是绩效，也是能力，表现为企业通过新知识的形成、使用、组合和合成在产品、过程、市场或组织类型等方面做出实质性改变。按照Schumpeter 的观点，创新就是在生产体系中引入一种从来没有的生产要素和生产条件的新组合。Sawhney、Wolcott 和 Arroniz 建立了创新雷达模型解释了企业的创新过程（见图 4-20），包括四个维度——企业所创造的产品（what）、所服务的客户（who）、所使用的流程（how）、所提供的地点（where），以及延伸出的 8 个其他因素——平台、解决方案、顾客体验、价值获取、组织、供应链、网络化、品牌[35]。

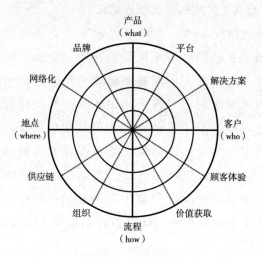

图 4-20　创新雷达

资料来源：Sawhney, M., Wolcott, R.C., Arroniz, I., "The 12 different ways for companies to innovate," *MIT Sloan Management Review*, 2006。

　　哈佛商业评论《拥抱创新 3.0》总结了企业创新范式的演进脉络。1.0阶段以封闭式创新为主，企业内部根据需求变化自行研发设计，创新增强了企业在产品或服务的价格、性价比、交付速度或服务体系等方面的竞争力，此阶段的创新是需求变化与自主研发的"双螺旋"结构。2.0 阶段以开放式创新为主，企业并不满足于当前市场存在的消费需求，而是创造并引导新的消费需求，挖掘潜在的消费需求，创新来源广泛并以外部为主，强调产学研协同以及政府、企业、大学科研院所的"三螺旋",并购整合、战略联盟、产业集群等是创新2.0的主要手段[36]。3.0阶段是嵌入/共生式创新(embedded innovation),企业更加重视资源整合、产学研用的"共生"以及政府、企业、大学院所和用户的"四螺旋"。生产消费者(prosumer)的崛起以及产学研用社区生态化创新的新模式,使企业的核心竞争优势来源于由生产消费者、"粉丝"社区、利益相关者社区、实践社区以及科学社区所构成的创新生态系统(见图4-21)。

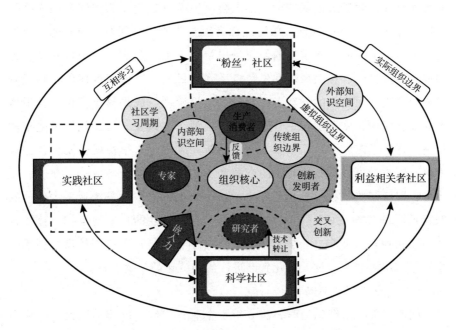

图4-21 企业创新3.0模式——共生式创新

(二)企业创新困境

学界的一个普遍共识是,旅游企业创新能力相对较低。究其原因,除了直接使用衡量制造业创新的指标衡量旅游业创新存在方法上的局限性之外,还有其他一些原因。例如企业规模小。旅游业大部分都是中小企业,在分散的市场中进行经营,而创新能力往往和企业规模成正比。此外,不少旅游企业也缺乏充足的管理体系来支持创新活动。而且,旅游业传统上依赖于半熟练的人力资源,低生产率被低工资所抵消,因此企业一般不会选择用劳动力替代资本。随着人工成本的逐步增加，企业才会不断引进节省人工的流程创新。当然，也有研究者强调，并非旅游业的特性妨碍了创新，而是采用制造业或一般服务行业的、基于创新记分卡发展起来的衡量方法并不适用于旅游企业，从而导致官方公布的旅游业技术创新程度较低，实际上，旅游业存在大量的"隐藏"创新。

总体来看，旅游企业创新风险较高。旅游业以渐进式创新、建构式创新为主。多数研究者认为，旅游创新多是在原有基础上进行的局部改进，颠覆性破坏、激进式创新较少，不大会出现类似制造业那样的离散式跳跃发展。即使是 Airbnb 这样被旅游业称为创造性破坏的创新，与其他行业相比，也是渐进性的。旅游业的创新是增量式为主，企业倾向于将开发过程中涉及的高投入、相关风险和失败概率降到最低。这就使得模仿者和适应者成为主流，而真正的创新者相对较少。旅游创新成果易于模仿，且很多不受专利保护，旅游创新中普遍存在"搭便车"现象，因此创新风险相对较高。特别是在旅游产品创新方面，创新的旅游企业很快就会发现自己被模仿。模仿者可以从竞争对手的产品和工艺中借鉴创新的成分，并进一步改进，即所谓的"创造性模仿"（creative imitation）。在旅游业，大部分的创新开发和实施费用由独立的创新者或具有创新性的目的地承担，存在普遍的"搭便车"现象。一定程度上，旅游创新的新颖度范围较广，创新谱系较宽，从根本性的重大变化到渐进性的小变化都包含在内。

（三）企业创新驱动

胡沛枫采用系统动力学方法分析了企业自主创新的驱动因素，认为企业自主创新系统具有动力学和复杂自组织特点，具体由创新系统所受到的引力、压力、阻力和惯性力构成（见图 4-22），并以自组织理论中的耗散结构理论和协同理论为基础，构建了自主创新系统的自组织机理，得出当引力+压力-阻力-惯性力大于零且超过一定阈值时自主创新系统才能自动发生自组织演化的结论。总体而言，企业自主创新系统涉及政府政策、科技、经济、法律等外部环境，同时受行业竞争环境和企业内在机制、文化等多种因素影响[38]。

在旅游企业创新过程中，不同主体扮演不同角色。首先，政府承担着引导旅游企业创新的重要职责，可以在人力资源、财产资源和物质资源等

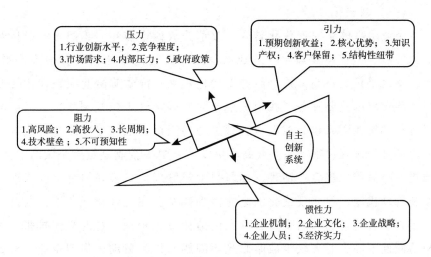

图 4-22　企业自主创新的动力分析

资料来源：胡沛枫《企业自主创新系统动力学分析与自组织机理》，《科技管理研究》2013 年第 21 期。

的优化配置中发挥重要支持作用。具体表现为：在人力要素维度，主要承担创新战略引导者的角色，通过旅游人才引进政策、旅游人才基地规划与建设为旅游企业创新提供支持；在资本要素维度，主要承担创新推动者的角色，通过政府补贴，制定贴息、减税等优惠政策推进旅游企业创新；在环境要素维度，主要承担服务供给者的角色，通过制度供给、简政放权、科技服务、公共服务、基础环境的建设等为旅游企业创新提供支持[39]。其次，企业管理者参与创新的各个阶段，企业家可通过增强组织内部凝聚力[40]、创造利于创新的环境激发组织整体创造力[41]。最后，在旅游企业中，员工的作用不容忽视，特别是直接与旅游消费者接触的一线员工，员工面向旅游消费者时，拥有一定的空间可实现自主创新，通过自身经验、技术和能力可有效传递信息，提供差异化服务以便更好地满足旅游者的个性化需求，增强其旅游体验[42]。

三　企业转型

在新发展阶段，我国旅游企业需要从现代化、数字化、集团化、国际化等几个方面实现转变。

（一）现代化

企业治理体系向现代化转变。改革开放四十多年，我国旅游业持续高速发展，但整体发展水平和成熟程度与发达国家相比仍有很大差距，现代化水平仍然不高，提升旅游现代化水平、推动旅游业向现代化转变是当前发展的重要任务。我国旅游业的发展正处于恢复调整期，当前的多重外部挑战同时也是旅游业转型发展的契机。未来需要加快现代旅游业转型升级进程，带动旅游业高质量发展。中小企业是旅游企业的主体，要进一步完善现代企业治理，创新制度与管理，完善和健全企业管理制度和管理机制，建立现代化的企业治理体系。在现代化视角下，旅游企业要转变管理理念，改变过去存在的诸如贪大图快、过度举债扩张、项目协同性不高、业务缺少战略眼光等问题。作为劳动密集型企业，旅游企业的管理精细化将是实现公司降本增效的必然选择。此外，要关注提升企业的抗风险能力。面对外部冲击时，可通过多元化的产品结构、营销渠道等合理配置资源、寻找突破点来减少企业损失，提升企业自主生产的韧性。

（二）数字化

商业模式向数字化转变。数字技术打破了产品形式与功能之间的联系，任何数字设备都能够通过软件应用程序对产业数据进行连接和访问，具有丰富的使用场景；同时，数字模块与不同层级之间的松散耦合能够将平台核心功能附加到子平台上，使子平台具有相同的数字化能力，从而增加了生成新资源的可能[43]。数字经济是促进我国服务业平衡、高质量发展的重要力量。基于数字经济网络外部性和更强的空间溢出效应，参与者越多，数字经济带来的经济效应越显著，且在空间上有更强的普惠性。在新一代信息技术革命爆发的契机下，传统旅游上市公司数字化和智能化转型的步伐加快，数字化技术正重构组织流程和公司的管理模式、运营模式、商业模式、工作模式。李帅娜发现，数字技术的进步显著提升了服务业劳动生产率，市场化水平的提高能够进一步释放数字技术红利，从而显著增强数字技术对服务业生产率的积极影响[44]。旅游企业在未来的发展过程中可以利用数字化技术创造更多的价值，以人工智能、5G、大数据、云计算为核心的新一代信息技术革命带来的技术进步可有效降低劳动力成本，提升企业生产效率。

（三）集团化

组织模式向集团化发展。集团化是旅游企业顺应旅游业社会分工、专业化协作发展的必然趋势。一方面，在旅游市场竞争加剧、旅游需求多样化的发展趋势中，旅游企业之间的联盟、合作是减少资源浪费、降低经营成本、提升服务供给效率和拓宽业务范围的重要路径。另一方面，集团化在危机应对方面具有更好的抗风险能力。在公共卫生事件、自然灾害、社会冲突、经济危机等外部环境变化导致产业链震荡时，我国旅游企业中的大部分小微企业通常承担更多的风险和冲击，需要通过"延链""补链""强链"等方式加强行业间合作，在旅游企业的集团化和联盟过程中，形成企业利益共同体。在面对日益复杂的外部环境时，集团组织可发挥长产业链优势，通过优化资源配置、协商发展路径、有效防范和科学应对多种风险[44]。

（四）国际化

企业经营向国际化发展。旅游企业的国际化主要表现在两个方面。

一是旅游企业国际化供给水平。旅游企业供给的国际化需要从设施国际化、人才国际化、形象国际化三个方面发展。首先，与国际安全、生态、绿色等设施标准接轨，充分利用互联网技术、数字化平台等信息技术手段，加快构建智慧旅游服务平台。其次，优化人才培养结构，特别是国际旅游人才的培育，重点培养国际旅游规划、管理等高层次人才队伍。最后，积极参与国际性活动，如各种国际旅游主题性论坛、国际赛事活动等，提升企业国际影响力和市场辐射力。

二是旅游企业"走出去"。在对外开放战略、出境旅游需求迅速增长、企业内生扩张需求的作用下，中国旅游企业海外投资规模逐年增长。"一带一路"倡议的提出使以对话协商、共建共享、合作共赢和交流互鉴为特征的沿线国家旅游领域合作成为热点，沿线国家旅游交往日益密切，为中国企业国际化布局开拓了广阔前景。随着我国与其他"一带一路"沿线国家旅游合作的持续深入，旅游便利化水平的持续提高，将为旅游企业在国际旅游投资、市场开发等方面提供更好的支持。

本章参考文献

［1］王娟、魏荣杰、马红梅：《中国旅游企业海外投资网络特征研究》，《地理与地理信息科学》2023 年第 2 期。

［2］蒋腾、张永冀、赵晓丽：《经济政策不确定性与企业债务融资》，《管理评论》2018 年第 3 期。

［3］王建平：《经济政策不确定性、战略差异与企业现金持有——来自旅游上市公司样本数据的分析》，《财会通讯》2022 年第 21 期。

［4］郭慧萍、王慧：《中国旅游上市公司资本结构动态调整研究——基于优质旅游有效供给视角》，《技术经济与管理研究》2021 年第 3 期。

［5］孙平、康文青、周晓明：《旅游供应链整合、战略选择与旅游上市公司成长性——基于模糊集定性比较分析》，《南开管理评论》2022 年第 5 期。

［6］王春丽：《高管海外背景、权力差距与旅游上市公司绩效》，《财会通讯》2022 年第 12 期。

［7］龚思颖、黄凯洁：《"网红打卡地"旅游现象的市场营销分析》，《商业经济研究》2023 年第 7 期。

［8］张鹏杨、郑婷、黄艳红：《实现从经济功能向综合功能转变促进旅游业高质量发展》，《宏观经济管理》2022 年第 7 期。

［9］Faulkner, B., "Towards a framework for tourism disaster management," *Tourism Management* 22 (2), 2001, pp. 135-147.

［10］Ritchie, B., "Tourism disaster planning and management: From response and recovery to reduction and readiness," *Current Issues in Tourism* 11 (4), 2008, pp. 315-348.

［11］Becken, S., and Hughey, K. F. D., "Linking tourism into emergency management structures to enhance disaster risk reduction," *Tourism Management* 36, 2013, pp. 77-85.

［12］Fink, S., *Crisis Management: Planning for the Inevitable* (New York: American Management Association, 1986), p. 20.

［13］Mitroff, I. I., "Crisis management: Cutting through the confusion," *MIT Sloan Management Review* 29 (2), 1988, pp. 15-20.

［14］Coombs, W. T., *Ongoing Crisis Communication: Planning, Managing, and Responding* (London: Sage Publications, 2021).

［15］窦群：《健康中国与全民游憩服务体系建设的构想——经历和面对新冠肺炎疫情的重新审视》，《旅游学刊》2021 年第 3 期。

［16］石培华、翟燕霞：《重大公共卫生危机治理中旅游企业复工复产政策差异及协同研究——基于 122 份政策文本的计量探索》，《经济与管理》2021 年第 4 期。

［17］陈岩英：《新时代旅游城市的高质量发展：内涵与路径》，《旅游学刊》2022 年第 2 期。

［18］Carroll, A. B., "Corporate social responsibility: Evolution of a definitional construct," *Business & Society*38 (3), 1991, pp. 268-295.

［19］Schwartz, M. Z., and Carroll, A. B., "Corporate social responsibility: A three domain approach," *Business Ethics Quarterly*13 (4), 2003, pp. 503-530.

［20］Jamali, D., "A stakeholder approach to corporate social responsibility: A fresh perspective into theory and practice," *Journal of Business Ethics*82 (1), 2008, pp. 213-231.

［21］张琰、李国琼、欧丽慧、易凌峰：《公共危机中平台型企业的社会责任治理——基于携程的案例研究》，《管理案例研究与评论》2022 年第 1 期。

［22］孙坚：《蹲低深思：疫情之下旅游企业如何生存》，《旅游学刊》2020 年第 8 期。

［23］邹永广、吴沛、李媛、张建铭：《新冠病毒感染疫情影响下旅游企业韧性：进阶机理与复苏路径》，《中国软科学》2023 年第 2 期。

［24］李志萌、盛方富：《新冠肺炎疫情对我国产业与消费的影响及应对》，《江西社会科学》2020 年第 3 期。

［25］申军波、徐彤、陆明明、翟燕霞：《疫情冲击下旅游业应对策略与后疫情时期发展趋势》，《宏观经济管理》2020 年第 8 期。

［26］Prahalad, C. K., Ramaswamy, V., "Co-creation experiences: The next practice in value creation," *Journal of Interactive Marketing* 18 (3), 2004, pp. 5-14.

［27］简兆权、令狐克睿、李雷：《价值共创研究的演进与展望——从"顾客体验"到"服务生态系统"视角》，《外国经济与管理》2016 年第 9 期。

［28］Vargo, S. L., Lusch, R. F., "Evolving to a new dominant logic for marketing," *Journal of Marketing* 68 (1), 2004, pp. 1-17.

［29］Heinonen, K., et al., "A customer-dominant logic of service," *Journal of Service Management* 21 (4), 2010, pp. 531-548.

［30］Grissemann, U. S., Stokburger-Sauer, N. E., "Customer co-creation of travel services: The role of company support and customer satisfaction with the co-creation performance," *Tourism management*33 (6), 2012, pp. 1483-1492.

［31］Donald, E., "A protected areas ecotourism competitive cluster approach to catalyse biodiversity conservation and economic growth in Bulgaria," *Journal of Sustainable Tourism*12 (3), 2004, pp. 219-244.

［32］王琼英、唐代剑：《旅游集群企业价值共创的社会动因》，《社会科学家》2022 年第 4 期。

［33］程雅馨、程延园、何勤、葛明磊：《平台企业赋能与价值共创的动态过程——基于社会交换视角的多案例分析》，《管理案例研究与评论》2022 年第 5 期。

［34］Schumpeter, *The Theory of Economic Development: An Inquiry into Profits, Capital,*

Credit, Interest, and the Business Cycle（Harvard University Press, Cambridge, Mass, 1934）.

［35］Sawhney, M., Wolcott, R. C., Arroniz, I., "The 12 different ways for companies to innovate," *MIT Sloan Management Review*, 2006.

［36］何郁冰：《产学研协同创新的理论模式》，《科学学研究》2012 年第 2 期。

［37］蒋德嵩：《拥抱创新 3.0 时代》，《哈佛商业评论》2013 年第 1 期。

［38］胡沛枫：《企业自主创新系统动力学分析与自组织机理》，《科技管理研究》，2013 年第 21 期。

［39］刘燕：《创新驱动发展战略下政府推动企业二元创新的逻辑框架与发展路径》，《求索》2023 年第 3 期。

［40］Jones, P., et al., "Entrepreneurial identity and context: Current trends and an agenda for future research," *The International Journal of Entrepreneurship and Innovation* 20（1）, 2019, pp. 3-7.

［41］Kruger, S., Steyn, A. A., "Enhancing technology transfer through entrepreneurial development: Practices from innovation spaces," *The Journal of Technology Transfer* 45（6）, 2019, pp. 1-35.

［42］Karlsson, J., Skålén, P., "Exploring front-line employee contributions to service innovation," *European Journal of Marketing* 49（9-10）, 2015.

［43］王倩、柳卸林：《企业跨界创新中的价值共创研究：基于生态系统视角》，《科研管理》2023 年第 4 期。

［44］李帅娜：《数字技术赋能服务业生产率：理论机制与经验证据》，《经济与管理研究》2021 年第 10 期。

第五章 行业演化

随着科学技术的应用、市场竞争的加剧和旅游需求的变化，旅游产业由传统的食住行游购娱等基本要素供给行业延展开来，在与其他行业日益广泛而深入的融合中衍生出诸多新兴业态。以在线旅行社（Online Travel Agent，OTA）行业、邮轮行业、民宿行业等为代表，这些行业在过去十余年里发展迅猛，且仍处于快速演化阶段。因其自身的独特性和在旅游产业体系中的重要性，其发展趋势值得特别关注。

第一节 OTA 行业

在线旅游是随着互联网发展而诞生的一种新型旅游商业模式，是指旅游消费者通过网络向旅游服务提供商预订旅游产品或服务、获得旅游资源的一种商业模式。从供给端来看，在线旅游模式既是平台商提供服务支持的一种运营模式，也在交通、餐饮、住宿、旅游景区等诸行业中有广泛应用，其中，OTA 是采用该模式的典型范例。在线旅行社以信息网络技术为载体，以旅游信息库、电子化商务银行为基础，从事招揽、组织、接待旅游者等活动，为旅游消费者提供旅游产品在线咨询、搜索、预订、支付及其他服务[1]。从需求端来看，在线旅游模式中，旅游者通过个人电脑（PC）和以智能手机为代表的移动终端完成信息查阅、咨询、规划、预定、支付、分享、应急救助和投诉等[2]，从而获得更加全面的信息和更加多元的服务。

一 典型特性

OTA 既包括以机票、酒店和门票预订为基础的综合性旅游平台、以民宿短租预订为主的旅游短租平台，也包括传统旅行社自己建立的网络平台。除了具备传统旅行社的基本功能外，OTA 还具有旅游产业链中枢、数字化网络基础、旅游者交互平台等特点。这些特点使其在新的发展阶段处于产业创新的前沿。

（一）旅游产业链中枢

随着互联网尤其是移动互联网的普及，作为链接旅游供给端和旅游需求端的桥梁，OTA 行业与产业链中的众多环节形成更加广泛而紧密的关联，在旅游供应商和旅游消费者之间实现产品、信息和服务的对接。OTA 将景区景点、住宿餐饮、游览娱乐、旅游交通等旅游产品、旅游服务、信息服务和金融保险等各类供给加以整合，整合能力愈强，则其在整个产业链中发挥的作用便越发重要。OTA 的整合过程不仅与在线旅游企业自身的组织能力、经营能力相关，还与旅游产业链中各环节提供的产品质量、数量和类别相关，更与整个产业链所处环境的稳定性、开放性和要素流动自由度相关。由于其与相关产业的高度关联性，因此更易受到产业波动和环境变化的影响，而其稳定性也对整个产业链的发展至关重要。OTA 行业产业链如图 5-1 所示。

（二）数字化网络基础

相较于传统旅行社而言，在线旅游最大的优势在于其立足于数字化平台，以互联网为媒介、以旅游信息数据库为依托、以移动终端为载体、以电子支付为手段的模式摆脱了旅游消费者信息获取、产品交易的时间和空间限制。数字化的模式为 OTA 带来更多发展和创新可能。首先，OTA 企业的数字化模式拉近了与旅游者的距离，企业可建立旅游者信息数据库，通过大数据进行旅游消费者信息管理，精准定位旅游需求，更好地满足游客差异化、个性化的需求。其次，基于大数据的营销和推广也更加容易。网络营销的传播辐射范围广、传播形式更新颖、内容更生动、更贴近旅游消费者。最后，大数据技术和数字化平台是"云旅游"直播、虚拟场景体验等旅游新模式发展的基础，更易激发旅游产品的创新，在一定程度上可丰

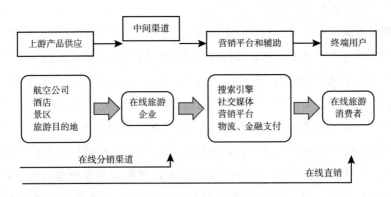

图 5-1　OTA 行业产业链

资料来源：孟姗姗《我国 OTA 的发展模式及未来趋势》，《旅游纵览》2019 年第 4 期。

富旅游供给层次和旅游供给种类。

（三）旅游者交互平台

除了资源整合功能外，OTA 还创造了一种新的顾客关系。不仅为企业和旅游者提供了互动平台，也提供了旅游者之间的交互平台。企业与旅游者的关系是通过企业提取旅游者的信息、进行数据分析和决策来主导的，但企业固定的、单向的信息提供无法满足不断发展、变化的旅游需求，而旅游者之间的互动式分享可弥补这一缺陷。旅游者之间的交互打破了感知上的地位感，平等的地位更易激发旅游者的分享欲望，使其对 OTA 平台产生依赖和信任，也更易扩大潜在用户的辐射范围。通过在线评价、攻略笔记、在线社区等互动平台，用户共创的模式使 OTA 平台形成一个不断发展和创新的生态系统。包容性越大、辐射度越广、内容质量越高的企业将拥有更多的用户资源。

二　行业发展

依托信息技术的发展，我国 OTA 行业发展迅速。自 2020 年新冠疫情突袭而至以来，各 OTA 企业通过关注下沉市场、品牌协作等方式实现了行业复苏。当然，从长期发展来看，我国 OTA 行业还存在不合理低价游、数字壁垒和大数据杀熟等现象，需要政府、行业、企业多方协同治理。

（一）简要历程

随着互联网的发展和信息技术的进步，旅游需求呈现多元化，旅游消费渠道逐渐由线下向线上转移，我国在线旅游市场发展迅速。如图 5-2 所示，根据中国互联网信息中心（CNNIC）数据，2016 年 6 月至 2019 年 6 月期间，我国在线旅游预订用户规模和使用率稳步增长，2020 年受疫情影响，在线旅游预订用户规模和使用率有所收缩，但 2022 年底已经基本恢复，与 2016 年 6 月相比，2023 年 6 月的在线旅游预订用户规模达到了 45363 万人，总体增长了 72.1%[3]。与此同时，我国在线旅游平台的数量和规模也在迅速增长。我国在线旅游平台起步于 1998 年华夏旅游网、1999 年携程旅行网和艺龙旅行网的成立，进入 21 世纪后在线旅游平台的类型逐渐多样，目前已形成涵盖综合服务平台、出行平台、预订平台的综合体系[4]。

图 5-2　2016 年 6 月至 2023 年 6 月在线旅游预订用户规模及使用率

注：受新冠疫情影响，图中统计时间口径有变。

资料来源：《第 52 次〈中国互联网络发展状况统计报告〉》，中国互联网信息中心官网，2023 年 8 月 28 日，https://www.cnnic.net.cn/n4/2023/0828/c88-10829html。

2020 年后我国 OTA 行业表现出以下两个发展特征。

一是下沉市场成为 OTA 行业竞争的重点领域。下沉市场、非一线城市的旅游需求增长速度迅猛，具有较大发展潜力，部分境外旅游需求转化为境内旅游需求、出游距离缩减，这些都为 OTA 行业提供了发展机会。例如，与其他损失惨重的 OTA 企业相比，同程旅行在新冠疫情中表现出更强的韧性，成为为数不多的持续盈利的 OTA 企业。这主要得益于同程旅行最先实施下沉战略，利用自身资源及优势占领了非一线城市的旅游市场。截至 2022 年第一季度，同程旅行的注册用户中有 87% 来自非一线城市，且微信新付费用户也有 59.8% 来自中国的三线及以下城市，下沉市场的用户资源成为其重要支撑[5]。携程、美团、抖音等互联网企业也通过各自的流量池和内容分发关注下沉市场。

二是品牌协作程度提升。OTA 行业本身拥有联系产业链上下游的能力和数字化基础，在发展过程中，通过与其他行业企业的协作拓展了旅游业的价值链和产业链。就线下市场而言，OTA 企业与旅游目的地展开政企协作。例如，美团推出文旅品牌馆，携程依托超级目的地战略推出星球号旗舰店，从而带动目的地的品牌推广。就线上流量池而言，OTA 企业与其他大流量平台合作。例如：飞猪旅行具备阿里生态下淘宝、天猫、支付宝等流量池的支持；携程和京东开展战略合作，产品接入京东平台；同程旅行与微信平台展开合作，接入微信"九宫格"、小程序、支付入口、广告投放、搜一搜等功能；美团在大众点评本地生活流量的基础上，入驻抖音小程序。

（二）存在的问题

在互联网技术的推动下，我国 OTA 行业发展迅速，同时也暴露出一些问题，如不合理低价游、数字壁垒和大数据杀熟问题等。

一是不合理低价游问题。不合理低价游的运营机制是旅行社以低于旅游产品成本的价格诱导旅游消费者购买包价产品，而旅行社、地接社、购物店和导游形成的利益联盟通过虚假宣传、合同欺诈、强制购物、捆绑销售等手段谋取利益，最终损害了旅游消费者权益，扰乱市场秩序[6]。近几年，我国各级政府不断采取措施打击不合理低价游现象，包括用曝光、公示、罚款、警示的方式对不合规旅行社进行处置，增强消费者防范意识。2023 年文化和旅游部发布《关于进一步规范旅游市场秩序的通知》指出，当前不合理低价游问题并未完全解决，且随着旅游市场的复苏有抬头趋势[7]。为了进一步加强在线旅游市场管理，保障旅游者合法权益，发挥在线旅游平台经营者整合交通、住宿、餐饮、游览、娱乐等旅游要素资源的积极作用，文化和旅游部专门出台《关于推动在线旅游市场高质量发展的意见》，并从加强内容安全审核、筑牢生产安全底线、保障旅游者合法权益、促进行业协调发展、加强市场监管巡查、强化执法监督检查、提升信用监管效能、提高数字监管效能、用好纾困扶持政策、创新旅游金融服务方式、探索平台经营旅游预售业务、引领行业创新发展、加强行业组织建设等方面进行了系统部署。

二是数字壁垒和大数据杀熟问题。数字壁垒问题是指头部企业掌握旅游市场大量的用户数据信息，借此形成数字壁垒，利用大数据和算法等技术手段形成竞争性垄断。当数字壁垒造成市场垄断时，个体旅游消费者受到数字鸿沟、信息茧房的束缚形成信息不对称，从而可能出现个人信息数据滥用、价格歧视等侵害旅游消费者权益的情况。我国在线旅游平台的头部企业的市场份额集聚趋势不断加强，出现了如近几年讨论热度较高的大数据杀熟现象。相关企业收集消费者的购买信息、选择偏好、价格偏好、浏览倾向等信息，利用规则不透明、大数据的隐蔽性有针对性地向消费者实施价格歧视[8]。根据北京市消费者协会发布的大数据"杀熟"调查报告，在线旅游平台的大数据"杀熟"现象逐年增多，主要集中在机票、酒店等领域，过半（50.04%）受访者表示在在线旅游消费中遭遇过大数据"杀熟"，影响了消费者对旅游市场的信心，需要监管机构、平台和用户多方协同治理[9]。

三 未来趋势

目前我国OTA行业结构、发展模式已相对成熟，具备持续发展的基础，而需求变化也为发展提出新的要求。OTA行业发展呈现以下三种趋势。

（一）消费升级引导市场升级

伴随经济整体水平和城镇化程度的提升，三、四线城市、城郊、乡村等地区居民的旅游消费能力持续增强，成为极具潜力的旅游消费市场。与此同时，随着基础设施和服务设施的逐渐完善，国内旅游需求逐渐向近郊游、乡村游、周边游发展。Fastdata极数发布的《2023年中国旅游业复苏趋势报告》显示，2023 年 3 月二线城市活跃用户规模同比增长 140.7%，中小城市用户出游需求率先释放，二线及以下城市用户占比超过六成，旅游市场格局发生改变[10]。在旅游消费市场更加趋于多元化的同时，旅游者对单位时间内的体验质量要求更高，这对 OTA 企业的产品和服务提供的内容与方式提出了考验。OTA 企业一方面要进一步加强对下沉市场的关注，丰富产品内容体系；另一方面要通过产品和服务创新提升旅游消费体验和价值，发掘更多的市场潜能。

（二）资源要素驱动转向数据要素驱动

早期 OTA 行业的竞争主要体现于资源要素，通过整合旅游供应链资源和多方信息提供产品和服务，产品和服务的质量高度依赖于资源质量。随着互联网信息技术的发展、数字基础设施的建设，大数据对用户行为的刻画与预测更为精确，同时可实现文旅资源、环境、基础设施、游客密度的实时动态监测，在引导旅游消费需求、科学规划旅游行程、及时满足旅游消费者需求等方面拥有明显优势。在此背景下，数据逐渐发展成为行业竞争的关键[11]。针对当前数字文旅发展中存在的数字壁垒、数据滥用、大数据杀熟等问题，中共中央、国务院 2022 年 12 月发布的《关于构建数据基础制度更好发挥数据要素作用的意见》对数据资源和数据产权进一步做出规范，要求完善数据要素市场体制机制，为数据资源的规范使用提供新的市场环境。未来，数据要素的价值将得到更好的发挥。

（三）同质产品转向优质内容

内容是影响旅游者决策的关键要素，对于 OTA 企业而言，更是洞察用户偏好、创新产品的重要基础。OTA 企业在发展初期，为了培养用户习惯往往以低价策略切入市场，同质化产品带来市场的迅速扩张，也为持续发展埋下隐患。近年来，在线旅游市场总体增速和渗透率放缓，多重外部风险坚定了 OTA 企业转型发展的决心，迫切需要探索产品创新、服务升级的方式。一方面，OTA 企业挖掘优质旅游内容，发挥在线旅游内容导向功能，通过旅游社群、内容创作中心、创作激励机制等手段构建结构化的、优质而有活力的社区生态，实现优质旅游内容的持续创作[12]。另一方面，内容流量平台跨界进入 OTA 行业，为其带来新的发展思路和新业态。跨界平台商本身拥有一定的用户资源基础，一般通过旅游直播、短视频、评论区等参与旅游者决策过程。它们通过优质内容吸引流量，销售在线旅游产品，实现网络流量向旅游流量的转变。

第二节　邮轮行业

邮轮行业是旅游和交通运输业融合的典型业态，与邮轮设计和制造、邮轮经营管理、码头配套服务等产业紧密相关，产业链条较长，对经济有较强的衍生带动效应[13]。邮轮不但可以串联多个景点，其本身也作为一种旅游产品，给旅游者提供独特的旅游体验。尽管邮轮旅游在旅游业中的总体占比仍然不高，但它是其中增长最快的行业之一。邮轮旅游是一种以海上大型旅游客船为旅游工具和主要目的地、以沿线港口为陆上目的地和中转地的旅游方式[14]。从全球来看，邮轮旅游需求和供应仍相对集中于北美地区，不过近年来，欧洲、亚洲及太平洋地区的重要性迅速提升。中国是亚洲客运增长的主要驱动力，邮轮行业在我国的发展值得关注。

一　典型特性

在其发展过程中，邮轮从最初的跨洋通信、运输的交通工具逐渐转变为海上度假村。我国邮轮行业具有环境敏感度高、体验类型多、行业关联性强等特点。

（一）环境敏感度高

邮轮业的高环境敏感度主要来源于两个方面。一是与邮轮旅游的组织形式相关。邮轮作为人群聚集的海上运输和活动载体，具有人员集中度高、数量大、来源广、封闭性强等特点，因此当面临系统性风险时，所受影响更为严重。二是与邮轮旅游的行程范围相关。邮轮旅游多依赖于国际航线，极易受到国际环境与全球局势变动的影响，全球疫情、政治关系、燃料成本变动等均会对其产生直接影响。

（二）体验类型多

邮轮旅游已突破传统的、单一交通工具的性质，逐渐向综合型旅游目的地转变。邮轮具有满足旅游者多样化需求的能力。主要表现在以下三个方面。其一，邮轮涉及的旅游要素较为全面。邮轮上具备完整的旅游配套设施，涵盖了餐饮、住宿、交通、游览、购物、娱乐等多种要素。其二，邮轮在一个相对独立的空间为旅游消费者提供服务，使其产品和服务供给种类、形式存在多样化的可能，可通过将文化元素融入装修设计和活动项目之中来打造主题邮轮。其三，邮轮旅游在一定程度上整合了旅途和旅游目的地，邮轮本身以及停靠的港口城市均可作为旅游目的地，从而为游客提供丰富的观光、娱乐、体验项目；旅游者在邮轮旅游中也拥有更强的自主性，在活动项目、观光探索、休闲活动等选择方面拥有更大的自由度。

（三）行业关联性强

邮轮业是由邮轮制造、邮轮运营、邮轮船供、邮轮接待与旅游服务等环节组成的复合型行业。邮轮母港、停靠港、旅游目的地、邮轮本身等多重空间共同形成了一种跨区域、跨行业、多领域、多渠道的经济现象。姜宏等构建了邮轮旅游卫星账户，发现邮轮业对住宿业、交通运输业、餐饮业、批发零售业、旅行社服务业、文体娱乐业、港口服务业、金融业等众多行业的发展具有带动作用[15]。也有学者发现，强行业关联性也可能会给邮轮旅游带来负效应，如邮轮的高投入和漫长的成本回收周期降低了邮轮旅游的辐射效果[16]。

二 行业发展

（一）简要历程

邮轮旅游始于 20 世纪 60 年代的西方国家，国际休闲市场的增长推动了邮轮旅游的日益普及和邮轮行业的角色变化——邮轮实现了从工具属性向休闲属性的转换[17]。进入 21 世纪以来，邮轮旅游逐渐从欧美扩展到亚洲等地区，而中国则成为亚洲邮轮增长的主要驱动力。

从发展历程来看，我国邮轮行业起步于 2006 年。是年，意大利歌诗达邮轮公司开通第一艘运营中国航线的邮轮——歌诗达"爱兰歌娜"号。2006~2011 年为探索成长期。其间，国家先后发布了 18 份与邮轮业相关的政策文件，在旅游发展、经济发展、港口布局、总体规划、地区性的邮轮经济等方面提供了指导意见。2012~2016 年为暴发提升期。邮轮港口被划分为访问港、始发港和母港三类，沿海港口城市积极推进一系列邮轮港口

和码头设施建设。在此期间，国内邮轮旅游需求逐步释放。2016 年我国 11
大港口城市接待游客量首次超过德国，成为全球第二大邮轮客源市场。
2017~2019 年为提质增效期。在此期间，国家大力推进邮轮旅游发展实验
区和邮轮旅游发展示范区的建设，将邮轮业及其配套产业园与自贸区相结
合；与此同时，本土邮轮制造取得实质性进展，我国的邮轮公司进入多船
运营时代[18]。2020 年进入调整期。在新冠疫情全球大流行期间，邮轮成
为重灾区，发展了 200 年的全球邮轮行业首次在和平时期全线停航，邮轮
旅游需求、邮轮公司经营效益、依赖邮轮业的港口城市，甚至全邮轮产业
链均受到影响[19]。2023 年 3 月 30 日，交通运输部印发《国际邮轮运输有
序试点复航方案》，试点时间暂定 6 个月至 1 年，标志着我国国际邮轮行
业将迎来复苏。

（二）存在的问题

我国邮轮业起步较晚，发展极为迅速，目前尚不成熟，仍然存在一些
问题，而多重外部风险的存在又为邮轮业带来了新的挑战。

一是我国邮轮行业的国际依赖性强、国际竞争力较弱。邮轮是一个国
际性很强的行业。现代邮轮业始于北美，至今已经形成较为稳定的客源群
体和市场结构，全球邮轮产品供给由几家国际大型邮轮公司寡头垄断。我
国邮轮业发展相对较晚，自身国际化程度不高、国际竞争力不强，对外依
赖度较高。邮轮旅游在我国还处于快速发展阶段，市场需求增长迅
猛——中国已成为全球第二大邮轮客源市场，而行业供给相对不足。初始
客源在很大程度上源于新鲜感和价格刺激，复购率不高。邮轮旅游的市场
基础、法律法规、行业结构、产业链条、经营模式等仍在初步发展中。目
前，除了在我国运营的国际邮轮公司外，我国本土邮轮公司均以挂方便旗
并雇佣部分外国船员的方式运营国际邮轮航线。与品牌化、集团化、全球
化发展的国际邮轮公司相比，我国本土邮轮公司在国际化方面的局限性还
很突出。例如：在客源市场层面，本土邮轮公司的客源市场主要是中国；
在布局方面，本土邮轮公司多以中国港口作为母港或者始发港，尚未拓展
国外市场；在运营模式方面，除中船嘉年华等少数邮轮企业以外，其他中
国本土邮轮公司大多以单船运营[20]。

二是邮轮产业链尚不健全。从服务供给来看，我国邮轮发展重点集中

在初期阶段的邮轮码头建设、船队引进、政策制定、旅游观光和接待等方面，尚未形成包括邮轮制造、邮轮管理、产业规划、服务体系、市场机制、消费理念等系列配套在内的体系化产业。当前我国邮轮旅游接待服务能力不足，较少涉及港区周围休闲商业设施项目及环境营造、旅游主题公园与附属大型商业综合体项目开发等商业配套经营环节，尚未形成体系化的系统[13]。从收益和可持续发展来看，本土企业在邮轮服务供应链中处于弱势地位，邮轮行业建设回收期长，新兴邮轮区域的接待服务收益难以覆盖前期高额的基础设施投资，一些港口收益较低甚至处于亏损状态。对于邮轮旅游而言，若停靠港的配套产业和服务的吸引力不足，游客可以选择不下船消费，这实际上减少了旅游目的地的潜在经济效益[21]。

三 未来趋势

作为现代海上旅游方式之一，邮轮具有高聚集性、高私密性和目的地分散等特点。过去数年间，一些邮轮公司因停航造成船票收入损失、船上消费损失、岸上消费损失，以及连带造成邮轮港靠泊费损失、游客服务费损失、免税店收入损失、船供收入损失、周边酒店住宿餐饮收入的损失等，甚至导致部分邮轮公司改变在中国市场的战略布局和发展计划。总体来看，中国仍然是全球第二大邮轮客源国，消费潜力巨大，邮轮旅游的基础设施建设和配套政策也在持续推进。未来，邮轮业要抓住机遇，关注自主化和本土化、产品供给升级、邮轮市场规范等问题。

（一）自主化和本土化

未来，我国邮轮业自主化和本土化发展体现在三个方面。一是邮轮的运营、设计、建造的自主化，特别是豪华游轮的自主设计、制造和管理。"鼓浪屿"号是中国第一艘自主运营的豪华游轮，中国首制 H1508 超大型邮轮在 2021 年实现全船贯通，标志着我国在大型邮轮建造领域取得重大突破。未来，需要进一步推动我国船舶工业从中低端向高端发展，加快推进船舶工业供给侧改革进程，实现邮轮制造的自主化。二是邮轮公司品牌的本土化。目前我国的邮轮公司规模普遍较小，其中最大的是中国船舶集团与全球最大的邮轮公司嘉年华集团合资成立的中船嘉年华邮轮。本土化的邮轮公司及其品牌还有很大发展空间。三是复苏发展的本土化道路。在国外局势不断变动、不确定性加强的情况下，国内环境相对稳定，可通过开放本土邮轮航线释放市场需求。

（二）产品供给升级

当前我国邮轮业在产品供给方面存在数量不足、类型单一等问题，未来需要围绕产业链的上中下游实现协同发展（见图5-3）。首先，邮轮产业链上游要加强邮轮设计和建造，严格遵循相关卫生和安全标准要求，加快邮轮业人才培养。其次，邮轮产业链中游要做好产品供给配套，在港口城市打造综合性旅游服务区，科学布局购物、餐饮、住宿、娱乐等旅游接待场所，优化邮轮航线。当前我国母港邮轮航线较少，主要航线范围包括东北亚、东南亚和海峡两岸，公海游、远洋游及环球游航线领域较为空白，虽然沿江游、海峡游、近海游具备较好的发展条件，但也存在数量不足、产品单一等问题。未来，需要进一步推进航运布局结构的丰富化和合理化。要大力推进国内港口建设，发展国内内河—沿海航线，开通河海联运，创新航运布局[22]。最后，在产业链下游的产品供给方面，要进一步创新邮轮旅游产品，以文化资源基础为依托，从旅游者需求出发，丰富邮轮旅游产品的主题、内容和形式。

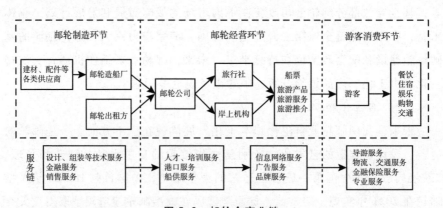

图 5-3 邮轮全产业链

资料来源：叶欣梁《打造上海邮轮经济全产业链战略思路》，《科学发展》2020年第8期。

（三）完善相关供给

我国邮轮业发展时间较短，存在本土需求与国际供给发展脱节的情况，因此，完善相关供给甚为必要。具体表现在以下三个方面。一是提升行业稳定性。邮轮业具有较高的环境敏感性，在当前全球不确定性增强的背景下，要尽量降低不稳定性影响，可立足于国内旅游需求，扩大国内邮轮旅游供给，同时依托大数据技术，进一步完善游客船员登轮信息可追溯管控机制。二是保护消费者权益。我国邮轮旅游发展过程中，旅行社"包船"或"切舱"的销售模式仍是当前主流。这种做法虽降低了成本，便利了管理和经营，但存在不合理竞争、权责不清、管理混乱等问题，影响了旅游者的体验，甚至威胁到消费者的合法权益。邮轮旅游市场监管对于行业健康、持续、高质量发展至关重要，需要在相关法律法规方面进行约束，并健全社会监督机制。三是完善相关法律。当前市场中邮轮主要由国际邮轮公司提供，也存在大量的中资方便旗邮轮，而在依托旅行社销售船票、签订合同的过程中，同时涉及邮轮公司、旅行社、旅游者、国内港口地接、国外港口地接等多方主体和多重法律关系。因此，进一步完善相关法律体系极为必要。

第三节　民宿行业

民宿是集住宿、休闲度假、生活体验、社交、娱乐等功能于一体的新兴旅游业态，是在旅游消费者需求不断多样化、个性化和高品质化过程中不断发展重构的，具有鲜明的文化特色和情感体验性。依托我国独特的自然风光、传统建筑、历史文化、民俗风情等自然和人文资源，民宿业正展示出全新的活力。鉴于其在推动文化和旅游融合发展、促进城乡一体化、助推乡村振兴、建设生态文明和美丽中国等过程中的作用和潜力，民宿近年来被赋予多重意义[23]。

一　典型特性

随着我国新型城镇化的推进和乡村振兴战略的实施，民宿行业成为目前发展最快、单体数量最多、集聚小微业主最多的行业之一。民宿行业在快速发展过程中呈现出特色性服务、互动性体验、多元性经营等特点。

（一）特色化服务

特色化是民宿业的产生与发展的立足点。这主要体现在以下两个方面。一是相对于传统酒店而言，民宿具有独特性。民宿较传统酒店的规模更小，工作服务人员数量、培训要求等也有所差别，且受地域影响较大，因此在空间利用、设计布局、服务接待等方面不宜标准化。二是民宿的核心竞争力在于其不同特色。在民宿设计过程中，依托具有地域性的环境条件，融入文化元素，从景观布局设计、特色服务和休闲活动等方面打造差异化的主题。地理位置、建筑形式、空间特色、服务人员、餐饮特色和信息提供等均可构成民宿的核心竞争力。对于旅游消费者而言，民宿不仅是提供餐饮、住宿的场所，也是提供娱乐休闲、景观游览功能的旅游吸引物[24]。民宿在保持特色的同时，也意味着其要承担非标准化的风险，特别是随着旅游者对住宿环境安全性、卫生条件和管理能力的要求逐步提高，小规模民宿经营面临诸多挑战。

（二）互动性体验

民宿作为目的地的组成部分，在提供基本住宿、餐饮功能的同时，也是目的地文化传播、人文体验的重要载体。民宿利用在地文化和环境资源，进行文化生产，是一个旅游和文化的"微空间"[24]。相对于陌生、需要更多精力探索的大环境而言，"微空间"的文化感知、文化消费更为容易[25]。民宿占据在地优势，可提供有效的"在地文化"体验。这主要体现在以下三个层次。一是客人和空间的互动。民宿以旅游目的地要素为基础，通过挖掘在地文化塑造景观、设计活动，旅游者可在民宿空间中反复接受氛围和环境的刺激，也可在特色互动项目中获得非同寻常的体验。二是主客互动。民宿为旅游者提供了一个与当地居民交流的机会，有些民宿经营者就是当地居民。将经营融入日常生活，能够打破隔膜，让旅游者对旅游地建立起信任和情感联系，获得真实、直接的文化感知和有温度的心理体验。三是客人之间的互动。民宿客人在信息地位上处于平等的接收信息方，民宿提供的客—客互动空间也为旅游体验带来了更大的自由度。值得注意的是，以互动和体验为核心内容的民宿在发展过程中受资本驱动等因素影响，也出现了一些变异。

（三）多元化经营

民宿的经营模式最初以家庭自营为主，而后随着外来业主进入市场，以及企业和投资者介入，出现了多种经营模式，涉及个体、集体、企业、政府等不同投资主体。目前，我国民宿行业以租赁房源为主（见图5-4）。不同投资和经营主体的优劣势各有不同。当地居民经营民宿的优势在于对当地文化的理解，能为旅游者提供更多旅游地的信息，且当地居民自身日常生活也构成了旅游地的元素；外来业主基于更丰富的经营经验和对旅游者更深入的了解，在发现、引导、满足旅游者需求方面具有优势。无论是当地居民还是外来业主，均是从小体量接待、小规模投资、小精美经营的特点出发，体现了民宿的民居特色、主人温度和生活体验。此外，民宿的经营模式也与所在地区相关。一些大型旅游景区及其周边的乡村民宿依靠旅游景区或大型旅游城市的溢出效应而发展，早期由当地居民分散经营，后来随着数量的增加呈现聚集特征，外来业主发现机遇而介入市场后逐渐形成规模。城市民宿由于不具有大型旅游景区的强吸引力和辐射力，对民宿的投资、设计、经营、管理要求更高，因此通常在市场选择、城市监管的过程中逐渐向标准化转变。从抗风险能力来看，自有房屋经营的民宿比租赁房屋经营的民宿拥有更强的抗压能力，副业或兼业经营型民宿业主比主业经营型民宿业主具有更强的经营灵活性和抗风险能力。

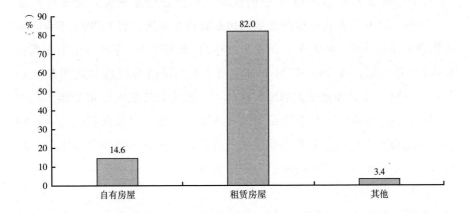

图5-4 民宿房源构成

资料来源：Trustdata前瞻产业研究院发布的《中国民宿行业市场前景预测与投资战略规划分析报告》。

二 行业发展

（一）简要历程

我国民宿起源于 20 世纪 80 年代的台湾垦丁，大陆民宿起步相对较晚，始于 20 世纪 90 年代。目前大致经历了以下几个阶段。第一阶段是以"住宿+早餐"模式为主的自发性发展时期。此阶段民宿是作为酒店接待能力的补充，游客可以体验农家特色饮食和民俗风情。第二阶段是集群式发展阶段。受自然环境、经济发展水平、交通通达性、旅游资源分布、政策条件等因素的影响，民宿业呈现出一定的产业集聚现象，并形成了区位导向型、品牌导向型、景点导向型、交通导向型、政策导向型等不同的集聚模式[26]。第三阶段是品牌化发展阶段。民宿市场的迅速发展使更多的连锁化品牌企业、民宿预订平台进入，如携程、途牛等均开设了自己的度假农庄和民宿。共享经济推动了家庭式民宿单体的整合，品牌化的经营为服务质量提供了保障。此外，民宿品牌化也推动着民宿 IP 的建立。一些民宿企业如"山水间""原舍""花间堂""过云山居"等，通过自我品牌的塑造发挥 IP 价值。

Trustdata 公布的《2019 年中国在线民宿预订行业发展研究报告》显示，2016~2019 年在线民宿房源数和房东数持续增加，其中 2019 年我国在线民宿房源数达到 134 万个，而房东数达到 39.3 万个，平均一个房东拥有 3.4 个民宿房源，较 2016 年每个房东约 2.5 个民宿房源数出现明显增长（见图 5-5）。数量如此庞大的民宿群体一方面来自传统的城市旅馆、乡村农家乐，另一方面也来自新近投资的城乡精品民宿、客栈酒店以及一些特色住宿业态等。它们作为非标准住宿业的代表，在对传统小微型住宿产品的替代中呈现出强劲的市场吸引力和竞争力。

（二）存在的问题

随着互联网平台的发展，我国民宿行业经历了一段黄金发展期，也暴露出一些问题。

一是缺乏科学规划，发展存在盲目跟风现象。受各种因素驱动，民宿的经济效应被片面放大。一些地方政府为了推进乡村振兴战略，引导或鼓励内外资本在一些暂时不具备民宿需求或发展条件的地方发展民宿产业，

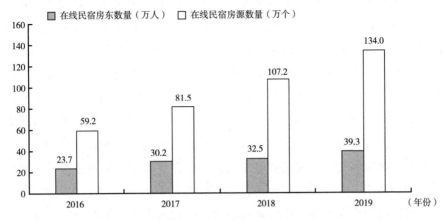

图 5-5　2016~2019 年中国在线民宿房源数和房东数统计

资料来源：Trustdata 前瞻产业研究院发布的《中国民宿行业市场前景预测与投资战略规划分析报告》。

甚至要求国有企业或集体经济引领投资或配套投资；不少农民并未充分考虑市场风险和市场容量，跟风进入民宿旅游的经营环节，导致部分伪民宿、类民宿的酒店群遍地开花，最终市场吸引力不足，导致经营难以持续，造成资源浪费[27]。一些地区由于缺乏科学规划，对环境承载力、空间规划、自然资源、交通条件等硬件因素考虑不足，盲目发展民宿行业，排水、排污等基础设施建设落后于民宿行业发展，出现当地水源污染、生态环境破坏等现象[28]。

二是产品同质化严重，缺乏生活温度。民宿本身具有"民"和"宿"双重属性。在实际发展过程中，民宿存在被资本"绑架"的倾向，一定程度上忽视了"民"的本质，而只满足了"宿"的要求。大量资本介入民宿投资与运营，按酒店化思维经营民宿产品，培育民宿管家或职业经理人，推出旅游民宿的服务标准，追求高房价和利润导向，复制其他地区民宿的成功经验，甚至出现嫁接外地文化、过度商业化开发民族文化等异化演变现象。将民宿当作酒店来发展，一方面，人为提高了民宿门槛，放大投资风险和运营压力；另一方面，把原本美好的生活分享经济变成了纯粹的服务消费经济，导致很多民宿没有生活温度，没有民居主人的情怀和丰富的内容支撑，容易陷入硬件比拼、价格比拼的红海之中。

三是行业规则与市场监管不健全。民宿行业在快速增长过程中，出现了不少市场乱象，相关市场规则和行业标准尚未及时跟进，造成民宿经营的合法性不易被界定、规范化不易被保障。民宿经营涉及旅游、消防、卫生、公安、环保、市场监督等多个部门，需要多方协调管理，申办民宿需先取得消防、卫生、特种行业许可证，再到工商部门办理营业执照，然而由于缺乏民宿行业准入标准，民宿按星级酒店标准不能达标，无法取得营业执照，部分经营者涉及"住改商"，也难以申请到特种经营许可证[23]。具体对于城市民宿和乡村民宿市场而言，也存在差别。城市民宿是一种提供住宿的场所，其客源构成较为复杂，作为"日租房"形式的城市民宿，属于短期租赁房业态还是旅馆业业态的性质较难定论，因此在民宿出现问题时，容易导致监管部门主体多头管理、监管不清。而乡村民宿受制于发展条件，在基础设施、卫生条件、安全标准等方面也存在一定的监管缺陷，部分民宿以饭店、农家乐的经营方式办理营业执照，却不符合餐饮许可、特种行业许可等要求和标准，民宿的合法经营主体身份无法明确，难以被纳入有效监管体系[29]。

三　未来趋势

在新的发展阶段，我国民宿行业需要回顾行业的本质属性，注重正确的价值取向，重点关注社区共建、产业融合、主客联系、多元发展等问题。

（一）注重社区共建

要注重营造和提升民宿的社区环境，提高民宿产品的综合营收能力，引导树立合理的民宿消费观念。要重视与社区的共建共享，营造良好的社区生活与旅游休闲环境，增强民宿社区的吸引力与留客功能，鼓励游客从单体民宿体验走向民宿社区体验，从而扩大民宿周边体验与在地旅游消费，并与社区特色生产、商业服务相结合。民宿既要能够提供单一的客房服务产品，又要能够提供包括亲子、团建、会议、节庆、异地办公等活动在内的组合式套餐产品。要鼓励"民宿+教育""民宿+农场""民宿+物产""民宿+工艺""民宿+美食"等跨界经营，增加民宿的组合消费、弹性消费、重复消费，扩大收入渠道，提高民宿盈利能力。

（二）融合相关产业

民宿行业具有较强的包容性，可在不断融合创新中实现发展。为了避免民宿发展的同质化、提升民宿品质，可进一步与其他产业融合。一是民宿和文化产业的融合。当前民宿在文化产业融合方面更多表现为自发性和自主性，如利用当地文化、文学作品、红色文化等主题对民宿进行装修、设计、包装等。在与文化产业的深度融合时，还可将民宿作为传统文化传播的载体，结合戏曲、歌剧、音乐会、表演等群众喜闻乐见的文艺作品形式，丰富民宿的生活场景和文化深度。二是民宿和绿色产业的融合。目前人们对绿色生态、运动健康更加重视，绿色民宿将绿色生态与民宿相结合，通过绿色氛围、绿色建筑、绿色服务和绿色管理，打造满足游客身心健康需求的环境和项目[30]。三是民宿和农业、渔业、手工业等的融合。依托民宿所在的乡村、渔村等地理环境和生产环境，将农业的产业园观光、农产品采摘和供应，渔业的海产品美食、装饰，手工业的工艺品展示、DIY、周边设计等融入民宿服务，既可以丰富民宿产品形态，又有助于带动产业融合发展，同时，需要建立合理的利益分配机制，鼓励村民通过农民闲置农宅参与经营相关服务产业，提供土地资源、农村宅基地资源和人力资源，外来企业通过资本投入进行合作，延伸产业链，实现多赢[31]。

（三）增进主客关系

稳定、长期的主客联系是民宿发展的魅力所在。通过各种服务和产品展现民居生活特色、民居主人的温度，才能形成民宿持久的吸引力和独特的竞争力。当前民宿行业存在产品和服务趋同、过度投资等问题，影响民宿原本应有的情感交互体验。未来，应通过三个方面构建稳定、良好的主客关系。一是强调产品和服务的人情味，打造有温度的服务产品。要从民宿业主本身、生产、生活出发，展现与分享舒适的居住环境、美好的居民生活、特色的民俗文化、当地的物产、农事的体验、个人生活经历等。二是通过集群化发展形成集聚效应，创造良好的社区环境。要提升整个民宿社区的景观环境、公共服务、生活与文化氛围、友邻关系、商业配套与多元产品互动，通过集群凝聚竞争力[32]。三是构建私域流量池，强化情感纽带，形成更为稳定的主客联系。具体可通过社群销售、直播销售等工具，通过用户激励，让用户从私域平台中获得更经济、高质的服务，自主布局小领域网络，实现与客户的长期联系，从而加强用户沉淀，提高复购率。

（四）推动多元发展

民宿行业发展的方向、水平以及价值体现最终取决于民宿业主群体的成长与成熟。要控制主人缺失型、房屋租赁型民宿发展比例，控制公司、机构的法人业主比例，鼓励有条件、有能力的居民利用自有房屋经营民宿。同时，要创造条件让更多长住需求、创业需求的外来人员参与民宿投资，鼓励生活型民宿发展，培养一批有阅历、有文化、有生活理念、有情怀以及有经营、服务技能的民宿业主，按照自己的个性创造多姿多彩的民宿产品，引领民宿的多元化发展。要鼓励单体单店民宿的发展，同时注意发挥集群效应。要大力提升整个民宿社区的景观环境、公共服务、生活与文化氛围、友邻关系、商业配套与多元产品互动，从而更好地推动单个民宿的发展，提高民宿经营的成功率。

本章参考文献

［1］孟姗姗：《我国 OTA 的发展模式及未来趋势》，《旅游纵览》2019 年第 4 期。

［2］丁怡琼：《在线旅游平台用户行为意向研究》，《旅游研究》2019 年第 6 期。

［3］《第 52 次〈中国互联网络发展状况统计报告〉》，中国互联网信息中心官网，2023 年 8 月 28 日，https：//www. cnnic. net. cn/n4/2023/0828/c88-10829. html。

［4］徐蒙、徐平平、方娜：《在线旅游平台的赋能效应、现实问题与突破路径》，《企业经济》2022 年第 10 期。

［5］李立：《下沉市场稳定同程旅行基本盘 交易额恢复至疫情前九成》，中国经营网，2022 年 5 月 20 日，http：//www. cb. com. cn/index/show/zj/cv/cv135163891269。

［6］郭强、程升彦、赵鹏翡：《高质量发展视域下旅行社低价游的合理边界与治理》，《经济管理》2022 年第 5 期。

［7］《文化和旅游部办公厅关于进一步规范旅游市场秩序的通知》，文化和旅游部官网，2023 年 4 月 10 日，https：//zwgk. mct. gov. cn/zfxxgkml/scgl/202304/t20230410_942123. html。

［8］王美云、苏永华：《大数据杀熟对顾客公民行为的影响——以在线旅游消费为例》，《企业经济》2023 年第 1 期。

［9］《北京市消协发布大数据"杀熟"问题调查报告》，北京市消费者协会官网，2022

年 9 月 9 日，http：//www. bj315. org/xfdc/202209/t20220909_ 35058. shtml。

[10] 《2023年中国旅游业复苏趋势报告》，Fastdata 极数官网，2023 年 5 月 5 日，http：//www. ifastdata. com/2023/04/30/fastdata。

[11] 解学芳、雷文宣：《"智能+"时代中国式数字文旅产业高质量发展图景与模式研究》，《苏州大学学报》（哲学社会科学版）2023 年第 2 期。

[12] 戴开成：《"内容为王"理念助推在线旅游行业发展》，《人民论坛》2020 年第 Z1 期。

[13] 丁金学、樊一江：《顺应消费形势　谋划邮轮经济发展》，《宏观经济管理》2018 年第 9 期。

[14] 张树民、程爵浩：《我国邮轮旅游产业发展对策研究》，《旅游学刊》2012 年第 6 期。

[15] 姜宏、叶欣梁、闫国东、孙瑞红：《基于旅游卫星账户的邮轮旅游经济贡献核算研究》，《统计与决策》2018 年第 13 期。

[16] 孙晓东、侯雅婷：《邮轮旅游的负效应与责任性研究综述》，《地理科学进展》2017 年第 5 期。

[17] Lau，Y. Y.，Yip，T. L.，"The Asia cruise tourism industry：Current trend and future outlook‐ScienceDirect，" *The Asian Journal of Shipping and Logistics*36（4），2022，pp. 202‐213.

[18] 孙晓东、林冰洁：《中国邮轮产业有形之手：政策创新与产业演化》，《旅游科学》2021 年第 6 期。

[19] Ito，H.，Hanaoka，S.，Kawasaki，T.，"The cruise industry and the COVID‐19 outbreak，" *Transportation Research Interdisciplinary Perspectives*5，2020，100136.

[20] 谢燮：《中国邮轮产业发展路径：更高水平开放及国际化》，《中国水运》2022 年第 7 期。

[21] 孙领、刘伟、冉小松、王陈晨：《邮轮服务供应链网络属性对邮轮产业成长路径的影响研究》，《管理工程学报》2020 年第 1 期。

[22] 党艺、王成金、陈沛然：《COVID‐19 对中国邮轮航运业的影响及应对策略》，《综合运输》2022 年第 5 期。

[23] 戴其文：《中国乡村民宿高质量发展的策略研究》，《西南民族大学学报》（人文社会科学版）2022 年第 10 期。

[24] 张海洲、虞虎、徐雨晨、郑健雄、陆林：《台湾地区民宿研究特点分析——兼论中国大陆民宿研究框架》，《旅游学刊》2019 年第 1 期。

[25] 黄和平、邝振华：《民宿文化微空间的游客感知多维分异与地方认同研究——以上海地区为例》，《地理研究》2021 年第 7 期。

[26] 龙飞、戴学锋、张书颖：《基于 L‐R‐D 视角下长三角地区民宿旅游集聚区的发展模式》，《自然资源学报》2021 年第 5 期。

[27] 仇叶：《乡村旅游产业的过密化及其对乡村振兴的影响——对乡村产业振兴路径

的反思》，《贵州社会科学》2020 年第 12 期。

[28] 李俊杰、李云超：《关于民族地区民宿产业高质量发展的思考》，《云南民族大学学报》（哲学社会科学版）2019 年第 3 期。

[29] 颜政纲、刘恒、王东：《贵州乡村民宿发展的现状与建议》，《贵州民族研究》2020 年第 7 期。

[30] Cai, G., Xu, L., Gao, W., "The green B&B promotion strategies for tourist loyalty: Surveying the restart of Chinese national holiday travel after COVID-19," *International Journal of Hospitality Management* 94, 2021, 102704.

[31] 巩蓉蓉、何定泽、吴本健：《乡村振兴背景下脱贫地区韧性治理：机理与路径》，《世界农业》2021 年第 11 期。

[32] 戴其文、代嫣红、张敏巧、余钟又兴：《世界范围内民宿内涵的演变及对我国民宿发展的启示》，《中国农业资源与区划》2022 年第 11 期。

第六章　旅游政策变迁

旅游业发展过程中，政策是政府对其进行管理、引导和干预的重要手段，正确、学科的旅游政策能够推动旅游业的演进和升级，实现其可持续发展；与此同时，在面对外生性冲击时，旅游政策也将发挥其宏观调控作用。以政府为核心的公共部门选择和运用适当的政策工具，通过合理配置资源、制定特定的扶持政策，能够帮助旅游企业渡过难关[1]。加强旅游政策研究，可为政府治理提供系统、科学的参考。近年来，在面对外生性冲击时，我国政府通过不同的政策工具组合，发挥政策差异化作用，引导旅游业复苏与发展。在新的发展阶段，需立足于旅游政策的变迁历史与发展规律，为旅游业未来发展做出科学指导。

第一节　国内外研究述评

旅游政策研究对旅游政策实践具有重要指导意义。政策工具和政策组合是政策研究的核心，也是政策作用发挥的关键。产业政策使用政策工具和政策组合指引产业发展，旅游政策也在不同的目标下有着差异化的政策工具和政策组合的选择。总体来看，现有研究从政策工具类型、政策组合选择、产业政策的作用及其效果评估等诸多方面围绕旅游政策的制定与实施进行了探究。

一　政策研究

政策研究的核心是政策工具和政策组合。政策工具的设计与选择、具体实施过程的政策遵循与问题解决程度深刻影响着政府治理成效。政策研究为政策制定者提供最低的政策成本、最优的政策效果和最恰当的政策工具选择思路，从而实现政策目标。

（一）政策工具

政策工具是政策制定者为达到一定的政策目的而采取的一系列手段和措施[2]，分析政策工具特征是政策研究的一个重要主题。学术界对政策工具类型的划分已有充分讨论，不同的政策类型影响到政策目标的实现、政策组合的选择和政策实施的效果。政策分类以及对不同类型政策组合效果的评价与比较是公共政策研究的重点。Kirschen 首次识别了 64 类政策工具[3]。20 世纪 80 年代至今，公共政策研究的一项重要任务便是对政策工具的概念进行界定，并试图寻找一种具有普适性的政策分类方式[4]-[5]。学者们往往基于特定标准和不同情境进行分类。例如，根据政府干预手段，Schneider 和 Ingram 将政策划分为权威式、诱因式、建能式、象征式、学习式[6]，陈恒钧、黄婉玲对其进行了细化[7]。Howlett、Ramesh 和 Perl[8] 的分类更加广为人知，他们根据政府权力直接介入的程度将政策分为自愿性、强制性、混合性，萨拉蒙[9]、朱春奎等[10] 在其基础上进行了细化。Howlett、Ramesh 和 Perl 在《公共政策研究：政策循环与政策子系统》一书中又进一步将政策工具分为信息性、经济性、权威性和志愿性政策工具[8]。顾建光、吴明华将危机管理与工具主义相结合，把政策工具分为管制类、激励类和信息传递类等。其中，管制类政策是让社会行为者的行为规范化，包括法律法规、规定、规章、条例等；激励类政策着重通过正反两方面激励对人们的行为施加影响；信息传递类政策旨在与目标群体加强信息沟通[11]。唐庆鹏、钱再见认为，管制性、经济性、信息性和社会性政策工具常用于公共危机治理中[1]。Hale 等利用 OxCGRT（The Oxford COVID-19 Government Response Tracker）跟踪了全球主要国家对新冠疫情的政策反应，将其归为隔离封闭、经济响应、卫生保障和杂项四种类型[12]。按照 O'Hare 的观点，政策工具分类不仅能够令政策制定者更高效地筛选出适当的政策工具，也可为政策分析和管理策略提供有用的架构[13]。政策工具分类研究的目的是尝试型构"抽象程度足以囊括多样化的政策工具，同时具体程度又能与决策者选择的途径相一致"[14]。然而，事实上，这项工作并不容易。按照唐庆鹏、钱再见的观点，"迄今尚未有一种分类能达到穷尽且互斥"[1]。

（二）政策组合

不同的政策问题建构了不同类型的政策活动，并产生不同的效果[15]。现实中，在政策分类基础上需要关注政策组合的选择与使用。政策组合有两个核心问题。一是政策组合的特征差异。Rogge 和 Reichardt 通过对德国风能产业政策的案例分析发现，具有一致性、可信性和综合性的政策组合更能促进创新活动[16]。Izsak、Markianidou 和 Radošević 关注了政策组合的动态性和收敛性特征[17]，Costantini、Crespia 和 Palmad 则强调政策组合的综合性、一致性和连续性[18]。二是不同类型政策的组合方式和综合运用。例如，不同类型政策在能源、环境、创新、科技等不同产业间，在中央和地方政府之间、各地方政府之间，以及在时间维度上的协同演化及其治理效果[19]-[20]。有学者关注到，不同政策组合间可能存在被忽视的隐藏效应，具体体现为互补、中立和互斥等不同效应[21]。在政策组合中，由于政策目标的多重性和政策制定时间的紧迫性，容易出现信息不对称性高[22]、更迭速度快和协调难度大等问题。总体来看，不同政策可能产生互补协同，也可能产生互斥效应，不仅降低政策组合的可信度，而且影响政策的激励效果[23]。不同政策类型组合和同一政策类型内的不同政策工具组合可能会影响政策组合的综合性和一致性[24]乃至最终的激励效果[25]。在政策实施过程中，无论是金融政策工具，还是财政政策工具，均是通过政策组合实施的[26]。政策组合在实施过程中的实际效果受到政策间的隐藏效应影响。

二　产业政策研究

产业政策是政府根据国家产业发展趋势与现状，通过政策工具和政策组合，对产业进行调控、指导和干预的政策体系，以推动目标产业的起步和持续发展。关于产业政策的定义，有狭义和广义之分。前者针对特定行业、政策直接产生影响、特定政府部门参与制定[27]；后者则包括了直接和间接传导、覆盖更多的参与部门和产业范围[28]。

（一）产业政策的地位作用

产业政策研究逐渐趋于关注结构性问题。白玉、黄宗昊立足于制度层次，认为产业政策实际上处于由"镶嵌""制度环境""治理""资源配置与运用"四个层次所构成的制度体系中，具体而言，是同时位于"治理"

和"资源配置与运用"两个层次（见图 6-1）。首先，从狭义角度来看，产业政策有着特定的产业作为"治理"对象；其次，不同的产业政策工具将引发社会资源的重新配置，通过"资源配置与运用"引导产业的构成主体——企业的市场行为，最终促进政策目标的实现[29]。

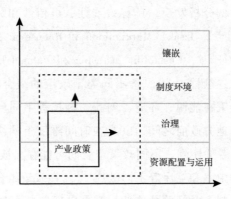

图 6-1　产业政策在制度体系中的位置

资料来源：白玉、黄宗昊《产业政策研究的现状与展望——新分析框架的提出》，《经济社会体制比较》2019 年第 6 期。

冯飞鹏进一步总结了产业政策、政府政策、市场主体三者的互动关系（见图 6-2 和图 6-3），对产业政策的作用机制做了补充。在不同的发展阶段、不同产业的发展状态、不同的目标定位下，政府的经济、法律、行政等手段将直接影响企业的生产、经营、融资、竞争等多个方面[30]。当市场机制存在局限、外部性冲击等原因导致市场失灵时，政府能够通过产业政策发挥重要作用，减轻企业负担、规范市场发展、提高产业发展效率和持续性。

（二）产业政策效果评估

产业政策实施后的实际效果受到多方面因素影响。首先，政策本身的科学性。所制定的政策本身是否科学有效，政策自身特点与政策实施环境和发展阶段是否契合，制度运行过程中是否存在损耗和偏差等都将影响最终的政策效果。其次，产业政策的实施效果也取决于政策参与主体的意识，即政策是否能够体现政策参与主体的价值共识，以及政策能否执行、能否被群体有效遵循[31]。

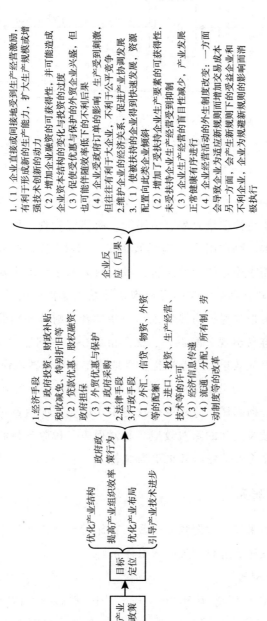

图 6-2　产业政策、目标定位、政府政策行为与企业反应

资料来源：冯飞鹏《产业政策对政府行为的影响研究》，《河北科技大学学报》（社会科学版）2019 年第 4 期。

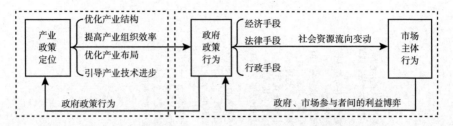

图6-3 产业政策定位、政府政策行为、市场主体行为关系

资料来源：冯飞鹏《产业政策对政府行为的影响研究》，《河北科技大学学报》（社会科学版）2019年第4期。

此外，由于不同行业在性质、特点、发展背景和发展路径方面存在差异，因此政府产业支持性政策效果有所不同。有研究发现：税收政策对电影服务行业有显著的激励作用[32]。有学者指出，相对于需求受外生性冲击影响较大的行业和需求稳定的行业而言，税收政策对于需求小幅下降的行业更为有效[33]。财政补贴政策包括发放现金补贴以保护居民的直接收入，也包括通过消费券的形式保护间接收入。一些学者对财政补贴的政策效果提出质疑，认为其容易出现分配不公、扰乱市场秩序等问题[34]-[35]。也有学者认为，消费券发放效果存在差异化，受地区差异化储蓄习惯[36]、城镇化水平、第三产业、人均可支配收入[37]以及对政策是否存在预期[38]等因素的影响。马文聪、何彩凤、陈修德对扶持中小微企业的政策进行研究后发现，要关注不同政策之间的隐藏效应，相对而言，税收支持和政府补贴的政策组合对中小微企业的影响效果更为显著[39]。

三 旅游政策研究

从产业政策视角来看，旅游政策是政府在旅游产业内通过系列政策工具和政策组合建立秩序、进行管理的政策体系。

（一）旅游政策概念

旅游政策研究始于1975年Matthews的《国际旅游与政治科学研究》。总体来看，旅游政策是一个综合性概念，目前在使用中存在多种表述方式，如旅游公共政策、旅游产业政策、旅游发展政策等。总体来看，上述概念各有侧重：旅游公共政策研究侧重于运用现代公共管理、公共治理的思维和理念，从社会利益和公共福利的视角研究旅游及相关领域的政策问题；旅游产业政策多是从产业经济学的理论视角基于产业政策概念进行界定和分析；而旅游发展政策则是一种相对笼统的说法。

对于旅游政策的内容，也尚未形成共识。目前主要存在以下几种分类方式。一是根据政策的作用领域，包括政治政策、文化政策、社会政策、经营政策、商业政策和交通政策等。二是根据政策的作用区域，分为全国性政策、地方性政策和局部性政策。三是根据政策的面向主体，分为对外政策与对内政策，对外政策包括国家旅游形象宣传、旅游信息传递等，对内政策是对国内旅游发展的管理。四是根据政策内容，包括旅游财政政策、旅游税收政策、旅游资源政策、旅游金融政策、旅游规划政策、旅游管理政策、旅游经营政策、旅游产业配套政策等[40]。其中，旅游财政政策、旅游税收政策、旅游金融政策更具有量化优势，当前较多研究涉及此类政策效果的评估。

（二）旅游政策目标

在不同目标下，旅游政策的制定侧重点有所不同。总体来看，旅游政策目标涉及两个方向：一是引导产业演进；二是解决特定危机。

从引导产业演进的角度来看，旅游业的发展要与社会经济、人民生活水平、市场需求等的发展保持相对一致。当旅游者社会意识和环境意识发生变化，旅游需求随之转变。以可持续发展为例，可持续旅游最大限度地减少旅游对目的地社区和环境的负面社会、经济和环境影响，这与新的旅游需求衔接[41]。因此在一定程度上影响整个行业向着适应可持续性需求的方向前进。如果缺乏相关政策的激励和引导措施，企业可能更重视短期的利益而放弃通过更可持续的方式实现商业模式的改变[42]。旅游政策在此过程中发挥重要的引领作用，根据游客参与可持续旅游的因素，实施重点促进和鼓励这类旅游的政策，将有助于解决诸如过度旅游、气候变化和旅游业发展模式的系统性方法等问题，促进旅游产业演进[43]。

从解决特定危机来看，旅游业发展过程中，较易受到各种环境变化的影响。特定时期、特定区域旅游全产业链受到冲击，可导致旅游市场机制失灵。旅游政策在此时发挥宏观调控作用，实现旅游业的恢复发展。政策过程是一个不断演化的过程，包括了维持、接续、变革和终止。杨志军总结了在解决突发性公共事件时我国旅游优惠政策的变迁规律，即由旅游优惠政策的"初始接续"、稳定期旅游政策的"二次接续"和针对特定事件而采取的"政策补丁"几个阶段构成[44]。特定危机的产生带来了政府层面的产业政策创新、行业重组。一些国家和地区通过采取繁荣国内旅游和鼓励虚拟旅游等政策，使危机转变为重构旅游业发展结构和实现可持续旅游的机会[45]。危机解决后，从旅游业的长期发展来看，旅游政策目标也需要从短期内的行业复工复产、恢复发展转向推动产业融合、构建适度竞争格局、优化旅游发展结构的长期战略[19]。

四　研究述评与启示

相较于公共政策的总体研究而言，旅游领域的公共政策研究还存在一些不足，主要体现在以下三个方面。其一，研究数量相对较少。旅游业具有敏感性，是最易受影响的行业之一，旅游相关政策对外部冲击的响应较为迅速和普遍。然而，相对于公共政策整体研究而言，旅游领域的相关研究成果数量较少。其二，研究内容相对单一。总体而言，国内相关研究多集中于为了对冲或缓解外部冲击对旅游业的影响提出相关政策建议，而对已经出台的相关政策关注较少，并未从执行机制、实施效果、演化路径、横向比较等方面对其进行科学分析。其三，研究方法相对欠缺。当前围绕旅游相关政策所进行的研究中，实证研究相对较少；政策分析以政策文本分析和主题提取等为主；对政策效果的评估以对单项政策的效果评估为主，在分析实际影响时缺乏对一些变量的控制。未来，关于旅游公共政策的研究需要进一步从以下两个方面展开。

（一）拓展研究理论和方法

旅游政策研究需要考虑政策发展、国家制度、行业特性等因素，特别是要进一步拓展理论工具，充分借鉴公共政策等领域的理论和方法进行分析。旅游业具有较强的国际性，旅游政策分析可更充分地借鉴公共政策研究领域的理论和方法，尤其是与国际政策比较分析有关的理论和方法[46]。总体来看，目前的旅游政策研究主要局限于政策执行理论、应急管理理论等，需加以拓展。在研究方法方面，目前的政策研究多以旅游业的对策建议、定性分析为主，案例研究和实证分析相对较少。未来需要将旅游政策研究置于公共政策宏观视野之下，实现理论创新，丰富研究方法。

（二）加强政策过程研究

随着实践的发展，旅游相关政策已经从被动响应向主动引导发展。国外诸多研究证实，外生性冲击能够暴露出原有政策的诸多问题，例如社会脆弱性[47]、收入不平等[48]、教育不均衡[49]、医疗保障薄弱[50]等。这些问题的发现和解决依赖于政策过程研究的深化。遗憾的是，目前在旅游领域相关研究还相对不足。未来需要深入研究新形势下旅游政策的形成过程、执行机制、扩散过程和生效路径，分析新阶段旅游政策的实施是否对原有政策问题产生影响，又将如何影响未来的政策制定。国外有学者指出，外生性冲击给传统旅游发展结构和发展模式带来冲击，形成了"集体压力"（collective stress），打破了旧有政策的围墙，迫使政策发生改变[51]。当外生性冲击影响逐渐转弱后，危机时期的政策惯性是否被后危机时期更加动态的变化所抵消、政策变革是否会延续等问题也值得关注。

第二节　短期旅游扶持政策

近年来，面对公共卫生等领域所带来的冲击和影响，中央和地方政府出台了一系列政策，从疫情防控、资金支持、税费减免、稳定就业、刺激消费和宣传推广等多个角度为旅游业提供支持，其中既包括一般性公共政策，也涉及旅游专项政策，在不同阶段侧重有所不同。总体来看，政策涉及供给侧与需求侧，兼顾短期与长期、效率与公平，并努力发挥政府、企业和社会组织的不同作用。对近年来我国旅游扶持政策工具进行梳理、分类和评估，具体分析政策工具组合、政策作用机制、政策特征与成效，有助于进一步优化政策工具，为旅游政策的不断优化提供科学参考。

一　政策工具组合

吴小节等将我国的产业政策工具大致划分为财税政策、金融政策、土地政策、公共服务政策和人才政策[52]。政府在危机下可发挥宏观调控作用，对旅游业发展给予支持。在众多政策手段和工具中，最为普遍和常见的是财税政策和金融政策。

（一）财税政策

作为主要的宏观调控手段，财税政策对旅游业具有重要影响。有学者指出，财税政策易于掌控，时滞性短[53]，对经济复苏[54]和稳定企业产出[55]有积极影响。在不同时期，财税政策的着力点有所不同。当行业处于紧急风险中，收益率本身就偏低的旅游业面临收入断崖式下滑，成本又相对刚性，因此财税政策要突出普惠性、短期性、时效性；危机逐渐缓解后，基于系统性行业复苏计划，财税政策则从促进行业有序恢复的视角通盘考虑，重塑行业信心，恢复行业常态，推动旅游业优化升级、实现高质量发展。

近年来，面对公共卫生事件所带来的各种影响，财政部与税务总局出台了一系列组合式税费支持政策，涉及企业所得税、个人所得税、消费税、增值税及各项附加，对相关行业和人员给予支持。2022 年政府工作报告明确提出了当年退税减税 2.5 万亿元，其中留抵退税约 1.5 万亿元。财税政策是国家进行经济干预和社会治理的重要工具。国家通过扩大财政支出、财政补贴、税费减免等财政手段保障企业稳定发展、助力保就业稳市场、促进旅游消费恢复，激发财政活力。

1. 保障企业稳定发展

财税政策主要通过两个方面助力企业增加现金流，保障资金周转，提高资金使用效率。一是扩大财政支出，补贴旅游企业发展。例如，中央政府向地方政府提供资金支持，在各省份当年留用比例的基础上阶段性提高地方财政资金留用比例 5 个百分点，且增加的现金流要全部留给县级使用，为县级政府扶持当地旅游企业提供资金支持，各省市按接待人次和旅游品牌创建情况对景区给予奖补，定向支持旅游企业。二是税费减免，减免部分税费可以帮助一些中小型旅游企业缓解运营困难，有效减轻企业的经营成本，稳定旅游供给能力。同时税费减免侧面弥补了企业的经营损失，降低了经营风险，有助于提振市场信心。

2. 保就业稳市场

企业面临成本风险时倾向于裁掉技术附加值低的员工，而这些人在劳动力市场上竞争力通常较弱，更难找到新工作。财税政策从保就业稳市场出发，鼓励企业少裁员、采取灵活用人机制，鼓励企业设计、制定灵活工作机制和员工共享战略，尽可能在稳定员工团队的条件下，加强沟通和协同，降低人力成本。国家对受疫情影响生产经营出现严重困难的旅游参保企业和个人推出一系列相关财税政策提供保障措施，主要采用税费减免、财政补助的手段。一是对旅游服务相关收入的增值税直接免除。例如，对提供旅游娱乐、餐饮住宿、文化体育等服务的纳税人取得的收入免征增值税。二是对企业社会保险费用、公积金缴纳要求进行放宽，具体包括免征、缓缴、返还、减免部分社会保险费用，例如免征或缓缴企业基本养老、失业和工伤保险单位缴费[56]。三是对失业保险、养老保险等实施财政补助。多省市加大养老保险基金中央调剂和中央财政补助力度，进行失业保险留工补助，拓宽失业保险留工补助受益范围。此外，鼓励职工提升职业技能水平，发放技能提升补贴[57]。

3. 促进旅游消费

财税政策在促进旅游市场恢复时，通常从恢复旅游者消费信心和构建积极的旅游市场环境两方面着手。一方面，财税政策通过财政奖补的手段降低旅游者旅游消费成本，鼓励企业推行价格优惠。例如，各地方政府划拨专项惠民旅游消费资金，通过发放惠民文化和旅游消费券、一卡通、电子卡，推出"优惠套餐"和"旅游大礼包"等，延长消费链条，刺激旅游消费。另一方面，财税政策通过宏观指导，出台旅游复苏计划、组织宣传推广活动等措施，对积极响应的企业给予奖补。例如，江苏省对积极主动创新产品、进行转型发展，经营城市微旅游、乡村旅游、红色旅游、研学旅游、拓展旅游、旅游直播6个方面业务优秀的旅行社企业实施奖补[58]。

（二）金融政策

旅游产业波动对旅游企业而言，不仅仅是收入损失的问题，更可能是面对生死存亡的考验。旅游企业自身通过优化现金流、控制成本等措施进行自救的同时，也需要金融政策来支持旅游产业的恢复发展。旅游企业和金融机构之间要形成协作机制，共同应对冲击。对于旅游产业所面临的困境，国家及地方政府、金融机构均采取强有力的应急扶持政策，从金融的角度为企业解决资金问题，通过国家出台金融政策、地方政府金融负责、金融机构金融支持、旅游行业金融互助，为旅游行业提供保障。

1. 国家层面

国家层面出台多项政策支持相关企业恢复与发展。国家通过信贷扶持、优惠服务、延长时限等一系列措施为企业营造良好的发展环境。各级政府提供融资担保，合理调整报送信用记录。降低受疫情影响较大行业企业、中小企业的还款压力，予以展期或续贷[59]。通过延长创业担保贷款贴息期限、降低应急转贷费率、适当下调贷款利率等方式，为受挫企业的复苏发展提供金融性支持保障。对受疫情影响较大地区的证券基金期货经营机构，适当放宽相关风控指标监管标准。加强银企对接，创新信贷产品，优化信贷流程，支持受影响旅游企业有序高效恢复生产经营。

2. 地方政府

地方政府加大金融支持主要集中在增加信贷投放、降低融资成本、优化担保服务、强化金融服务上，部分省市对重点保障企业提供贷款贴息支持，同时提出对于遇到严重困难的企业，通过适当展期、发新还旧和延期披露等方式化解流动性危机。同时，地方政府通过积极与当地银行机构对接沟通，鼓励当地银行加大信贷投放，为当地文化旅游企业争取专项信贷支持用于复工复产；建立省综合金融服务平台"绿色通道"，搭建疫情期间重点企业库，发挥政府采购信用融资合作机制作用；支持旅游企业以资产证券化、信托、预期收益抵押等方式优化资产结构，实现轻资产化。此外，一些省份在中央财政贴息的基础上，对防控重点企业按人民银行再贷款利率50%给予贴息，不同省份也提出了不同程度的融资担保支持，对一些重点企业的担保费率降至1%以下[60]。

3. 金融机构

疫情期间，住宿餐饮、物流运输、文化旅游等企业受影响较大，银行业金融机构全力支持企业加快生产。银行等金融机构应主动减费让利，下调相关企业贷款利率，与企业共渡难关，2020年2月11日各银行业金融机构合计信贷支持已超过3490亿元[61]。2020年3月文化和旅游部与中国工商银行签署《助力文旅企业纾困 推动产业高质量发展战略合作协议》，通过采取一系列金融扶持措施，助力文化和旅游企业纾困，降低广大小微企业主和个体工商户以及受到影响较为严重的文旅企业的融资成本，拓宽融资渠道。政府和银行在合作的过程中能够充分发挥各自优势，提升文化产业和旅游产业的金融服务质量，为实现产业高质量发展注入强劲动力。例如，为使住宿企业实现复苏，北京银行与人民文旅、多彩投合作纾困文旅住宿产业；北京银行在业内首推"赢疫宝""京诚贷"等服务，支持中小微企业运营；北京银行发挥其在普惠金融方面的优势，投放100亿元贷款资金，促进住宿行业振兴[62]。

4. 旅游行业

旅游产业链上的各类企业，特别是中小企业面临生存压力。除借助外力、通过金融机构获得资金支持外，旅游企业也积极通过产业内的融资渠道寻求帮助。例如，各大酒店集团启动了金融支持政策。锦江国际集团筹措35亿元资金推出"五项金融支持措施"，帮助全国所属7500家酒店渡过难关。其主要措施包括发放流动性贷款、物资采购贷款、减免集团旗下各品牌酒店持续加盟费和管理费用，对于新加盟酒店实行低成本资金支持等。此外，为帮助产业链上的中小企业渡过难关，旅游平台也通过资金支持为旅游企业减压。面对中小企业的困境，同程金服牵头并联合数十家金融合作机构，推出5亿元专项授信资金，用于缓解酒店在特殊时期的资金压力。

二 政策作用机制

（一）财税政策分析

要基于行业受到影响的情况对财税政策助力旅游业发展的作用机制做出具体分析，如图6-4所示。从短期看，财税政策主要通过减税降费、财政支出等途径，缓解企业的现金流压力。从长期看，鉴于旅游业还面临市场萎缩、旅游业营业模式和管理模式改变的问题，财税政策一方面要从刺激消费、拓展旅游市场入手，适当减轻中低收入群体的个人所得税负担，释放消费需求；另一方面要助力企业进行营业模式、管理模式改变，财税政策精准瞄准行业重要环节和薄弱环节，通过财税政策引导，适当扩大研发费用加计费用扣除比例政策的享受面，推动行业内部的创新升级[63]。财税政策一方面是普惠性的，通过财政支持缓解旅游企业现金流压力，助力旅游行业渡过难关；另一方面又是有选择性的，财政补贴的依据和税费减免的对象是被选择的，从而实现行业层面的调控，促进旅游业走向更符合可持续发展、数字化转型、精细化管理的道路。

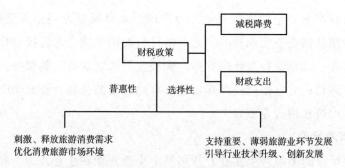

图 6-4　财税政策助力旅游业复苏的作用分析

资料来源：作者自绘。

我国财税政策在助力旅游业恢复发展时，主要通过减税降费和扩大财政支出刺激旅游需求、稳定旅游供给、优化旅游市场环境。在具体实施中，也要注意防范风险。一方面，财税政策通过扩大财政支出补贴旅游业发展，将加大财政一般预算的收支缺口、提高赤字率。通过调整赤字率和赤字规模可以在一定程度上调节财税政策的力度，但如果长期的财政赤字将使政府陷入沉重的债务负担，财税政策空间随之收窄，难以持续补贴旅游企业的发展[64]。另一方面，不同的政策组合实现的政策效果存在较大差异，税费减免、发放消费券等不同财税政策对不同细分行业或不同阶段、不同性质旅游企业的作用存在很大差异，发放旅游消费券可以直接拉动消费，通过"消费乘数"实现旅游经济扩张，税费减免则是通过刺激旅游投资增加产出，降低旅游产品价格，进而间接刺激旅游消费[65]。因此，一方面，在面对全球性的疫情和复杂的国际形势时，兼顾中国经济的发展阶段，经济风险和财政风险的平衡极为重要。吕冰洋、李钊对我国财政的可持续发展能力进行了评估，分析了我国政府财政的可支配空间、存量资产与负债情况，认为短期内财政风险总体可控，未来更需要重点关注财政的可持续发展[66]。另一方面，在各区域市场环境差异性、经济发展不确定性的背景下，需要关注政策在落实上是否能真正助力旅游业发展，是否会造成物价上涨等其他问题。

（二）金融政策分析

我国中央政府、金融监管部门、地方政府、金融机构、旅游行业内部通过部门联合，为企业应对危机提供有力支持。各部门机构提供的一系列金融助力政策主要从以下两个方面实施（见图6-5）。一方面，化解企业流动性危机。银保监会不断向受疫情影响严重地区、关键行业、核心企业倾斜信贷资源，通过调整贷款担保要求、优化贷款流程、降低银行对小微企业贷款门槛等措施，有效降低企业融资成本；同时通过增加再贷款再贴现额度、加大信贷投放力度，从而帮助企业度过现金流断裂危机[67]。另一方面，提升金融服务质量。通过优化、创新小微企业金融服务，推动金融行业实现服务方式的转变，加速商业银行的数字化转型，数字普惠金融精准贷款的增长，对稳定市场供给方面发挥了稳定器作用[68]。

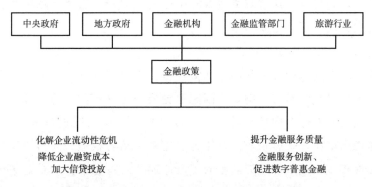

图6-5　金融政策助力旅游业复苏的作用分析

资料来源：作者自绘。

从目前旅游业发展中的金融支持来看，多是以银行信贷及政府投资来扶持旅游企业。金融助力的方式相对单一，从长远来看，仍然存在一些问题。具体体现在以下三个方面。一是缺少金融服务方案相关的政策支持。金融机构不了解企业的融资需求，也难以提供相应的金融服务方案，因此除了寻求政府部门临时的政策性补贴外，还需要考虑建立稳定的融资渠道[69]。二是缺少产业结构调整相关的政策支持。目前的金融政策仍然是通过采取一系列金融扶持措施为企业纾困，解决企业的生存问题；然而，企业长期的发展问题更需要金融信贷和社会融资的支撑，通过金融支持政策建立合理的投融资体系，促进旅游产业的优化升级[70]。三是缺少数字金融相关的政策支持。数字金融是金融机构未来发展的方向，金融传统的业务模式改变，"零接触"金融服务得以实现，但目前的数字金融相关政策并不完善，智慧金融、供应链金融、零接触融资等方面对旅游业的影响还不够深入，需要建立场景、技术、风险、监管"四位一体"的数字供应链金融网络，打造旅游数字金融板块[71]。

三　政策特征与成效

从发布主体、发布时间、类型特征等角度看，政府出台的一系列有利于旅游业恢复发展的政策，呈现出中央和地方政府政策联动、不同阶段政策重点差异化、一般性政策与旅游专项政策并存、短期和长期并重、效率与公平兼顾等特点。这些政策在旅游企业复工复产、旅游市场恢复和旅游产业转型方面发挥了重要作用。

（一）中央与地方衔接联动

中央政府在部门分工基础上加强协作，为全国性的疫情防控、经济恢复与发展提供政策指引。例如，国家卫健委与医疗部门、防控部门、人社部、交通运输部等在内的保障部门联动，根据具体情况进行多部门管理；为快速稳岗就业、缓解企业经营压力、保障劳动者权益，人力资源和社会保障部发布多项政策保障劳动者的工资待遇、对符合条件的企业进行稳岗补贴、减免社保缴费；财政部与人民银行、审计署、税务总局等部门联动，对旅游企业提供资金支持，落实和完善税收优惠政策等[72]。地方政府贯彻落实国家出台政策，并在此基础上充分发挥自主性和能动性，围绕本地旅游业推出了一系列帮扶政策。除了面向企业外，地方政府也为需求侧进行了政策支撑。例如，各地发放消费券；拨付专项财政资金开展旅游营销，发挥政—企—协三方作用，针对旅游者需求变化，推动省内游、周边游、自驾游等的复苏。

（二）一般与专项各有侧重

政府围绕旅游业发展出台了一般性政策和专门性政策。一般性政策主要关注疫情防控、稳定就业、恢复市场、保障民生、提升政府服务水平等。这些政策对旅游业起到普遍性、宏观性的引导作用。为了稳定经济，国家和地方政府通过税费优惠、引导就业、保障劳动者权益等政策促进经济发展、稳定社会民生，保障整体经济和旅游市场的恢复。例如，在法律服务方面，司法部联合协会开展法律政策宣讲，指导企业依法合规经营，助力企业稳产稳工稳岗；在政务服务方面，政府出台政策优化政务服务和营商环境，实行"不见面"审批模式，完善在线平台"一网通办"功能，提升远程审批服务水平等。专门性政策即政府部门面向旅游企业、从业者或消费者出台的相关政策。例如，对符合要求的旅行社暂退旅游服务质量保证金，对提供旅游娱乐和餐饮住宿等服务的纳税人取得的收入免征增值税，提升智慧景区服务水平，利用互联网、大数据、云计算、人工智能等改善旅游环境和服务等[73]。

（三）不同阶段差异化响应

面对突发性事件导致的一定时间内社会功能的中断，既要有常态化的预防机制，也要建立应急管理机制做出迅速响应[74]。在危机事件发展的不同阶段，社会经济和旅游产业所面临的问题有所不同，因此政策重点也存在差别。早期突发阶段，对社会生产和大众生活造成重大威胁，阻止危机扩散、降低社会流动成为重点任务，此时旅游活动暂停，旅游企业面临现金流断裂问题。为此，国家和地方政府出台财税、金融、社保、租金、用工等普惠性支持政策，通过财政补贴、税费减免、扩大信贷等方式为企业提供资金支持。在危机平稳期，复工复产成为重要任务，而旅游市场的恢复也面临人员、资金、防控、市场规范等多方面的挑战。此时的公共政策更趋向于促进旅游业的长期发展，例如加强市场监管、优化营商环境、帮助企业尽快全面复工、搭建数字化平台、促进旅游企业数字化转型等。

（四）供给侧与需求侧共同发力

供给侧政策的施策对象主要是旅游企业，具体包括为其提供资金、金融信贷、税费优惠、稳岗就业、物业租金、公用事业等方面的支持，提供高效的政务服务，营造良好的营商环境等。需求侧政策的施策对象主要是旅游者，具体包括组织线上线下推广活动，发放文化和旅游消费券、旅游一卡通、旅游电子卡等惠民产品，推动景区实行减免门票优惠等。值得注意的是，供给侧和需求侧在出台时间和施政主体方面有所差别。危机前期主要侧重于支持供给侧，危机中后期侧重于刺激需求端；国家层面更侧重于供给侧政策，而需求侧政策则大部分由地方政府出台。

（五）短期与长期并重

突发性公共卫生事件致使旅游业陷入困境。为此，国家和地方政府出台一系列有时间限制的应急性政策，如资金支持、信贷支持、税费优惠、减免租金、返还失业保险费和旅游服务质量保证金等。在短期纾困之外，中央和地方也推动旅游业重新洗牌，谋划长期发展。例如：利用"十四五"规划，开展文化和旅游资源普查；明确国家和地方旅游业发展方向和发展战略；及时调整旅游业发展定位；重视旅游系统数字信息建设；从多方面促进旅游业提质升级；等等。

（六）效率与公平兼顾

一方面，国家和地方政府面向旅游企业出台支持政策，加大对占市场主体 90% 以上的中小企业的政策倾斜，降低小微企业综合融资成本，保障符合要求的企业和个人均能得到支持。对旅游企业的精确帮扶，体现了公平性，对稳定旅游行业发展发挥了重要作用[77]。另一方面，部分省份在确保政策公平性的基础上，针对当地头部或重点旅游企业建档立库、设立政府联络员等，采取有针对性的扶强措施；部分省份根据旅游企业近年来经营规模、贡献度、信誉度等对其进行分级分类补助。例如，对成功创办国家和省级示范区、特定等级 A 级旅游景区给予资金奖补，优质旅行社旅游服务质量保证金退缴比例更高；黑、吉、辽三省，重点突出对冰雪旅游企业的扶持，帮助特色优势旅游企业尽快恢复发展。

（七）政府—企业—协会通力协作

各级政府鼓励旅游行业协会协助旅游企业复工复产，形成政府—企业—社会组织多元主体高效协作、沟通的良性循环[78]。除政府和企业在旅游业复工复产过程中发挥重要作用外，行业协会的作用也不容忽视。行业协会通过搭建信息交流平台，帮助企业了解并用好政府出台的税费减免延缴、援企稳岗、劳动用工、金融支持、房租补贴等政策；调查各项政策落实情况，及时将信息反馈相关部门，供决策参考。此外，在恢复旅游市场信心方面，也需要多方合作，发挥国家监管、社会保险、企业创新、协会监督的功能，增强旅游业应对突发公共安全事件的能力。

（八）重视信息技术应用

以信息技术应用推动产业升级既是自发的市场行为，也是政策助推的结果。例如，在产品创新方面，继"一部手机游云南"项目之后，多个省市推进"一部手机游 xx"项目；在服务创新方面，国家和地方政府推动

5G、4K、大数据、人工智能、区块链等技术在旅游业的应用，特别是在景区预约、分流限流等方面发挥重要作用；在营销创新方面，多省推出政策支持旅游业宣传推广，加强"五一"、端午等假期的宣传。

第三节 长期旅游政策变迁与未来前瞻

外生性冲击往往会对各国各领域治理造成巨大影响，从而使得新的政策理念和实践层出不穷[77]。从政策变迁的角度来看，外生性冲击更像是一个"政策加速器"[78]，积聚的改革动能可通过滚雪球效应最终带来范式性的政策变革。从旅游政策演变进程来看，我国旅游政策的发展是渐进性的，基于不同的社会发展阶段和旅游产业发展情况不断完善和丰富。

一 政策特征

在此，我们选择 2001~2020 年国务院、文化和旅游部、全国人民代表大会等机构和部门单独或者联合发布的旅游业相关的 76 项政策文件，对我国旅游政策运用内容分析法（ROSTCM6 软件）进行分析，以期为我国旅游产业发展提供政策借鉴和方向指引。从目标、主体和手段（刺激需求、完善供给、协调发展）三个方面对我国旅游业相关政策进行如下归纳（见表 6-1）。

表 6-1 2001~2020 年我国旅游相关政策归纳

目标	主体	手段		
		刺激需求	完善供给	协调发展
多元化、综合性发展	产业范围广、主体全面（文化旅游、体育旅游、旅游服务等；国家、政府、社会、企业等）	政策引导、鼓励农村消费（消费、农业、农村、鼓励、政策等）	提高资源利用效率和服务质量（设施、公共、创新、资源、服务等）	城乡、地区和国际合作（合作、均衡、共享、管理、推进、保障等）

从国内 76 项与旅游相关政策文件中可提取出 50 个与旅游业相关的政策关键词，统计出其频次，并基于共词矩阵绘制出社会网络图（见图 6-6、图 6-7）。

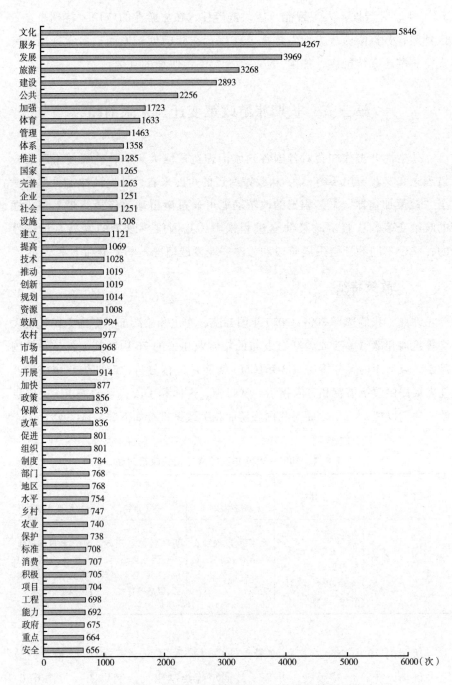

图 6-6　2001~2020 年我国旅游相关政策关键词频次统计

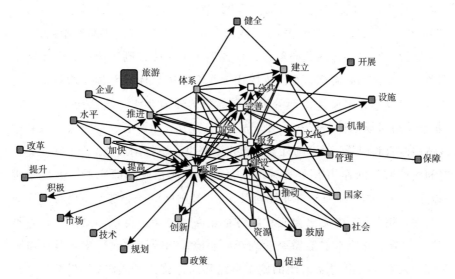

图 6-7 2001~2020 年我国旅游相关政策高频关键词社会网络

从国内旅游相关政策高频关键词来看，20 年来我国旅游政策呈现如下特点。

（一）覆盖产业范围广

如图 6-6 所示，相关关键词有"文化"（5846 次）、"服务"（4267 次）、"旅游"（3268 次）和"体育"（1633 次）等。文化旅游方面，比如"充分利用旅游休闲产业和文化创意产业发展领域的政策优势""引导旅游与文化创意实现双向融合，努力打造'旅游+文化创意'的高端旅游娱乐项目""引入国际化文化艺术资源，发展高品位文化旅游消费业态"等；旅游服务方面，比如"推进旅游服务标准化和国际质量认证，提升服务认证及其结果的采信水平""开展旅游产业相关的产品和服务创新""提高导游和领队业务能力，导游和领队是旅游服务和形象的重要窗口"等；体育旅游方面，比如"大力开展康养体育游、邮轮游艇游、自驾车房车游等""以体育赛事为平台，培育新的旅游消费热点""试办国际通行的旅游体育娱乐项目"等。

（二）涉及主体全面

如图 6-6 所示，相关关键词有"国家"（1265 次）、"社会"（1251

次）、"企业"（1251 次）、"市场"（968 次）、"部门"（768 次）、"项目"（704 次）、"工程"（698 次）、"政府"（675 次）等。从国家层面来看，许多旅游政策由多部门共同颁布，且各类政策实施细则中明确强调了诸如国务院、文化和旅游部、全国人民代表大会、国家体育总局、农业部、财政部、科技部、中央宣传部等机构和部门的通力合作。从社会层面来看，"推动旅游市场向社会资本全面开放""充分发挥旅游者、社会公众及新闻媒体的监督和引导""鼓励社会力量投资建设旅游休闲设施""重视社会监督和舆论监督的作用"等得到了反复强调。从企业层面来看，高度重视"以企业为主体，加强旅游业规划引导""鼓励旅游产业链上下游强强联合和兼并重组""支持文化企业和旅游企业通过展会进行产品展示、信息推广""引导文化企业和旅游企业创新商业模式和营销方式"等。从旅游相关部门来看，突出"从封闭的旅游自循环向开放的'旅游+'转变""从部门行为向政府统筹推进转变、从单一景点景区建设向综合目的地服务转变""建立各部门联动、全社会参与的旅游综合协调机制""按照职责分工强化旅游各有关部门安全监管责任"等。

（三）强调产业创新和资源高效利用

如图 6-6 所示，相关关键词有"设施"（1208 次）、"技术"（1028次）、"资源"（1008 次）、"创新"（1019 次）等。在产业创新方面，强调"创新营销方式，有效运用高层营销、网络营销、公众营销、节庆营销等多种方式""促进旅游资源市场化配置，加强监管、防范风险""科技创新是文化旅游发展的重要引擎""延伸产业链、提升价值链、创新供应链"等。在资源高效利用方面，倡导"保护特色景观资源，将美丽资源转化为美丽经济""充分市场在资源配置中的决定性""推进乡村旅游协调、规范、健康发展的强劲合力"等。

（四）注重城乡和地区旅游均衡发展

如图 6-6 所示，相关关键词有"地区"（768 次）、"乡村"（747 次）、"农业"（740 次）、"农村"（977 次）、"鼓励"（994 次）、"消费"（707次）、"积极"（705 次）、"公共"（2256 次）等。比如"在中央预算内投资安排中，对集中连片特困地区符合条件的乡村旅游重点村通村硬化路工程予以重点倾斜""促进'旅游+农业+互联网'融合发展""推动东部地区与中西部和东北适宜发展乡村旅游的地区结对定点帮扶""建立城乡和地区间人才交流互访和资源共享机制"等。

（五）总体目标和步伐

如图 6-6 所示，相关关键词有"加强"（1723 次）、"建设"（2893 次）、"发展"（3969 次）、"推进"（1285 次）、"重点"（664 次）、"安全"（656 次）、"保护"（738 次）、"规划"（1014 次）、"保障"（839 次）。较多强调的包括以下方面："加强和创新社会管理，提高社会管理能力，创新社会管理体制机制""统筹推进公共文化服务均衡发展""重视旅游安全责任事故，依法查处存在意识形态问题和触碰文化安全底线的旅游演艺作品""推进文化和旅游规划工作科学化、规范化、制度化""加快旅游公共服务人才培养，重点培养旅游公共管理、旅游信息服务、应急管理等人才"等。

（六）注重国际交流与合作

在技术创新、资源配置、人才培养、政策借鉴等部分均提到了国际交流合作的重要性。比如"支持文化科技相关高校、科研院所和企业开展国际交流与合作""推动建立内地与港澳台在文旅科技领域的合作机制""推动文化领域自主标准国际化""充分利用国内国外两个市场、积极开展文旅科技领域的国际交流与合作"等。

二　演化趋势

在不同的时代背景下，我国旅游政策目标有所不同，并在长期发展中体现出一定的演化规律。

（一）我国旅游政策演化阶段

胡北明、黄俊根据 1949~2018 年中央政府及相关部门发布的 413 个旅游发展政策文件，将我国旅游政策的演进分为政治接待阶段、旅游创汇阶段、大众旅游阶段、品质旅游阶段[79]。在此基础上，根据不同时期的旅游产业发展阶段、旅游政策内容的侧重，我国旅游政策的演化可以大体分为以下几个阶段。

第一阶段的旅游政策目标为入境旅游管理。第一阶段处于新中国成立到改革开放初期，我国旅游接待以政治接待为主，属于外事服务的一部分，此阶段的旅游政策以行政审批配置资源为主，政策面向的群体主要为来华旅客。

第二阶段的旅游政策目标为产业基础建设。改革开放后进入旅游政策变迁的第二阶段，旅游产业在增加外汇收入、带动消费、解决就业等方面有着重要作用，1978 年两次旅游行政管理体制改革后，旅游产业迅速发展，产业的经济地位得到提升。此阶段的旅游政策以旅游基础建设、旅游行业规范管理为主，此阶段的旅游政策目标是建立旅游行政管理体系，规范旅游市场的发展，一系列标准条例的制定为旅游产业的发展提供土壤。

第三阶段的旅游政策目标为引导大众旅游，拓展旅游规模。休闲时间是旅游休闲活动展开的基础，休假制度的完善对增加旅游消费十分重要，1999 年国务院发布《全国年节及纪念日放假办法》、2001 年国务院发布《关于进一步加快旅游业发展通知》等，刺激了旅游"黄金周"的出现，将我国旅游产业引入了大众旅游时代。此阶段的旅游政策以旅游市场建设为主，包括促进旅游供给产品体系的建设，支持多种旅游业态的发展，实现旅游消费的增长。

第四阶段的旅游政策目标为推进旅游高质量发展。习近平总书记在党的十九大报告中指出我国经济已由高速增长阶段转向高质量发展阶段。我国旅游产业的发展经历了爆发期后，也需要从"数量"向"质量"转变。此阶段旅游政策以服务质量保障为主，包括整治旅游市场乱象、完善产权制度和旅游法律法规、优化资源开发布局、推进生态保护与旅游可持续发展等。

（二）我国旅游政策演化规律

回溯我国旅游政策变迁进程可以发现，旅游政策演进有以下几个特征。一是旅游政策紧跟我国社会经济、旅游产业变化趋势。我国社会主义市场经济政策从萌芽到形成再到不断完善，旅游产业发展也从起步到迅猛增长。我国旅游政策的演化与我国旅游产业的发展阶段密切相关，并与我国社会经济发展的总体战略高度一致。二是旅游产业地位借助旅游政策得以提升。旅游发展初期，旅游产业服务于国家政治外交，随着市场经济体系的建设和大众旅游时代的发展，旅游业发展的内部动力不断提升，旅游业规模和社会效益不断壮大，旅游政策多关注产业本身的地位与作用，通过政策引导，使其发挥更强的综合效应。三是旅游制度管理体系不断健全。旅游业的综合性和关联性使得旅游与体育、信息、文化、会展、商贸、电子商务、科技等产业的融合程度加深，不断诞生出新的业态，旅游政策也从单一的旅游资源开发、旅游者权益、旅游市场规范等向旅游产业体系化发展。

三　未来前瞻

在新发展阶段，我国旅游政策需要从供需两端同时发力，关注提高产业创新能力和资源配置效率、深入推进文化和旅游融合发展、加强相关政策评估等议题。

（一）供需两端同时发力

不断提升旅游产品和服务对人民美好生活需要的适配性，才能充分发挥超大规模市场优势，形成旅游需求牵引旅游供给、旅游供给引领旅游需求的良性互动结构[80]。国家层面不仅要为供给侧旅游企业提供短期帮扶，更要考虑旅游业中长期发展，加大对需求侧的政策倾斜，从供需两端同时发力，以康养游、亲子游、周边游、近郊游、乡村游等旅游需求为抓手，结合"十四五"旅游业发展规划制定国内旅游发展战略，以此达到刺激经济复苏发展、扩大消费需求、稳岗就业的目的。

（二）提高产业创新能力和资源配置效率

首先，旅游政策在资源配置效率方面发挥引导作用。需要进一步完善和健全旅游企业的投融资机制，创造更为有利的政策环境，鼓励有条件的地方设立旅游产业促进基金并实行市场化运作，充分依托已有平台促进旅游资源资产交易，促进旅游资源市场化配置。其次，旅游企业创新需要政策支持，要鼓励社会力量投资建设旅游休闲设施，开发特色旅游线路和高质量旅游产品和服务。需延伸产业链、提升价值链、创新供应链，吸引人才、技术、资金等高端要素集聚，打造特色产业集群。加强旅游产业相关科技的引进、吸收、再创新，提升我国旅游业整体科技水平。要推动建立内地与港澳台在文旅科技领域的合作机制，深化双边、多边和区域文旅科技合作，提升我国文化科技影响力。应支持我国文旅科技企业和科研机构主导或参与制定国际标准，推动文旅领域自主标准国际化。

（三）深入推进文化和旅游融合发展

文化和旅游融合是我国旅游业高质量发展的方向，需多政府部门政策联动，从而支持、引导产品融合、业态融合和管理创新。《"十四五"文化和旅游市场发展规划》明确提出推动文化和旅游市场融合发展，健全文化和旅游市场信用体系，构建服务质量监管和提升体系，建设对外和对港澳台文化交流和旅游推广体系等主要任务。地方政府需要立足自身资源禀赋优势和比较优势，推动差异化市场发育和区域均衡发展，对优质文化旅游资源进行科学规划和一体化开发，进而有效扩大文旅市场供给[81]。此外，在突发公共性事件和人口年龄结构转变的双重压力下，旅游业增量红利难以为继，行业主体必须通过技术革新和产品革命加强前沿探索与前瞻布局，才能提升旅游产业链现代化水平，打造旅游高质量发展新优势。未来更需要利用大数据进行市场、目标群体分析和预判，为旅游者提供更精准、更有深度的高端定制旅游产品[82]。

（四）加强相关政策评估

政策评估是政策过程的一个重要环节，其首要目的是评价政策实施成果、问题解决情况相比于预定目标的实现程度，进一步地，分析该效果的取得是政策本身的作用还是其他因素所致[83]。评估时最大的困难是如何衡量成本与收益[84]。在这方面，研究和实践中都已经形成较为成熟的方法和技术。要提高政策组合的激励效果，就应设法提高政策组合的可信度、一致性和综合性。政策设计要围绕既定目标做好顶层设计，部门间要加强沟通和协调，细化政策组合实施过程的横向管理和动态调整，保证各项政策及其组合间的协同互补。考虑到政策间可能存在隐藏效应，需要对同一政策目标下的多项政策的实施效果同时进行评估，并在对政策组合评估时引入专业第三方评估机构。

本章参考文献

[1] 唐庆鹏、钱再见：《公共危机治理中的政策工具：型构、选择及应用》，《中国行政管理》2013 年第 5 期。

［2］范丽莉、单瑞芳、张丽：《基于政策工具视角的公共文化服务社会化研究》，《图书馆》2022 年第 8 期。

［3］Kirschen, E. S. , et al. , *Economic Policy in Our Time* （Amsterdam：North – Holland Publishing Co. , 1964）.

［4］Hood, C. , *Tools of Government* （London：Macmillan Press, 1983）.

［5］Schultz, R. , *The Political Economy of Regulation*：*Creating, Designing and Removing Regulatory Forms* （New York：Columbia University Press, 1980）.

［6］Schneider , A. , Ingram, H. , "Behavioral assumptions of policy tools," *Journal of Politics* 52 （2）, 1990, pp. 510–529.

［7］陈恒钧、黄婉玲：《台湾半导体产业政策之研究：政策工具研究途径》，《中国行政》2004 年第 75 期。

［8］Howlett, M. , Ramesh, M. , Perl, A. , *Studying Public Policy*：*Policy Cycles and Policy Subsystems* （Oxford：Oxford University Press, 2009）.

［9］莱斯特·M. 萨拉蒙：《新政府治理与公共行为的工具：对中国的启示》，《中国行政管理》2009 年第 11 期。

［10］朱春奎等：《政策网络与政策工具：理论基础与中国实践》，复旦大学出版社，2011。

［11］顾建光、吴明华：《公共政策工具论视角述论》，《科学学研究》2007 年第 1 期。

［12］Hale, T. , et al. , "Variation in government responses to COVID – 19, " *University of Oxford*, 2020.

［13］O' Hare, M. A. , "Typology of government action," *Journal of Policy Analysis and Management* 8 （4）, 1989.

［14］迈克尔·豪利特、M. 拉米什：《公共政策研究：政策循环与政策子系统》，庞诗等译，生活·读书·新知三联书店，2006。

［15］Fromm, *Studies in Public Regulation* （Comabridge, Mass：MIT Press, 1981）.

［16］Rogge, K. S. , Reichardt, K. , "Policy mixes for sustainability transitions：An extended concept and framework for analysis," *Research Policy*45 （8）, 2016, pp. 132–147.

［17］Izsak, K. , Markianidou, P. , Radošević, S. , "Convergence of national innovation policy mixes in Europe – Has it gone too far? An analysis of research and innovation policy measures in the period 2004–12," *JCMS*：*Journal of Common Market Studies* 53 （4）, 2014, pp. 786–802.

［18］Costantini, V. , Crespia, F. , Palmad, A. , "Characterizing the policy mix and its impact on eco-innovation：A patent analysis of energy-efficient technologies," *Research Policy* 46 （4）, 2017, pp. 799–819.

［19］Coenen, L. , Truffer, B. , "Places and spaces of sustainability transitions：Geographical contributions to an emerging research and policy field," *European Planning Studies* 20 （3）, 2012, pp. 367–374.

［20］Flanagan, K., Uyarra, E., Laranja, M., "Reconceptualising the 'policy mix' for innovation," *Research Policy* 40 (5), 2011, pp. 702－713.

［21］Edmondson, D. L., Kern, F., Rogge, K. S., "The co-evolution of policy mixes and socio-technical systems: Towards a conceptual framework of policy mix feedback in sustainability transitions," *Research Policy* 48 (10), 2019, 103555.

［22］张平、杨耀武：《疫情冲击下增长路径偏移与支持政策——基于对企业非均衡冲击的分析》，《经济学动态》2020 年第 3 期。

［23］Rosenow, J., et al., "Energy efficiency and the policy mix," *Building Research &Information* 4 (5-6), 2016, pp. 562-574.

［24］徐喆、李春艳：《我国科技政策组合特征及其对产业创新的影响研究》，《科学学研究》2017 年第 1 期。

［25］寇明婷、魏建武、肖明、陈凯华：《双管齐下是否更优？企业研发税收优惠政策组合一致性研究》，《管理评论》2022 年第 1 期。

［26］王涵：《结构性货币政策：新发展格局下金融政策工具须组合发力》，《探索与争鸣》2021 年第 1 期。

［27］Rodrik, D., "Industrial policy: Don't ask why, ask how," *Middle East Development Journal* 1 (1), 2009, pp. 1-29.

［28］Bianchi, P., Labory, S., "Industrial policy after the crisis: The case of the Emilia-Romagna region in Italy," *Policy Studies* 32 (4), 2011, pp. 429-445.

［29］白玉、黄宗昊：《产业政策研究的现状与展望——新分析框架的提出》，《经济社会体制比较》2019 年第 6 期。

［30］冯飞鹏：《产业政策对政府行为的影响研究》，《河北科技大学学报》（社会科学版）2019 年第 4 期。

［31］董江爱、王贝宁：《制度品性和制度运行：新冠疫情防控背景下制度有效性探讨》，《行政与法》2022 年第 6 期。

［32］兰丽娟、麦梓淇：《在突发卫生公共事件中税收优惠政策助力企业经济复苏效应分析——以电影服务行业为例》，《经济师》2022 年第 8 期。

［33］牛大勇、吕飞红、王春爽：《新冠疫情下精准帮扶中小企业政策效力研究》，《价格理论与实践》2022 年第 5 期。

［34］叶建华：《消费券发放的经济效应分析》，《上海经济研究》2009 年第 5 期。

［35］季洁：《我国地方政府消费券的财政法规制研究》，《当代财经》2020 年第 11 期。

［36］孙克竞、汤廷玥：《疫情冲击下消费券政策效果评估与特征研究》，《财政科学》2022 年第 7 期。

［37］吴翌琳、张旻：《基于 PSM-DID 模型的消费券效果评估》，《调研世界》2021 年第 1 期。

［38］杨克贲、娄季春：《新冠疫情背景下财政政策的组合策略研究——基于纳入预期和债务反馈机制的 DSGE 模型》，《管理学刊》2021 年第 4 期。

［39］ 马文聪、何彩凤、陈修德：《支持性政策及其组合对中小微企业复工复产的影响——新冠肺炎疫情背景下的 PSM 分析》，《软科学》2023 年第 5 期。

［40］ 李锋：《国外旅游政策研究：进展、争论与展望》，《旅游科学》2015 年第 1 期。

［41］ Więckowski, M., "Will the consequences of COVID-19 trigger a redefining of the role of transport in the development of sustainable tourism?" *Sustainability* 13（4），2021, 1887.

［42］ Vărzaru, A. A., Bocean, C. G., Cazacu, M., "Rethinking tourism industry in pandemic COVID-19 period," *Sustainability* 13（12），2021, 6956.

［43］ Palacios-Florencio, B., et al., "Sustainable tourism as a driving force of the tourism industry in a post-COVID-19 scenari," *Social indicators research* 158（3），2021, pp. 991-1011.

［44］ 杨志军：《地方治理中的政策接续：基于一项省级旅游优惠政策过程的分析》，《江苏社会科学》2021 年第 4 期。

［45］ Neshat, N., et al., "Sustainable planning of developing tourism destinations after COVID-19 outbreak: A deep learning approach," *Journal of Policy Research in Tourism, Leisure and Events*, 2021, pp. 1-21.

［46］ Kennell, J., "Tourism policy research after the COVID-19 pandemic: Reconsidering the role of the state in tourism," *Skyline Business Journal* 16（1），2020, pp. 68-72.

［47］ Perri M., Dosani N., Hwang S. W., "COVID-19 and people experiencing homelessness: challenges and mitigation strategies," *CMAJ* 192（26），2020, pp. E716-E719.

［48］ Clouston, S. A. P., Natale, G., Link, B. G., "Socioeconomic inequalities in the spread of coronavirus-19 in the United States: A examination of the emergence of social inequalities," *Social Science & Medicine* 268, 2021, 113554.

［49］ Grewenig, E., et al., "COVID-19 and educational inequality: How school closures affect low-and high-achieving students," *European Economic Review* 140, 2021, 103920.

［50］ Butler S. M., "After COVID-19—thinking differently about running the health care system," *JAMA Health Forum* 1（4），2020, pp. e200478-e200478.

［51］ Hogan, J., Howlett, M., Murphy, M., "Re-thinking the coronavirus pandemic as a policy punctuation: COVID-19 as a path-clearing policy accelerator," *Policy and Society* 41（1），2022, pp. 40-52.

［52］ 吴小节、马美婷、杨尔璞、汪秀琼：《中国产业政策研究综述》，《华东经济管理》2020 年第 5 期。

［53］ 尹彦辉、孙祥栋、徐朝：《新冠肺炎疫情与宏观经济波动：基于 DSGE 模型的分析及启示》，《统计与决策》2020 年第 7 期。

［54］ 朱军、张淑翠、李建强：《突发疫情的经济影响与财政干预政策评估》，《经济与管理评论》2020 年第 3 期。

[55] 潘敏、张新平：《新冠疫情、宏观经济稳定与财政政策选择——基于动态随机一般均衡模型的研究》，《财政研究》2021 年第 5 期。

[56] 《支持疫情防控和经济社会发展税费优惠政策指引》，财政部官网，2020 年 5 月 18 日，http：//www.mof.gov.cn/zhengwuxinxi/caizhengxinwen/202005/t20200518_3515093.htm。

[57] 《上海：5 月 1 日起实施技能提升补贴新标准 一次最高可领 3500 元》，人力资源和社会保障部官网，2021 年 3 月 26 日，http：//www.mohrss.gov.cn/SYrlzyhshbzb/dongtaixinwen/dfdt/202103/t20210326_411872.html。

[58] 《江苏拟对 120 家旅行社企业实施奖补》，文化和旅游部官网，2022 年 4 月 27 日，https：//www.mct.gov.cn/whzx/qgwhxxlb/js/202204/t20220427_932706.htm。

[59] 温彬、霍天翔、冯柏：《全球重启货币宽松政策背景下我国货币政策选择》，《金融经济》2020 年第 4 期。

[60] 《进一步落实减税降费政策 支持中小微企业发展》，财政部官网，2021 年 6 月 24 日，http：//www.mof.gov.cn/zhengwuxinxi/xinwenlianbo/xinjiangcaizhengxinxilianbo/202106/t20210624_3724446.htm。

[61] 《银行业加码支持企业生产 信贷支持合计已超 3490 亿元!》，腾讯网，2020 年 2 月 13 日，https：//new.qq.com/rain/a/20200213A0KSZP00。

[62] 简宁：《前沿科技助力北京银行 积极纾困疫情提升普惠金融服务》，新浪财经，2020 年 4 月 10 日，https：//finance.sina.cn/2020-04-10/detail-iircuyvh7071279.d.html。

[63] 冯俏彬：《"稳字当头、稳中求进"下的 2022 年积极财政政策》，《地方财政研究》2022 年第 2 期。

[64] 陈彦斌、刘哲希、陈小亮：《稳增长与防风险权衡下的宏观政策——宏观政策评价报告 2022》，《经济学动态》2022 年第 1 期。

[65] 梅冬州、杨龙见、高崧耀：《融资约束、企业异质性与增值税减税的政策效果》，《中国工业经济》2022 年第 5 期。

[66] 吕冰洋、李钊：《疫情冲击下财政可持续性与财政应对研究》，《财贸经济》2020 年第 6 期。

[67] 田建强、徐枫：《对疫情下小微企业金融支持政策的效果评估》，《金融监管研究》2021 年第 10 期。

[68] Susong Ba, Haifeng Bai, "Covid-19 pandemic as an accelerator of economic transition and financial innovation in China," *Journal of Chinese Economic and Business Studies* 18 (4), 2020, pp. 314-318.

[69] 徐玉德：《增强产业链供应链自主可控能力》，《红旗文稿》2021 年第 10 期。

[70] 潘冬阳、陈川祺、Michael Grubb：《金融政策与经济低碳转型——基于增长视角的研究》，《金融研究》2021 年第 12 期。

[71] 冯永琦、刘韧：《新冠肺炎疫情冲击下金融治理动向、应对措施及发展趋势》，《金融经济学研究》2020 年第 3 期。

［72］ 张伟静、周密：《突发公共卫生事件的应急管理研究——基于中央和地方政策的
比较分析》，《经济社会体制比较》2022年第1期。

［73］ 邹光勇、马颖杰：《常态化疫情防控下上海文化和旅游发展的新问题、新机遇与
新方向》，《旅游学刊》2021年第2期。

［74］ 张兆曙：《国家公共卫生治理体系转换与适应性危机——兼论疫情早期传播阶段
的政策价值》，《天津社会科学》2022年第4期。

［75］ 朱武祥、张平、李鹏飞、王子阳：《疫情冲击下中小微企业困境与政策效率提
升——基于两次全国问卷调查的分析》，《管理世界》2020年第4期。

［76］ 石培华、翟燕霞：《重大公共卫生危机治理中旅游企业复工复产政策差异及协同
研究——基于122份政策文本的计量探索》，《经济与管理》2021年第4期。

［77］ 和经纬、郭欣航：《新冠肺炎危机促进了政策变革吗？世纪大疫中政策科学研究
的国际视野》，《公共管理评论》2022年第2期。

［78］ Meunier, S., Mickus, J., "Sizing up the competition：Explaining reform of European
Union competition policy in the Covid－19 era," *Journal of European Integration* 42
(8), 2020, pp. 1077-1094.

［79］ 胡北明、黄俊：《中国旅游发展70年的政策演进与展望——基于1949—2018年
政策文本的量化分析》，《公四川师范大学学报》（社会科学版）2019年第6期。

［80］ 耿松涛、张鸿霞：《中国旅游业高质量发展：战略使命、动力要素和推进路径》，
《宏观经济研究》2022年第1期。

［81］ 李宇军：《文旅融合发展中的"文化-旅游""政府-市场""中央-地方"三大关
系》，《贵州民族研究》2021年第3期。

［82］ 陈新年：《顺应居民消费升级趋势 加快构建新发展格局——疏解消费升级难点堵
点痛点的建议》，《宏观经济管理》2021年第3期。

［83］ 陈振明主编《政策科学——公共政策分析导论》（第二版），中国人民大学出版
社，2003。

［84］ 〔美〕戴安娜·M. 迪尼托：《社会福利：政治与公共政策》（第五版），何敬、葛
其伟译，中国人民大学出版社，2007。

第七章　新的使命

党的二十大报告中提出："从现在起，中国共产党的中心任务就是团结带领全国各族人民全面建成社会主义现代化强国、实现第二个百年奋斗目标，以中国式现代化全面推进中华民族伟大复兴。"旅游是现代生活方式的重要体现，旅游业是现代服务业的组成部分，承担着实现人的现代化、经济现代化和社会现代化的重要使命，是推进中国式现代化的重要基础和有力支撑。"十四五"时期是我国全面建成小康社会之后，乘势而上为实现第二个百年奋斗目标而奋斗的第一个五年。从长期和短期、目标和现实、旅游业自身发展和中国式现代化整体进程等维度来看，准确把握新发展阶段，深入贯彻新发展理念，构建旅游新发展格局，促进产业高质量发展，使旅游发展在构建新发展格局、促进经济高质量发展、推进中国式现代化进程中发挥应有作用，是值得研究的重要命题。

第一节　中国式现代化与旅游发展

习近平总书记在庆祝中国共产党成立 100 周年大会上指出："我们坚持和发展中国特色社会主义，推动物质文明、政治文明、精神文明、社会文明、生态文明协调发展，创造了中国式现代化新道路，创造了人类文明新形态。"

"中国式现代化"既是中国共产党百年现代化思想发展的最新成果，也是对中国式现代化新道路的理论表达。既有研究大致可分为四类。一是"阶段"导向的历时性研究。如石建勋、杨璐柳婷将中国式现代化的探索划分为新民主主义革命时期、社会主义革命和建设时期、改革开放和社主义现代化建设新时期、中国特色社会主义新时代等四个阶段[1]。二是"特征"导向的阐释性研究。多数研究以"中国式"作为立论基点，从人口规模巨大、全体人民共同富裕、物质文明和精神文明相协调、人与自然和谐共生、走和平发展道路等五个方面阐释中国式现代化的特殊性[2]，部分学者还从时空视角阐释了中国式现代化叠加发展的"并联"特征[3]。三是"维度"导向的实践性研究。袁红英从观念层、器物层、技术层、产业层、制度层、主体层等六个维度对中国式现代化的实施方案进行全面分解[3]；于洋洋则从价值、历史、实践、过程和时空等五个维度对中国式现代化新道路进行分析[4]；王慧娟、张琳从本质、主体、历史、现实、战略与价值六个维度厘清中国式现代化道路的现实依托和未来指向[5]。四是"逻辑"导向的理论性研究。相关研究主要从理论逻辑[6]、历史逻辑[7]、实践逻辑[8]、价值逻辑[9]、时代逻辑[10]、制度逻辑[11]、系统逻辑[12]、发轫逻辑和运行逻辑[13]等方面进行探讨。学者们围绕中国式现代化的发展阶段、鲜明特征、多维范式、多重逻辑所做的讨论为凝聚社会共识提供了学理依据。不过，囿于研究时间的有限性，现有文献存在一定雷同。研究内容主要集中于对"中国式现代化"的概念解读和特征描述，多为"大写意"式研究，至于中国式现代化与我国社会经济发展各方面、各领域的关系，仍未充分展开，"工笔画"式探究尚不多见。特别值得注意的是，兼具经济属性、文化属性和社会属性且与生态文明、国家软实力等密切相关的文化和旅游发展，尚未成为中国式现代化研究的关注重点。

在实现第二个百年奋斗目标的新发展阶段，旅游作为现代生活方式的重要体现，承担着实现人的现代化的重要使命；旅游业作为现代服务业的组成部分，在推动经济现代化和社会现代化等方面应发挥更大作用。概言之，现代化的旅游发展既是全面建成社会主义现代化强国的内在要求，也是中国式现代化在旅游领域的具体体现，还是推进中国式现代化的重要基础和有力支撑。因此，有必要从中国式现代化角度对旅游发展做出系统分析。

一　中国式现代化与旅游发展

党的二十大报告指出，中国式现代化"是人口规模巨大的现代化，是全体人民共同富裕的现代化，是物质文明和精神文明相协调的现代化，是人与自然和谐共生的现代化，是走和平发展道路的现代化"。中国式现代化的上述特征也是新时代我国旅游发展的基础背景和核心追求。

（一）人口规模巨大的现代化：中国旅游发展的基本国情

人口规模巨大是中国式现代化的客观实际和基本国情。根据第七次人口普查数据，我国总人口数为 14.43 亿。如此大规模的人口基数，既是巨大优势，也是创造中国式现代化道路面临的重大难题。从旅游发展角度看，人口规模巨大这一基本国情至少有三层含义。

其一，人口规模巨大意味着更大规模的基础市场。随着收入水平的提高和休假制度的完善，旅游不再是过去"仓廪实、衣食足"之后的奢侈消费，而成为人民群众的普通消费品，成为人民美好生活的重要选项和刚性需求。2019 年我国国内旅游人数达 60.06 亿人次，出境旅游人数达 1.55 亿人次，均列全球首位。"十四五"时期，我国全面进入大众旅游时代，人民群众的旅游动机和消费能力将被进一步激发和提升，旅游正由"少数人高频次"向"多数人高覆盖"过渡，客源市场由大中型城市向中小型城镇梯度下沉[14]。在此背景下，旅游发展必须关注旅游产品和服务的覆盖率，以满足巨大规模人口的旅游需求为前提；不仅要服务于少数可支配收入较高、闲暇时间充足的高频次旅游者，更要关注普通大众，特别是农民、老年人、残疾人、儿童等群体的旅游需求。

其二，人口规模巨大意味着更加优化的市场结构。由于人们在年龄性别、社会职业、文化素养、审美情趣、消费观念、消费能力等方面存在差异，旅游消费呈现多元化、多样化、多层次的格局。在旅游消费倾向上，由注重观光向兼顾观光和休闲度假转变，出现"度假化""本地化"的倾向；在旅游产品选择上，不再满足于单一的、标准化的旅游产品，出现"多样化""特色化"的趋势；在旅游出行方式上，越来越多的人不再拘泥于传统的跟团游，出现"定制化""自主化"的态势。在此背景下，旅游发展必须关注旅游产品和服务的丰富度，以满足广大人民群众多样化、多层次的旅游需求为己任，实现旅游产品多样、服务品质更高、基础配套完善、个性特色突出。

其三，人口规模巨大意味着更具品质的旅游需求。随着我国经济发展由"求速"向"求质"阶段转化，人民群众对品质生活的需要日益增长。旅游作为品质生活的必备品，正随着人们需求层次的提升而呈现出质量上的新变化。全面进入大众旅游时代后，旺盛而多元的旅游消费需求不断升级，高品质的旅游产品和个性化的旅游服务不断显现，休闲度假旅游、主题品质旅游、专项定制旅游等中高端旅游消费需求持续增加，多元市场、个性定制、内容创造成为旅游消费升级的方向。在此背景下，旅游发展必须关注产品和服务品质，全面完成从"有没有"向"好不好"的转变，以便更好地满足人民群众不断升级的旅游消费需求。

（二）全体人民共同富裕的现代化：中国旅游发展的基本目标

实现全体人民共同富裕是中国式现代化的目标追求和现实任务。中国式现代化所要达到的共同富裕，不是平均主义，也不是劫富济贫，而是全体人民的共同富裕，其目标是积极主动地解决地区差距、城乡差距和收入差距问题，让发展成果更多、更公平地惠及全体人民[15]。旅游业作为综合性产业，具有天然的富民属性和调节收入分配的功能，在"做大蛋糕"和"分好蛋糕"方面具有重要作用。

一方面，旅游业可通过经济增长效应"做大蛋糕"，为实现共同富裕奠定物质基础。共同富裕的前提是富裕，发展旅游可刺激消费、增加投资、促进就业、推动基础设施建设，从而发挥其经济增长和带动功能。在经济增长效应方面，2019 年我国全年旅游总收入达 6.63 万亿元，旅游业对 GDP 的综合贡献为 10.94 万亿元，占 GDP 总量的 11.05%；旅游直接就业为 2825 万人，旅游直接和间接就业 7989 万人，占全国就业总人数的 10.31%。在经济带动效应方面，旅游业与超过 110 个行业有着密切联系，可通过延伸产业链来发挥乘数效应。据联合国世界旅游组织测算，旅游收入每增加 1 元，可带动相关行业增收 4.3 元；旅游业每增加 1 个就业岗位，可间接带动 7 人就业。旅游业是经济增长和吸纳就业的重要力量，可为共同富裕奠定坚实的物质基础。

另一方面，旅游业可通过空间流动效应"分好蛋糕"，为实现共同富裕缩小财富差距。旅游业在"民间转移支付、均衡社会财富"方面具有调节作用。这是因为，旅游业是以旅游者的空间移动为基本前提的生活性服务业，旅游者的空间流动及其带动的资金流、资源流、信息流、技术流等各类要素的空间流动会对经济社会资源在空间上、主体上形成再配置，从而有效解决地区、城乡和群体收入的不均衡问题[16]。其具体路径有三。

其一，旅游发展缩小地区收入差距。研究表明，旅游业作为跨区域的异地流动性产业，可减少地区收入不平等[17]。我国中西部以及老少边穷等欠发达地区拥有大量优质旅游资源，通过挖掘利用其自然生态、民族民俗、边境风光等资源，可将资源优势转化为产业优势，并带动相关产业发展，提升欠发达地区经济硬实力和文化软实力。与此同时，旅游业的异地消费属性会促使东部等发达地区的资金、人才、技术、信息等资源要素向中西部等欠发达地区的空间转移[18]，促进欠发达地区的经济发展、就业增加和减贫致富，逐渐缩小地区差距。

其二，旅游发展缩小城乡收入差距。习近平总书记指出，"促进共同富裕，最艰巨最繁重的任务仍然在农村"。发展旅游能够缩小城乡收入差距已成为普遍共识[19]，也成为统筹城乡发展、实现乡村振兴的重要举措。中国旅游研究院数据显示，2019年全国乡村旅游收入达8500亿元，接待游客超30亿人次。发展旅游，特别是乡村旅游，既可以促使规模庞大的旅游消费沉淀到乡村地区，打破乡村传统单一的生产格局，拓宽乡村居民的增收渠道；又可以加速城市资金、技术、人才、信息等资源要素流向乡村，以更频繁的城乡联动打破城乡空间界限，破解城乡二元化结构，实现城乡一体化发展。

其三，旅游发展缩小群体收入差距。"扩中"和"提低"是缩小群体收入差距的重要手段。"扩中"方面，旅游发展可以通过增加经营性收入、财产性收入等方式，扩大我国中等收入群体的规模和质量。如旅游业的市场主体多为中小微企业，适合中青年人创新创业，有助于培养和造就更大规模的中等收入群体。"提低"方面，旅游作为劳动密集型服务业，其就业门槛低、市场容量大、包容性较强、岗位层次丰富，可吸纳大量被传统产业边缘化的劳动力，通过发展旅游可逐步提升低收入群体的收入水平和收入韧性。

（三）物质文明与精神文明相协调的现代化：中国旅游发展的作用领域

物质富足、精神富有是社会主义现代化的本质内涵和根本要求。中国式现代化不仅要求物质生活水平提高、家家仓廪实衣食足，而且要求精神文化生活丰富、人人知礼节明荣辱[15]。旅游业既具有经济功能，可夯实人民幸福生活的物质条件，也可以通过文化、认知和审美功能，给予人们精神滋养和价值引领。

物质文明发展进步是中国式现代化的基础维度，符合现代化的一般规律。旅游发展可以夯实现代化的物质基础。一方面，旅游业通过产业发展、经济带动、促进就业等方式提高人们的物质生活水平；另一方面，旅游业通过引导居民消费、丰富居民消费类别促进产业结构的转型升级，从而提升经济增长能力、提高居民收入水平和福利水平。

相比于物质文明，精神文明建设是中国式现代化更高层次的要求，体现了其特殊性。"人民精神文化生活更加丰富，中华民族凝聚力和中华文化影响力不断增强"是我国全面建设社会主义现代化国家的主要目标任务之一。围绕这一目标，旅游发展在如下两个方面有其独特作用。

一方面，发展旅游能够丰富人民精神文化生活。旅游作为高层次精神消费活动，可以让人们在领略自然之美中感悟文化之美、陶冶心灵之美，是人们获取独特精神体验、丰富精神文化生活的重要工具。通过游览祖国的名山大川、感受大自然的雄伟壮丽、体会悠久灿烂的历史文化，人们可以增广视野、陶冶情操、愉悦身心、发挥健全人格、丰富精神世界，实现自我认知的回归和精神境界的提升。发展旅游可以在推进自然和文化资源有形化、可视化、体验化和故事化的过程中，不断提升人民群众的幸福感，促进人的全面发展。

另一方面，发展旅游能够增强中华民族的凝聚力。没有社会主义文化繁荣发展，就没有社会主义现代化。旅游资源，尤其是红色资源，是文化自信和国家认同的精神高地，是加强爱国主义和革命传统教育的重要平台[20]，能够为社会主义现代化建设提供凝心聚力的精神力量。红色旅游资源中积淀着中华民族最深层次的精神追求[21]，具有强大的历史穿透力、文化感染力和精神感召力，其承载的红船精神、长征精神、井冈山精神、延安精神等民族革命精神以及"两弹一星"精神、大庆精神等时代创新精神蕴含着深刻的时代内涵和综合价值，可以巩固和强化人们对于革命先辈、民族命运、国家建设形成的认同感，为实现中华民族伟大复兴提供强大的精神动力。

（四）人与自然和谐共生的现代化：中国旅游发展的时代要求

促进人与自然和谐共生是全面建设社会主义现代化国家的内在要求和时代特征。实现人与自然和谐共生的现代化，关键是处理好经济迅速发展和生态环境保护的关系：既要创造更多物质财富和精神财富以满足人民日益增长的美好生活需要，也要提供更多优质生态产品以满足人民日益增长的优美生态环境需要。旅游业作为资源节约型和环境友好型产业，在协调经济发展和生态保护方面具有独特优势。

一方面，旅游业是生态文明建设的重要领域。党的十八大将"生态文明建设"纳入中国特色社会主义"五位一体"总体布局之中，并以"绿水青山就是金山银山、冰天雪地也是金山银山"进行了生动诠释。旅游业作为资源消耗低、环境污染少、可循环再生的现代化产业，在生态文明建设领域日益发挥着更大的作用。旅游发展依托于以山水林田湖草为代表的生态服务系统和冰天雪地、海浪沙滩、蓝天白云等纯粹的自然生态资源，顺应新发展阶段旅游消费需求的生态化趋势，充分发挥生态系统服务和自然生态资源的观赏、娱乐、文化、教育等功能，通过市场化开发和利用为人民群众提供生态旅游、乡村旅游、山地旅游等体验类、康养类、研学类旅游产品，产生经济效益、生态效益和社会效益，最终实现绿水青山、冰天雪地向金山银山的转化。

另一方面，旅游业是推动绿色发展的重要产业。党的十八届五中全会明确将"绿色发展"作为中国发展的"五大理念"之一，党的十九届五中全会进一步提出促进经济社会发展全面绿色转型的重大战略决策。旅游业作为天然的"绿色产业"，在需求端、供给端和政策端均具有明显的绿色发展优势。从需求端来看，旅游消费属于环境损耗较低的绿色消费行为，是在充分尊重自然、顺应自然、保护自然的前提下开展的人类活动，其绿色消费主要表现为低碳和环保。从供给端来看，旅游供给可在发展理念、场所设计、设施建设、资源开发、服务提供和项目运营等环节秉持绿色发展理念，并通过直接和间接影响目的地生态环境，最终驱动区域绿色发展[22]。从政策端来看，旅游业是碳排放洼地，具有显著的降碳减排效应[23]，其产生的规模化碳减排效果能够带动多产业协同共治。

（五）走和平发展道路的现代化：中国旅游发展的世界意涵

走和平发展道路是中国式现代化的重要特征和战略要求。不同于西方的扩张主义和殖民主义现代化道路，中国式现代化道路坚持马克思主义对人类整体未来的关怀，遵循和平的文明发展观，是合作共赢、共建共享的和平发展道路。旅游作为传播文明、交流文化、增进友谊的桥梁和增强人们亲近感的最好方式，在商贸往来、国家外交和文化交流等方面具有特殊优势。

首先，旅游发展可促进国家间商贸往来。新冠疫情突袭而至前，中国已连续多年成为全球第一大出境旅游客源国和第四大入境旅游接待国。《中华人民共和国文化和旅游部 2019 年文化和旅游发展统计公报》数据显示，2019 年中国出境旅游人数为 15463 万人次，出境游客境外消费超过1338 亿美元，入境旅游人数达 14531 万人次，全年实现入境旅游收入 1313亿美元。中国旅游发展依托于强大的市场优势和资源优势，已经成为国际旅游的重要组成部分和主要推动力量，对全球旅游业的影响力不断扩大。与此同时，国际旅游加强了世界联系，为商贸企业提供了良好的交流互信渠道。

其次，旅游发展有助于促进民间交往。旅游业被誉为"和平的使者"和"友谊的桥梁"，其民间交往属性和游客互动基础在对外交流合作中具有独特优势，其融官方、半官方和民间外交于一体的特性使其拥有更多着力点，是新时期我国加强与世界联系的重要平台，也是我国构建中国特色大国外交体系的重要环节。研究表明，旅游业可有效促进地区和平，增进友谊和交流[24]。在双边关系顺畅时，旅游可以加速两国行政主管部门和企业间的交流，起到催化剂和助推器的作用；在双边关系堵塞时，旅游可以通过民间外交的形式缓和双边政治关系，起到稳定剂和润滑剂的作用。

最后，旅游发展有益于国际文化交流。接触假设理论表明，国际旅游使不同国家、不同民族和不同信仰的人有机会近距离接触和交流，外来游客通过身临其境的走访和体验对旅游地产生真实感知，当地居民通过与游客的接触互动而对客源国形成初步印象。主客双方通过真实的旅游接触增进彼此的文化联系，建构起对异国文化和民众的认知。中国旅游发展通过全方位、多层次、多渠道的文化传播模式，可以向世界立体式地展现可信、可爱、可敬的中国形象，筑牢中国式现代化文化强国建设的坚强柱石。

二 中国式现代化视角下旅游发展面临的现实挑战

（一）旅游供给和消费需求的适配性不强

在中国式现代化进程中，旅游消费呈现出规模稳步扩大、结构日益多元、需求不断升级的发展态势，因此需要广覆盖、多样化和品质化的旅游产品和服务供给与之相匹配。然而，我国旅游发展中供需的结构性矛盾依然存在，主要表现为旅游供给结构、供给质量和公共服务与需求的适配性不强。

其一，旅游供给结构与旅游需求的矛盾。对于拥有 14 亿人口的中国而言，人们在出游动机、出游经验和消费能力等方面差别很大。尽管旅游业已初步构建了包含观光旅游、度假旅游和特种旅游等在内的旅游产品供给体系，但是同质化、单一化、低水平的旅游产品和服务供给仍然难以满足旅游者对多样化、特色化旅游产品的消费需求[25]。此外，既有产品主题和盈利模式仍以观光型产品和一次性消费为主[26]，新产品开发也难以摆脱"人海战术""门票经济"的窠臼，难以适应常态化、度假化的旅游消费倾向。

其二，旅游供给质量与旅游需求的矛盾。在旅游需求拉动下，我国旅游产品开发数量和规模大幅提升，但在质量效益方面还有很大提升空间，旅游供给与注重细节和品质的旅游消费需求不甚匹配，部分地区还存在旅游产能过剩和供给短板并存、有效供给能力不足的问题。一方面，基础性旅游产品普遍存在低层次、同质化产品开发现象，不能满足旅游者对于自然风光、文化品位、健康生活、服务体验和科技效率等优质产品的需求；另一方面，中高端旅游产品的有效供给不足，高档次的休闲度假项目与改善型、享受型旅游消费需求的协同度不高。

其三，旅游公共服务与旅游需求的矛盾。全面进入大众旅游时代后，旅游者参与旅游活动的自主性、灵活性和多样性更强，旅游公共服务的重要性更加凸显。然而，我国旅游公共服务供给体系仍存在供给主体单一、有效供给不足、运行机制不畅、供给效率低下、建设资金短缺、供给质量有待提升等问题[27]，旅游公共服务在数量、质量、形式和布局等方面与旅游需求尚有不小差距。

（二）旅游促进共同富裕面临多重障碍

在促进全体人民共同富裕的过程中，发展旅游具有"增收""均富"的双重作用，能够通过经济增长效应和空间流动效应有效增加社会财富并缩小地区、城乡和收入差距。然而，值得关注的是，目前仍然存在一些基础性障碍、体制性障碍、市场性障碍和利益联结性障碍，使得旅游难以有效发挥其促进共同富裕的作用[28]。

一是基础性障碍。尽管近年来我国旅游基础设施建设取得明显进展，但仍存在智慧基础设施建设滞后、微交通循环体系尚未打通、基础设施一体化建设推进较慢等问题。除上述硬件条件之外，旅游公共服务体系不健全、营商环境有待优化等一系列软环境问题也形成了制约。

二是体制性障碍。我国旅游发展在区域协调机制、要素共建共享机制等方面尚不完善，影响了旅游业在区域协同、城乡互动中作用的有效发挥。各层级的地方保护和条块分割等体制性障碍，制约了不同区域之间旅游发展协同度，并造成旅游产品和服务的同质化问题，导致资源利用效率低且整体竞争力较弱；旅游要素资源市场中存在的产业分割、地区分割、城乡分割等问题，也在一定程度上抑制了旅游业在缩小发展差距中的作用。

三是市场性障碍。目前我国尚未建立起全国统一的旅游大市场，在各级行政区域之间依然存在不同程度的市场分割问题，包括自然的市场分割和人为的市场分割。这在一定程度上制约了旅游要素资源在地区之间的有序流动，也影响了旅游业市场竞争的公平性和充分性。另外，资本要素市场发展不规范、数据要素市场发展滞后、旅游产品价格形成机制不完善等问题也较为突出。

四是利益联结性障碍。旅游发展涉及游客、企业、居民、政府等诸多利益相关者，各方利益联结关系尤其是旅游企业与目的地居民的利益联结关系，决定了旅游发展的利益分配是否公平。由于社会信用体系尚不健全，对紧密型利益联结的风险担保机制尚不完善，目的地居民的权益保障还存在诸多不确定性，从而导致目的地居民大多以收租金等相对松散的利益联结方式与旅游企业合作。

（三）文化和旅游融合质量有待提升

旅游活动作为一种精神消费过程，是人们享受美好生活、感悟优秀文化、增强文化自信、实现精神富有的重要载体，有益于满足人们的文化需要和精神需要。然而，我国旅游业在"文明其精神"方面的作用体现不够，在满足人们更多的文化感受和精神享受需求方面还有较大提升空间。

一方面，文化和旅游的融合深度较浅、融合质量不高。文化是旅游的灵魂，是旅游业丰富人们精神世界的核心要素。目前文化和旅游融合仍存在政策融合表面化、产品融合表象化等问题，文化和旅游真融合、深融合和广融合依然任重道远[29]。在旅游资源开发和建设过程中，旅游资源和文化资源尚未找到真正的契合点，旅游项目的文化内涵挖掘和阐释不到位，文化和旅游融合的产品形式同质化严重，文化和旅游产品的开发模式较为单一，产品特色和创新性不足。以红色旅游为例，尽管社会各界兴起了到革命老区进行学习教育的热潮，2019 年纳入统计的 370 家红色景区接待了4882.14 万人次[30]，但消费市场相对单一，对自助游、青年旅游群体的吸引力不足。这主要是因为红色旅游发展中存在产品开发层次普遍不高、文化内涵挖掘深度不足、文化资源转化力度不够、革命文化活化利用较低、革命精神时代彰显不足、宣传推广教育相对刻板等问题。

另一方面，旅游的事业功能相对较弱。受历史惯性和现实条件影响，目前旅游发展中对效率的追求更加突出，而对公平的兼顾尚且不足，旅游的产业属性更强，而事业属性相对较弱。旅游发展偏向于单一经济导向和增长主义导向，在满足美好生活需要、创造社会就业、促进社会和谐、改善民生福祉、保护生态环境、助力国家外交、促进人的全面发展等方面的功能尚未得到充分体现，政府在保障公民休假权利和旅游权益等方面的职责也有待进一步加强[31]。

（四）可持续旅游发展面临诸多挑战

旅游业是生态文明建设的有效载体，是推动经济绿色转型的重要抓手，是生态产业化、产业生态化的重要范本。然而，旅游业长期以粗放式生产模式为主导，故实现可持续旅游发展还面临诸多问题和挑战，主要体现在资源保护和碳排放两个方面。

一方面，旅游发展的资源保护力度不足。从发展观念来看，旅游发展的经济效益长期被置于首要位置，人们的环境保护动机和意识相对较弱，无序规划、盲目开发行为依然存在，人造景观和旅游设施大规模建设造成自然景观和环境退化或破坏的情况仍有发生。从资源管理体制来看，我国自然资源和文化资源的多头管理问题，加大了以一体化和整体性为目标的可持续旅游发展难度，不同层级和不同系统的政府部门之间管理权、受益权的冲突和争夺并不鲜见[32]。从管理层面来看，管理组织不健全和管理监督机制缺失等问题，导致难以对旅游经营主体进行有效监管。

另一方面，旅游业碳排放问题未受到足够重视。长期以来，旅游业被视作"无烟产业"，其能源消耗和碳排放的规模和增速并未受到足够重视。实际上，旅游供给的全链条和旅游消费的全过程均会产生碳排放。联合国世界旅游组织和环境规划署的数据显示，2005 年全球旅游活动引致的碳排放占全球二氧化碳总排放的 4.9%，并预计直至 2035 年，旅游业碳排放将以年均 2.5% 的速度进行增长。可见，旅游业碳排放量不容小觑。然而，当前旅游企业仍存在低碳发展理念不强、能源结构仍以煤炭为主、能源利用效率相对较低、缺乏促进节能减排的相关技术和经费支持等问题。另外，目前对旅游低碳消费的引导仍然仅限于公约和倡议等形式，宣传推广方式相对单一刻板，且缺乏明确的行动标准和约束机制，旅游者未普遍将低碳旅游消费意识转化为绿色消费行为。

（五）旅游提升国际软实力的作用有待提升

依托于庞大的出入境旅游市场，我国旅游业在国际经济往来、政治合作和文化交流等方面扮演着日益重要的角色。在中国式现代化进程中，我国将在世界旅游体系中发挥关键作用，但也同样面临新的难题。

首先，新冠疫情影响国际旅游发展。新冠疫情全球大流行后，绝大多数国家在不同程度上采取了限制入境、减少人员流动、关闭公共场所和旅游景点等防控措施，使国际旅游遭受前所未有的重创。目前，随着各国出入境政策的放开，国际旅游市场逐步有序恢复，但也依然面临新的不确定性。如何积极稳妥地系统谋划国际旅游业重启工作，如何发挥旅游业在经济合作中的先导作用，是当前我国国际旅游发展面临的重要问题。

其次，国际旅游话语体系有待完善。尽管我国积极推动双边旅游年、实施亚洲旅游促进计划、促进"一带一路"人文交流、开展文化和旅游领域对外援助与支持，但在参与旅游国际事务、主动设置话题和制定发展战略等方面仍有很大提升空间。例如，在国际旅游事务参与方面，必要的政策储备和创新性的平台建设不足；面对国际重大事件，我国在评估旅游影响、设定国际性议题、制定旅游对策、引导国际话语权等方面的能力还有待提升；国际旅游合作中还存在长远战略不清晰、应急预案缺失等问题[33]。

最后，国际旅游素质水平亟待提升。在国际旅游活动中，每个中国人都是中华文明传播的移动平台，是对外交往的使者和桥梁。以往我国公民的出境旅游活动中还存在一些不文明行为，影响了国际形象。入境旅游产品和服务仍有较大提升空间，其中既包括旅游接待设施、旅游资源开发、人文资源挖掘，也包括导游讲解、人文关怀和旅游服务衔接等。这些问题在一定程度上限制了旅游在讲好中国故事、展示美丽中国形象等方面的作用。

三　中国式现代化视角下推进旅游发展的五重逻辑

（一）价值逻辑：以中国式现代化作为旅游发展的价值引领

一方面，要全面理解中国式现代化的内涵与特征。中国式现代化是中国共产党长期实践取得的重大成果，既是现代化思想的最新发展，也是百年实践探索的凝练表达。目前对于中国式现代化的理解，更多侧重于人口规模巨大、全体人民共同富裕、物质文明和精神文明相协调、人与自然和谐共生、走和平发展道路五个特征，并将其简单套用于文化和旅游领域。实际上，中国式现代化包含多重逻辑意蕴，是一个涵盖时代价值、历史逻辑、理论逻辑、实践逻辑等多维度、多层次、系统化、立体化的伟大实践和理论体系。就其核心内容而言，除上述五个特征之外，至少还涉及发展主体、价值导向、发展特征、发展战略和发展进程等方面。其一，从发展主体来看，中国式现代化坚持党的领导和以人民为中心，依托有机社会，发挥有为政府和有效市场的作用，是"有力政党—有为政府—有效市场—有机社会"共同推动的现代化。其二，从价值导向来看，中国式现代化针对"为什么人"、人与自然关系、人与世界关系做出了不同于西方的回答。在

"为什么人"的问题上，坚持以人民为中心，以实现人的自由全面发展为根本目标；在如何认识"人与自然"关系问题上，践行人与自然和谐共生的生态文明理念；在"人与世界"关系问题上，弘扬和平发展的全人类共同价值，坚持走和平发展道路。其三，从发展特征来看，中国式现代化具有显著的"并联式"特征，表现为发展任务的多重叠加性、发展时间的高度压缩性、发展要求的多重协调性和发展战略的后发赶超性。这与西方发达国家"串联式"现代化道路截然不同。其四，从发展战略来看，中国式现代化是"五位一体"总体布局与"四化同步"发展路径相结合，强调经济建设、政治建设、文化建设、社会建设和生态文明建设全面推进，新型工业化、信息化、城镇化和农业现代化同步发展。其五，从发展进程来看，中国式现代化的探索经历多个历史时期，实现了从"外源被动型"到"内生自主型"的转型，目前正迈上全面建设社会主义现代化国家新征程、向第二个百年奋斗目标进军。因此，从多维度、系统化的角度全面理解中国式现代化的内涵与特征，方能更好地指导旅游发展。

另一方面，要深入理解中国式现代化与旅游发展的内在关系。现代化是从一种社会类型向另一种社会类型的全面转变。中国式现代化是各领域全产业的现代化。就旅游发展而言，要结合中国式现代化的本质要求，从发展主体、价值导向、发展战略和发展进程等方面系统思考二者之间的内在关系，全面梳理中国式现代化对旅游发展的系统要求，深入剖析旅游发展在推进中国式现代化进程中的独特作用。

（二）实践逻辑：结合中国式现代化的实践特征推进旅游发展

一方面，要准确把握中国式现代化的实践特征。中国式现代化是以马克思主义现代化理论为根基、结合中国共产党领导人民在长期革命、建设和改革历程中不断探索和总结得出的重要结晶。从实践特征来看，现代化的"并联式"过程是中国与西方国家在现代化发展实践上的显著区别。这一特征决定了我国在现代化实践中的发展任务、发展周期、发展要求和发展战略等变量。总体来看，中国式现代化具有发展任务的高度叠加性、发展时间的高度压缩性、发展要求的多重协调性和发展战略的后发赶超性。发展任务的高度叠加性是指，在全面建设社会主义现代化国家过程中，工业化、城镇化、农业现代化和信息化是相互叠加、同步发展的任务。发展时间的高度压缩性，意味着我们要用 100 年的时间走完西方国家 300 年的道路。发展要求的多重协调性，意味着发展必须摒弃物质文明"单兵突进"的模式，要很好地统筹物质文明与政治文明、精神文明、社会文明和生态文明的关系，按照"五位一体"的总体布局，全面推动社会进步。发展战略的后发赶超性，意味着我们要具备内生的赶超型能力、战略和相应的制度安排。

另一方面，要结合中国式现代化的实践特征推进旅游发展。文化和旅游的发展思路、发展战略和发展重点应与中国式现代化的整体进程相契合。要充分认识中国式现代化在发展任务上的高度叠加性、发展时间上的高度压缩性、发展要求上的多重协调性和发展战略上的后发赶超性，将其与旅游发展的特点、阶段和功能相结合，结合"四化同步""五位一体"的整体布局推进旅游发展以及二者的深度融合。与此同时，在中国式现代化的实践中，工业化和城镇化等领域的融通、信息化和工业化融合、制造业与服务业的融合等均是加快传统产业转型升级的有效途径，而城乡融合、区域融合、虚实经济融合等重要领域的理念、机制、规律不仅可为文化和旅游提供可资借鉴的经验，而且对其产生深刻影响。相关研究显示，上述重大领域的融合发展均显示了一定的规律性：构建共同的价值网络（新价值体系）、形成共同的市场体系（新的市场体系）、打造技术革新的发展底座（新的共有技术）、融入社会结构的变化趋势（新的社会结构）、推动生产服务机制融合（新的内容生产和服务体系）、实现治理机制贯通（新的治理体系）等。因此，旅游发展需与上述领域紧密结合，并从中借鉴宝贵经验。

（三）历史逻辑：基于发展基础和综合规律推进

改革开放至今，我国旅游业经历了在探索中快速起步（1978～1991年）、加快产业化发展（1992～2001年）、支柱产业地位逐步确立（2002～2011年）、全面深化改革（2012～2018年）以及文化和旅游融合发展（2018年至今）五个发展阶段。经过 40 多年发展，旅游业实现了诸多转变。最突出地体现在以下几个方面：一是产业定位上，从一般性产业到战略性支柱产业；二是发展模式上，从数量增长到优质旅游；三是管理体制上，从部门管理到现代治理体系探索；四是市场主体上，从国有主导到多元并进；五是发展主体上，从政府主导到全社会参与；六是市场基础上，从小众旅游到大众旅游；七是供给体系上，从碎片化建设到体系化发展；八是旅游功能上，从单一经济功能到综合功能；九是服务贸易上，从旅游服务贸易顺差国到逆差国。在中国式现代化的大背景下，旅游业形成了较为雄厚的产业基础、市场基础和发展基础，也初步探索出兼具一般规律和中国特色的发展道路、发展模式和发展战略。从历史逻辑出发，未来的旅游发展，需要基于中国式现代化的目标要求，基于已有的发展基础，围绕旅游业存在的突出问题，加大改革力度，把我国建设成为世界旅游强国。

（四）系统逻辑：旅游发展要关注体系构建与重点问题

一方面，要着力构建现代化的旅游发展体系。现代化是高度系统性和复杂性的过程，是社会体系联动效应推动现代化各要素互动的结果。文化和旅游的现代化发展亦是如此。它既是中国式现代化多重逻辑在文化和旅游领域的演化过程，也是文化和旅游领域各要素全方位互动的发展过程。要全面认识旅游发展以及二者深度融合发展的系统性，从发展主体、各类要素、产业事业、产品业态、重要载体、技术支撑、结构体系、功能效应等方面构建旅游发展体系。特别是，要发挥多重主体的作用，面向群众消费需求，建立现代市场体系，利用资源、资本、技术、人才、土地、数据等关键要素，借助技术层面的科技创新应用和制度层面的治理能力提升，建设以国家文化公园等为代表的重要载体，促进文化和旅游在产品、产业、公共服务等方面的提升和融合。

另一方面，在构建现代化旅游发展体系的基础上，要特别关注以下四个关键问题。

其一，人口规模巨大的现代化：消费需求与旅游发展。中国式现代化是人口规模巨大的现代化，规模巨大的国内市场是旅游发展的重要基础。消费需求扩大和消费结构升级可为旅游发展提供可持续的增长动力。更好地促进和满足消费需求，对提振经济、畅通国内经济大循环具有重要牵引作用，也是推进文化和旅游深度融合发展的出发点和落脚点。因此，需根据消费需求的特征变化，消除各种制约和障碍，加强需求侧管理，推动供给侧结构性改革，不断完善商业和公共性供给，发挥文化和旅游在推动消费需求扩容升级方面的重要作用。

其二，社会主义市场经济条件下的现代化：现代市场体系与旅游发展。构建高水平社会主义市场经济体制是构建新发展格局和推动高质量发展的内在要求。在旅游发展方面，我国已初步形成包括产业体系、业态体系、要素体系等在内的体系相对完整、功能较为完善、统一开放、竞争有序的现代市场体系，但距离高标准仍有较大差距。在一些地方、领域和环节，仍存在市场失灵问题，特别是促进文化和旅游融合发展的市场体系尚不健全，导致市场主体融合动力不足，创新发展不力，竞争机制不完善，运行秩序不规范。因此，亟须明确现代市场体系在推进旅游发展中的作用，进一步高标准推进统一开放、竞争有序、制度完备、治理完善的现代市场体系建设，解决旅游发展面临的深层次问题。

其三，新一轮科技革命背景下的现代化：科技创新应用与旅游发展。以数字科技为代表的科技创新已成为重组全球要素资源、改变全球竞争格局的关键力量，也是加速产业变革的核心驱动。信息科技、生命科学、新材料、新能源等领域的全面进步，使科技创新全方位、立体化地影响旅游发展。科技不仅推动了消费需求升级、产品形态创新、业务流程再造、管理模式升级、商业模式换代、生产方式更新和治理体系创新，而且改变了文化在旅游消费中的展示方式，改变了产品的供求匹配效率，改变了信息的沟通传递方式。因此，要密切关注科技创新影响旅游发展的内在机理、现实约束和解决对策。

其四，"有力政党—有为政府—有效市场—有机社会"共同推进的现代化：治理现代化与旅游发展。中国式现代化呈现"有力政党+有为政府+有效市场+有序社会"的总体局面。在治理现代化背景下，文化和旅游亟须形成"政党坚强有力、引领创变，政府积极进取、开明有为，市场创新开放、灵活有效，社会多元参与、和谐有序"的发展格局，推进治理主体民主化、治理决策科学化、治理方式法治化、治理手段信息化、治理过程高效化，形成共建共治共享的治理格局。

（五）理论逻辑：形成系统的分析框架、理论体系和话语体系

既有研究提供了一定基础。目前围绕中国式现代化已大体形成四类研究。一是阶段导向的历时性研究，即将中国式现代化的探索划分为不同阶段。二是特征导向的阐释性研究。多数研究分别从中国式现代化的

五个方面阐释其独特性，少数研究围绕中国式现代化的"并联式"特征展开。三是逻辑导向的思辨性研究。学者分别探讨了其理论逻辑、历史逻辑、实践逻辑、价值逻辑、时代逻辑、制度逻辑、发轫逻辑和运行逻辑。四是维度导向的实践性研究。研究者分别从观念层、器物层、技术层、产业层、制度层、主体层等维度论证中国式现代化的实施方案；从价值、历史、实践、过程和时空等维度分析中国式现代化的新道路；从本质、主体、历史、现实、战略与价值等维度厘清中国式现代化道路的现实依托和未来指向。上述研究为凝聚社会共识提供了学理依据。不过值得注意的是，囿于研究时间的有限性，现有文献仍存在一定雷同。研究内容主要集中于对"中国式现代化"的概念解读和特征描述，多为"大写意"式研究，着眼于分析其发轫发展、现实特征、框架体系、内在逻辑、实践路径和世界意义等。至于中国式现代化与我国社会经济发展各方面、各领域的关系，仍未充分展开，"工笔画"式探究尚不多见。特别值得注意的是，兼具经济属性、文化属性和社会属性且与生态文明、国家软实力等密切相关的旅游发展，尚未成为中国式现代化研究的关注重点。而文化和旅游领域对中国式现代化的研究，也仅停留于直接套用其五个特征，分析文化和旅游在实现人口规模巨大的现代化、全体人民共同富裕的现代化、物质文明和精神文明相协调的现代化、人与自然和谐共生的现代化、走和平发展道路的现代化等方面的作用，尚未实现内在逻辑和更深层次的结合。

在中国式现代化背景下，未来在内容和成果方面均应有较大拓展和提升。

在内容上，要关注四个问题。一是在理论体系层面，要围绕中国式现代化、文化和旅游、文化和旅游融合发展等梳理出内在关联紧密、逻辑层层递进的理论脉络，对术语间的异同、因果等学理关系和层次框架进行系统论证，而不是简单套用或者堆砌。二是在内在机理层面，要结合中国式现代化的内在逻辑和本质特征，围绕文化和旅游的独特作用以及二者融合的内在机理，重点关注"旅游的文化性"特征和"文化的旅游化"特征，探究不同层级的文化（精神文化、制度文化与物质文化，显性文化与隐性文化）对旅游各组成部分（旅游主体、旅游客体、旅游媒介）的作用机制，分析旅游参与文化生产、传播和消费的多种途径，准确把握并不断创新文化和旅游的融合点。三是在指标度量层面，要结合现代化发展的共性，并充分体现中国式现代化的特殊性，将定性和定量相结合，研究与建立文化和旅游现代化以及文化和旅游深度融合发展的评价指标体系，增强对发展现实和未来趋势的评价与预测能力。四是在话语体系层面，要努力形成既能有效解释和推动中国旅游发展实践，又能为世界所理解和接受的学术概念、学术范畴和研究命题，形成既能有效与国际对话，又富有独特价值的理论逻辑，创新中国式现代化话语传播的形式和媒介平台，提升对外表达的精确性和可接受性。

就方法和成果而言，要关注三个方面。一是以辩证唯物史观为指引，形成原创性研究成果。基于中国的具体国情与发展实践，思考并回答"在中国式现代化进程中，为何以及如何推进旅游发展以及二者的深度融合"，从而形成原创性的研究成果，构建文化和旅游研究的中国学派。二是以综合性方法论为支撑，形成科学性研究成果。基于定性与定量相结合、诠释主义与实证主义相结合的方法论，将"实践问题"转化为"科学问题"，用严密的逻辑和规范的方法对现实问题加以抽象化、理论化和体系化，从而形成既能有效解释和推动我国发展实践，又能为世界所理解的学术概念、学术范畴和研究命题。三是以两类研究相融合为特点，形成综合性研究成果。扎实、深厚的基础理论研究是应用对策研究具备前瞻性、战略性和精准度的前提。要以雄厚的基础理论研究为支撑，开展建立在基础理论研究之上的应用对策研究，形成兼具理论深度和实践效度的综合性研究成果。

四 中国式现代化进程中旅游发展的路径选择

（一）高质量发展之路

如何引导和满足人民群众的旅游需求是中国式现代化进程中旅游发展面临的关键问题。要充分利用人口规模巨大所具备的旅游市场基础和潜力优势，通过高质量发展，有效发挥国内旅游需求对我国供给侧结构性改革的支撑作用，实现旅游产品供给和旅游消费需求的相互匹配和相互适应。为此，要特别关注以下三个问题。

其一，合理布局旅游产品结构。立足旅游消费需求，加强需求侧管理，深入挖掘并准确把握旅游者的需求趋势，科学研判城市和农村居民的旅游需求及其变化，充分考虑旅游者的年龄结构、身体状况、群体特征和旅游偏好等因素，为旅游者提供更加多元化、个性化的选择。在发展传统的吃、住、行、游、购、娱等旅游要素基础上，加快推动"旅游+"和"+旅游"，形成多产业融合发展的新局面，推进旅游与体育、文化、养老、教育、健康、科技、工业、农业、林草、中医药等领域相加相融、协同发展，催生旅游新业态，进一步满足旅游者的多样化需求。

其二，增加优质旅游产品供给。优质的旅游供给是赢得旅游者认可的关键，要把提供优质旅游产品和服务放在首要位置，以质量提升代替数量增长。一方面，旅游企业要加大优质旅游产品供给力度，准确把握旅游者的品质化消费需求趋势，开发更具品质、更具特色的旅游产品，打造更多体现文化内涵、人文精神的旅游精品，不断提升旅游服务质量，形成现代化旅游高水平供给。另一方面，旅游企业要依靠创新引领旅游者的消费需求，把时尚的创意理念、文化内涵、生态理念、健康理念、科技理念融入旅游产品中，提高产品附加值。

其三，完善旅游公共服务体系。以供给侧改革统筹推进旅游公共服务体系建设，改变旅游公共服务单一由政府供给的局面，建立多元化供给机制，引导各类市场主体参与其中，在整合"食住行游购娱"等服务要素的基础上，进一步整合"信息、环境、契约、安全、支付方式、地方友好"等新的供给要素[26]，促进旅游公共服务与旅游需求有效对接；改变旅游公共服务部门缺乏合作、多头管理的局面，建立健全旅游运行机制和治理机制，激励相关部门积极参与其中，提高旅游公共服务的运行效率和供给效率；改变旅游公共服务供给数量不足、质量较低的困境，给予充足的政策和资金支持，持续推进旅游信息化、数字化、智能化建设，以更加完善、便捷和高效的旅游公共服务满足人民美好生活的需要。

（二）共同富裕之路

要充分发挥旅游业在实现共同富裕方面的作用，需特别关注以下三个问题。

其一，提供适当的政策倾斜和保障。坚持问题导向，相关政策向欠发达地区、农村地区、困难群众倾斜，着力解决地区之间、城乡之间、群体之间发展不平衡的问题。一要进一步推进区域重大战略和区域协调发展战略，并以旅游业为政策工具引导区域之间加强互动、对口支援和帮扶，推动发达地区和欠发达地区共同发展，实现区域发展再平衡。二要积极探索构建城乡统一的建设用地政策，深化农村宅基地改革试点工作，盘活农村闲置住房和土地等资源，增加农村居民的土地经营性收入，实现城乡发展再平衡。三要建立旅游业提高低收入群体收入的长效机制，并构建与灵活就业等新型就业方式配套的薪酬体系和政策保障体系。

其二，构建完善的现代市场体系。市场体系是市场经济运行的基础。加快构建和完善包含高标准的市场基础制度、高效率的要素市场配置机制、高质量的市场发展环境、高水平的市场开放制度和高效能的市场监管机制在内的高标准市场体系。一要夯实旅游市场基础制度，健全农村集体产权制度和自然资源资产产权制度，确保乡村居民在旅游发展中的相关权益能够有效实现。二要促进要素资源高效配置，建立统一开放的旅游大市场，进一步打破行政壁垒、区域壁垒，推动旅游发展要素在区域间流动，发挥相邻地区间的溢出效应。三要优化提升市场环境，构建市场化、法治化、国际化的营商环境。

其三，健全完善的社会参与机制。坚持以共享发展理念引领旅游发展，构建"全社会共建＋全社会共享"的人人参与发展、人人共享发展的模式，并在旅游企业、当地政府和目的地居民各利益相关方之间构筑起健康、稳定、长效的利益联结机制和高效协同的旅游业共建机制。尤其是在乡村旅游发展过程中，要鼓励农民以土地、劳动力、资金等有形或无形资产入股参与旅游开发和建设中，并加大旅游企业和目的地居民之间紧密型利益联结机制的激励和补偿力度，以保障乡村居民在旅游发展过程中获得应有的利益。

（三）文化和旅游深度融合之路

如何发挥旅游业在促进物质富足和精神富有方面的积极作用，是中国式现代化进程中旅游发展面临的现实任务。为确保物质文明与精神文明协调发展，需要重视文化和旅游融合发展，推动文化和旅游在更广范围、更深层次、更高水平上实现深度融合，同时重视旅游的事业功能。

其一，要重视文化和旅游深度融合。顺应文化和旅游融合发展的大趋势，坚持以文塑旅，深入挖掘旅游资源的独特文化价值，把历史文化和现代文明融入旅游发展的全过程和各环节，有效拓展旅游资源的表现力和影响力，开发更多内容健康、特色鲜明、体验性强的旅游产品，不断以形式多样、丰富多彩的旅游产品拓展人们的精神文化空间、满足人们的精神文化需求。

其二，就红色旅游发展来看，要充分发挥红色资源作为场景化的"历史教科书"的作用。一要在追根溯源中准确解读革命文化的精神内涵、理论特质和深层内涵；二要基于新发展阶段的具体实践和时代内涵，发挥革命文化的时代价值，传承历史智慧和革命经验解决现实难题；三要用创新的话语解读方式把革命话语转化为现代话语和大众话语，让革命文化和红色精神得以合理彰显和顺畅表达。

其三，要重视旅游发展的事业功能。从政治经济学、制度经济学和福利经济学出发，对旅游领域的事业与产业、政府与市场的边界及其分工、组合进行系统研究，明确哪些是公益型的旅游事业属性，哪些是市场型的旅游产业属性。对于旅游事业部分，重点发挥"有形之手"的作用，强化政府的引导和扶持作用，采取多种方式将文化渗透到旅游的全过程和各环节，不断增强旅游的文化教育和价值引领功能，推动旅游业实现社会效益和经济效益有机统一。

（四）可持续发展之路

旅游业作为对生态环境和生态资源依赖性较强的产业，其发展绝不能以牺牲生态为代价。深入推进旅游业的可持续发展是提升旅游资源综合效益的重要途径，也是实现生态文明建设和绿色发展的内在要求。为此，要特别关注以下三个问题。

其一，要牢固树立绿色发展理念。自党的十八届五中全会提出新发展理念以来，绿色发展成为新时代经济社会发展的主旋律。旅游业的持续健康发展需要凸显绿色发展理念，牢固树立保护生态就是保护生产力、改善生态就是改善生产力的理念，由政府、企业和公众共同参与建立绿色低碳的生产生活方式。政府层面，要加强政策引导，制定旅游业绿色发展的政策体系，如健全生态保护补偿机制、加强财税和金融支持等；完善旅游业绿色转型的顶层设计，明确其总体战略、基本原则和主要目标；出台法规标准和政策机制破解旅游业绿色转型中的难点问题。企业层面，要强化市场主体地位，构建旅游业绿色发展的产业体系，鼓励旅游开发和从业人员树立绿色发展理念，引导企业加大绿色环保技术的利用和研发，加强对旅游项目的管理和生态评价。公众层面，要推动宣传教育，倡导绿色发展的旅游消费方式，将低碳环保教育融入旅游产品中，提高旅游环保宣传的教育性、娱乐性和互动性，加深人们对生态环保和绿色消费方式的理解和认同。

其二，要推进生态文明制度建设。一是结合生态文明建设的总体要求和我国旅游业的发展现状，研究制定适合我国国情的可持续旅游发展条例、相关细则以及配套的标准和认证体系。二是在全国和地方层面，建立可持续旅游发展账户系统，制定可持续旅游发展评价与考核办法，按照新的考核办法对重点旅游地及其负责人进行考核。三是以市、县层级为主，将完整的行政区划为旅游功能区，将其作为推动全域旅游的有效载体，并在该主体功能区内进行以可持续旅游发展为主导的"多规合一"，划定生产空间、生活空间、生态空间，明确开发边界和开发方式。四是按照《环境保护督察方案（试行）》的要求，明确旅游地党委和政府履行环境保护和可持续旅游发展的主体责任，实行"党政同责"和"一岗双责"，建立环境保护督察工作机制。

其三，要加强绿色生态技术应用。旅游业可持续发展离不开科技创新，尤其是在"双碳"目标下，有必要将绿色生态技术融入旅游发展的全链条和全过程。一方面，要推动绿色生态技术在旅游业的广泛应用，基于低碳科技、固碳封存技术、新兴储能技术等深化旅游重点领域的节能减排。例如，在旅游交通工具上，利用氢能、电能等新能源汽车实现旅游交通的能源替代；在旅游住宿上，使用低碳材料、零碳材料进行建筑物搭建，运用太阳能、风能进行采光和发电。另一方面，鼓励旅游企业优先采用国际先进技术成果，加快旅游业全链条、全过程改造升级[34]。

（五）开放合作之路

面对世界百年未有之大变局，要把旅游作为一种对外交往的重要手段融入世界和平发展之中。这将是一项复杂艰难、充满挑战的系统工程，为此需要关注以下三个问题。

其一，在旅游消费和投资领域贡献中国力量。旅游消费方面，放宽人员往来限制，谋划和部署出入境旅游新方略，加强与"一带一路"沿线国家、亚太经济合作组织、上海合作组织、金砖国家和《区域全面经济伙伴关系协定》成员之间的客源互送、市场共享。旅游投资方面，通过拓展国际化业务布局、拓宽国际并购渠道等方式推动我国旅游企业"走出去"，同时进一步扩大我国旅游业的开放范围，将外国的旅行服务商、酒店管理公司和专业人士等"引进来"。

其二，在全球旅游治理体系中贡献中国智慧。随着我国在世界旅游格局中话语权的日益增强，有必要加强与世界旅游组织、世界旅游及旅行理事会、亚太旅游协会等国际旅游组织的合作，并在世界旅游联盟、世界旅游城市联合会、国际山地旅游联盟等主要旅游平台中发挥主导作用，借助"一带一路"国际合作高峰论坛、中国—东盟博览会、中国—中东欧国家领导人会议等平台探索旅游常态化合作机制，实现从现有的全球旅游规则和旅游标准的"跟随者"到"推动者"再到"引领者"的转变。

其三，在旅游业可持续发展中贡献中国方案。我国旅游业用40多年时间走完了欧美旅游发达国家180多年的路程，成为全球最大的国内旅游和出境旅游国，在世界旅游业中脱颖而出。我国旅游业发展过程中，积累了诸多有益经验，如旅游扶贫、文化和旅游融合、生态文明建设等，可为其他国家的旅游发展提供借鉴。

第二节　"三新一高"与旅游发展

党的二十大报告就如何把握新发展阶段、贯彻新发展理念、加快构建新发展格局、推动高质量发展（以下简称"三新一高"）做出了系统性的决策部署。"三新一高"成为指导中国经济发展的一个纲领性方向，也为旅游发展提出了新的要求。准确理解"三新一高"的内涵、逻辑及其相关关系对促进旅游发展具有重要意义。

一　新发展阶段、新发展理念、新发展格局与高质量发展

（一）新发展阶段

阶段性认识与判定是对中国社会主义制度变迁和现代化进程影响深远的重大问题[35]。目前中国特色社会主义已进入新时代，中国进入新发展阶段。新发展阶段就是全面建设社会主义现代化国家、向第二个百年奋斗目标进军的阶段。龚刚使用"两阶段理论"为新发展阶段提供了学理解析[36]。根据其解释，经济学中存在按所有制和生产力区分的各种阶段论，同时也存在各种不同的陷阱理论，两阶段理论将生产力资源禀赋和陷阱理论二者结合。他认为，发展中国家在脱离贫困陷阱后向发达国家发展必须经历两个阶段（其各自特征如表7-1所示），而拐点和陷阱是两个阶段的分水岭。龚刚、杨兰、刘铭进一步强调了供给侧结构性改革的必然趋势，即在新发展阶段下，通过扩大内需促进经济增长的过程中，供给侧的约束已越来越明显，因此，供给侧结构性改革是新发展阶段实现高质量发展的必然选择（见图7-1）。供给侧结构性改革，是指通过科学与技术，从根本上提升整个经济社会的供给（生产）能力，建设更高质量的经济社会的供给结构体系，以满足人民群众日益增长的对美好生活的需要[37]。

表 7-1　经济发展两阶段的特征比较

特征	第一阶段	第二阶段（新常态）
基本特征	剩余劳动力的消化过程	技术的追赶过程
生产方式特征	从劳动密集向资本密集转化	从资本密集向技术密集转化
劳动力市场特征	刘易斯拐点出现之前	刘易斯拐点出现之后
收入分配特征	库兹涅茨曲线前半部分	库兹涅茨曲线后半部分
发展水平	低收入向中等收入发展	中等收入向高收入发展
经济增长动力	充足	减弱
常态下的供需特征	需求拉动型	供给约束型

中等收入陷阱

资料来源：龚刚《新发展阶段的学术解释——"两阶段理论"的视角》，《经济评论》2022年第2期。

（二）新发展理念

立足新发展阶段通过对现实环境进行深刻剖析，明确了我国当前经济

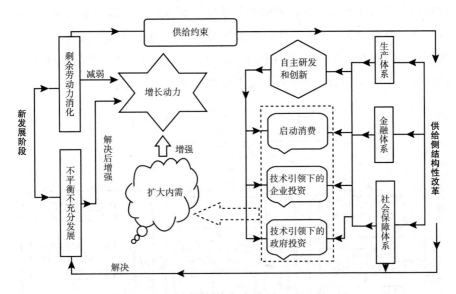

图 7-1 新发展阶段下的经济高质量发展

资料来源：龚刚、杨兰、刘铭《论新发展阶段下经济的高质量发展》，《中国经济问题》2022 年第 6 期。

发展的历史方位，而贯彻新发展理念则通过体系化统筹发展和安全，明确了我国现代化建设的指导原则。党的二十大报告中强调，"贯彻新发展理念是新时代我国发展壮大的必由之路"。新发展理念是个系统的理论体系，回答了关于发展的目的、动力、方式、路径等一系列理论和实践问题。创新、协调、绿色、开放、共享五大发展理念在哲学意义上的逻辑体系表现为开放发展理念是世界观，创新、协调、绿色三大发展理念是方法论，共享发展理念是价值观；实践层面上的逻辑关系表现为创新发展是不竭动力、协调发展是平衡机制、绿色发展是基本支撑、开放发展是外部条件、共享发展是根本目的[38]。

（三）新发展格局

构建新发展格局是我国在新发展理念的指导下，为适应新发展阶段特征而做出的主动选择。对于经济新发展格局的理解，涉及诸多层面和角度。黄群慧提出"阶段—模式—动力"的三维体系，对新发展格局做出了理论解释，这一解释框架得到广泛关注（见图 7-2）。他认为，构建新发展格局是中国基于自身资源禀赋和发展路径而探索的、以自立自强为本质特征的、突破"依附性"、具有"替代性"的一种经济现代化模式，是与现代化新阶段相适应的经济现代化路径，是一种充分利用大国经济优势、围绕着自主创新驱动经济循环畅通无阻的经济现代化战略[39]。

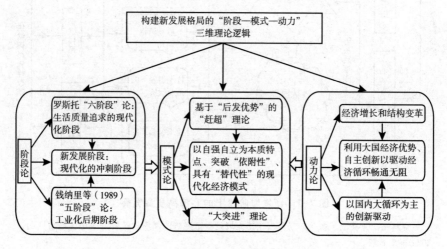

图 7-2　构建新发展格局的三维理论

资料来源：黄群慧《新发展格局的理论逻辑、战略内涵与政策体系——基于经济现代化的视角》，《经济研究》2021 年第 4 期。

　　总体来看，新发展格局最突出的特征有二。一是坚持扩大内需，加快形成强大国内市场。作为超大规模经济体，我国内需市场的总量规模甚为庞大，并有巨大拓展空间。一方面，在 GDP"三驾马车"中，消费（最终消费）已逐步取代投资（资本形成）成为经济增长的重要支撑，已成为实施内需战略的基石。另一方面，相对而言，我国国内需求占总需求的比重、居民需求占国内需求的比重依然不高，生产结构、供给结构的质量、数量与需求结构、消费结构的质量和数量仍不匹配，如何通过深化供给侧结构性改革，提升供给体系对国内需求的适配性，进一步提升国内消费尤其是居民消费在经济中的地位，仍有广阔空间。二是坚持扩大开放，使国内循环与国际循环相互促进。正如习近平总书记所指出的，"新发展格局决不是封闭的国内循环，而是开放的国内国际双循环"。超大规模市场绝非封闭的国内市场，而是开放、包容、联通的国际国内双市场。以国内大循环为主体，也不是不开放，而是不断扩大开放的领域、范围和深度。改革开放以来，我国坚持对外开放基本国策，发展成为世界第二大经济体、制造业第一大国、货物贸易第一大国、商品消费第二大国、外资流入第二大国和外汇储备第一大国。在新的国内外形势下，构建"双循环"格局，就是要推进更深层次的改革和更高层次的开放。

新发展阶段、新发展理念、新发展格局是对我国当前发展状况的全面判断。新发展阶段是事物发展内外因的反映，新发展理念是对新发展阶段的统筹思考，新发展格局则是主观能动性的具体表达[40]。进入新发展阶段明确了我国发展的历史方位，贯彻新发展理念明确了我国现代化建设的指导原则，构建新发展格局则明确了我国经济现代化的路径选择[41]。就三者关系而言，把握新发展阶段是贯彻新发展理念、构建新发展格局的现实依据，贯彻新发展理念为把握新发展阶段、构建新发展格局提供了行动指南，构建新发展格局则是应对新发展阶段机遇和挑战、贯彻新发展理念的战略选择[41]。总之，进入新发展阶段、贯彻新发展理念、构建新发展格局三者紧密关联。

（四）高质量发展

党的十九大报告做出"我国经济已由高速增长阶段转向高质量发展阶段，正处在转变发展方式、优化经济结构、转换增长动力的攻关期"的重要判断。党的二十大报告再次强调，"高质量发展是全面建设社会主义现代化国家的首要任务"，将"高质量发展"提升至前所未有的高度，并且将经济发展的主题确定为"推进高质量发展"，不断促进"经济实现质的有效提升和量的合理增长"。

根据张占斌、毕照卿的观点，经济高质量发展具有多重内涵[42]。高质量发展致力于实现"更高质量、更有效率、更加公平、更可持续"的发展目标，意味着经济发展方式向集约型增长转变。高质量发展包含经济、民生、生态、安全等多方面的发展内容。高质量发展具有宏观、中观和微观三重发展结构：在宏观层面，意味着稳定、均衡、协调、公平的发展；在中观层面，体现在产业和区域产业结构与区域协调方面；在微观层面，高质量发展表现在产品的种类和数量的增加、产品质量的提升、企业和品牌的培育、人民的幸福感的提升等方面。此外，高质量发展要求提高要素质量和配置效率、增加新的生产要素。

王一鸣认为，高质量发展阶段存在几个显著的转变过程和方向，包括从"数量追赶"转向"质量追赶"，从"规模扩张"转向"结构升级"，从"要素驱动"转向"创新驱动"，从"分配失衡"转向"共同富裕"，从"高碳增长"转向"绿色发展"。推动经济高质量发展是一项系统性工程，其实践路径内在涵盖多个方面，核心是"循环"，打通生产、分配、流通、消费的堵点和梗阻，关键在改革，促进生产要素自由流动和资源优化配置。生产环节重在畅通创新链、产业链和供应链，分配环节重在解决居民收入分配和城乡收入差距问题，流通环节重在加强流通体系建设和畅通金融业与实体经济循环，消费环节重在扩大居民消费和推动消费升级[43]。也有学者指出，进入新发展阶段，高质量发展具有更加注重人民参与感与获得感、更加注重补齐短板、更加注重精神文明建设、更加注重推动社会公平、更加注重实现人的全面发展的新内涵。因此，需要重视精神文明建设、重视推动分配领域的公平与正义、构建合理劳动力结构、发挥人民首创精神、重视高质量需求的培育[44]。总体来看，经济高质量发展有其内在的学理逻辑，其内涵丰富，具有多维性、质量性、动态性、人民性等特征，评价方式主要有单一指标论和多维指标论。经济高质量发展实现途径包括以新发展理念为指导、以新发展格局为循环互动、以企业产品质量为基础、以供给侧结构性改革为主线、以创新驱动为动力导向、以数字经济为助推力量及以绿色消费联动内外等方面[45]。

高培勇等则构建了"四个转向"和"四个机制"的逻辑框架（见表7-2 和图 7-3），并借此指出，我国社会主要矛盾的转化，决定了资源配置方式从政府主导向市场主导的转化；而资源配置方式的转化，则决定了我国产业体系从工业主导向服务业主导、从低端主导向中高端主导的转化；产业体系特征与经济增长阶段的一致性，意味着中国必须从依靠高投资、劳动参与率等要素驱动的高速增长，转化为主要依靠技术进步、效率驱动的高质量发展[46]。也就是说，现代化经济体系建设是社会经济系统的综合转型、走向高质量发展的必然趋势。

表7-2 传统经济体系与现代化经济体系的比较

	传统经济体系(1978~2012年)	现代化经济体系
社会主要矛盾	总量性的矛盾 (i)人民的基本物质文化需要 (ii)更关注数量	结构性的矛盾 (i)人的全面发展 (ii)更关注质量、个性化
资源配置方式	(i)政府主导 (ii)增长型政府、基础性的市场机制	(i)市场主导 (ii)公共服务型政府、起决定性作用的市场机制
产业体系	(i)工业主导 (ii)各产业内部低端主导	(i)服务业主导 (ii)各产业内部中高端主导
增长阶段	(i)高速增长 (ii)低质量发展:要素投入驱动为主	(i)可持续增长 (ii)高质量发展:技术进步驱动为主

资料来源:高培勇等《高质量发展背景下的现代化经济体系建设:一个逻辑框架》,《经济研究》2019年第4期。

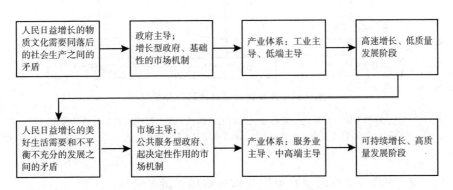

图7-3 经济体系的运行机制和内生转化

资料来源:高培勇等《高质量发展背景下的现代化经济体系建设:一个逻辑框架》,《经济研究》2019年第4期。

在明确高质量发展要求的基础上,杨锚泽、魏修建分析了我国经济高质量发展制约因素的三维逻辑[47]。总体上看,我国经济高质量发展在宏观、中观和微观三个层面存在制约(见图7-4)。具体而言:在微观上企业创新缺乏动力;在中观上产业结构存在迟滞;在宏观上绿色发展存在短板。向晓梅、胡晓珍、吴伟萍也持相同观点,认为破解之道在于加强营商环境、结构升级和绿色效率，以动力变革转换增长动力、以效率变革优化经济结构、以质量变革转变发展方式[48]。而高质量发展的关键在于以高科技主导下的要素融合创新作为内生动力，以市场主体多元化和产业体系高端化作为重要抓手，以高品质供给作为主要目标，形成"动力—效率—质量"耦合机制（见图7-5）。

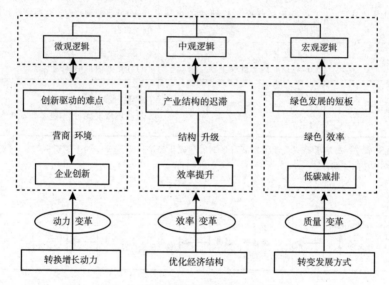

图7-4 高质量发展制约因素分析框架

资料来源：杨镒泽、魏修建《中国经济高质量发展制约因素分析的三维逻辑》，《哈尔滨工业大学学报》（社会科学版）2023年第3期。

综上可见，"高质量发展"一词可适用于诸多领域，然而就其提出的本意与核心意涵而言，主要还是侧重于经济方面。经济高质量发展具有多重内涵，至少涉及以下六个方面。第一，从发展目标来看，高质量发展致力于实现"更高质量、更有效率、更加公平、更可持续"的发展，以此满足人民日益增长的美好生活需要和推动人的全面发展。第二，从发展方式来看，高质量发展意味着经济发展方式向集约型增长转变，需要将由要素投入和驱动的粗放型高速增长转变为以科技进步、管理水平提高和劳动者素质能力提高为主的集约型增长。第三，从发展内容来看，高质量发展内在包含经济、民生、生态、安全等多方面内容。第四，从发展结构来看，高质

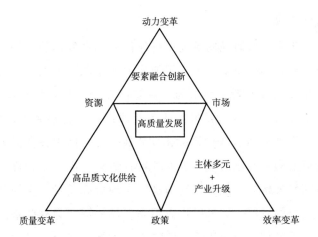

图 7-5 高质量发展的理论逻辑

资料来源：向晓梅、胡晓珍、吴伟萍《我国文化产业
高质量发展的理论逻辑与政策取向》，《广东社会科学》
2023 年第 3 期。

量发展具有宏观、中观和微观三重视角。宏观视角下，高质量发展意味着实
现供给与需求动态平衡，意味着经济增长的稳定性、发展的均衡性、环境的
协调性、社会的公平性；中观视角下，高质量发展体现在产业和区域产业结
构与区域协调方面；微观视角下，高质量发展不仅表现在产品的种类和数量
的增加、产品质量的提升方面，也包括一流企业的培育、品牌影响力的打造
等方面，还体现在人民的幸福感的提升等方面。第五，从发展要素来看，高
质量发展对提高要素质量和配置效率、增加新的生产要素提出了新的要求。
第六，从发展变化来看，经济高质量发展往往涉及几个方面的显著转变，即
从"数量追赶"转向"质量追赶"、从"规模扩张"转向"结构升级"、从
"要素驱动"转向"创新驱动"、从"分配失衡"转向"共同富裕"、从"高
碳增长"转向"绿色发展"等。总体而言，经济高质量发展内涵丰富，有其
内在的学理逻辑，并具有多维性、动态性、人民性等特征，其评价方式以多
维指标为主。

（五）"三新一高"

总体来看，"三新"高度凝练了当下我国发展的思路和原则，为未来
五年乃至更长一个时期内坚持和发展中国特色社会主义提供了科学理论指

南和重要现实指导[49]。

在当前及未来一段时期内继续保持经济复苏良好趋势，并着力实现更高水平和更高质量的发展，关键在于加快形成以国内大循环为主体、国内国际双循环相互促进的新发展格局。目前世界经济与政治形势复杂多变，而我国拥有全球最完整且规模最大的工业体系，拥有超大规模内需市场，以"一带一路"倡议为代表的国际化发展战略蕴含巨大投资潜力，国家治理体系和治理能力具有应对公共卫生风险的显著优势[50]。因此，发挥阶段性优势构建新发展格局，能够使我国经济实现更高质量、更加公平、更可持续、更为安全的发展。需要以扩大内需、提振消费为战略基点，推进落实以人为核心的新型城镇化建设、区域协调发展战略、乡村振兴战略，畅通国民经济循环。

二 "三新一高"背景下的旅游发展

（一）旅游业与构建新发展格局

"十四五"时期的旅游发展在实现共同富裕、构建新发展格局、创新驱动发展、建设文化强国、强化系统观念等方面需要承担新的社会责任。具体而言：进入新发展阶段，旅游业要发挥为民、富民、利民、乐民的作用，成为迈向共同富裕道路上具有时代特征的幸福产业；构建新发展格局，有利于旅游业发挥独特优势，也要求旅游业承担扩大内需的重要任务；实现创新驱动发展战略为旅游业赋予新动能，也要求其实现创新发展；建设文化强国为旅游业明确了方向，也需要其更加主动地发挥作用；强化系统观念有利于旅游业全面协调发展，也对其提出了统筹发展和安全的新任务[51]。

一方面，旅游发展要围绕扩大内需这个战略基点。旅游业要把满足国内市场需求作为行业复苏支点，不断提升旅游产品和服务对人民美好生活需要的适配性，才能充分发挥超大规模市场优势，形成休闲需求牵引市场供给、行业供给创造旅游需求的高水平动态均衡[52]。另一方面，旅游发展要融入国家各项重大战略。在新的形势下，旅游业要更加深入地融入并服务于乡村振兴战略、区域协调发展战略、绿色发展战略、"一带一路"倡议、粤港澳大湾区建设等一系列重大国家战略，促进居民收入和公共服务水平提升，打通阻碍消费潜力释放的痛点和堵点。同时，要把握数字经济、智慧旅游、文旅融合等创新契机，发挥科技创新的关键性作用，促进行业全要素生产率（TFP）提升，通过技术革新和产品革命加强前沿探索与前瞻布局，形成新的技术应用场景，打造旅游高质量发展新优势。

（二）旅游业的高质量发展

从发展结果来看，我国旅游业在过去 40 余年里实现了产业规模的扩大和经济影响的提升，也存在产品创新不足、产业效率偏低、供求矛盾突出、市场机制不完善、环境可持续有待加强等问题。从发展驱动来看，我国旅游业的快速增长主要依赖于两个因素：一是大量的要素投入，包括政策、土地、基础设施、劳动力、资本等资源要素的持续投入；二是旺盛的国民旅游需求。时至今日，我国旅游业快速增长的两个因素都受到挑战，例如需要重新审视劳动力要素、资本要素的投入在当前我国旅游发展中的作用，我国经济增长的"人口红利"不复存在，在旅游企业用人成本提高、人才流动率升高、高技能人才匮乏的同时，大量旅游相关行业待业人口依旧存在，形成结构性的失业；就资本要素而言，旅游投资在推动旅游业增长的同时，也在投资环境、投资质量、投资效率等方面面临着多重风险。因此，在新的发展阶段和发展背景下，如何实现旅游业高质量发展成为值得研究的重要命题。

李书昊、魏敏区分了狭义和广义视角下的旅游业高质量发展，认为前者要求升级旅游产品质量、提高旅游经济效率、优化旅游产业结构和增强旅游可持续性；后者则要求完善旅游功能效益，发挥正向外部效应。为此，既要依赖于创新驱动和数字赋能的外在驱动路径，又要走产业融合和品牌塑造的内在突破路径，还要构建科学有效的"两手"协同机制、风险防范机制、利益分配机制和人才培养机制等[53]。宋瑞指出，旅游业高质量发展包含多个维度，其中以下四个维度至关重要。一是产业效率的维度，即高质量发展就是更高效率的发展，同样的资源、资本、土地、劳动力等要素投入能够带来更高的产出。二是综合效益的维度，即高质量发展不仅追求经济收益，也追求文化、社会、生态等方面的收益，实现更绿色、更环保、更包容、更公平的发展。三是区域平衡的维度，即高质量发展就是要缩小东西部地区之间、城乡之间的差距，不管是旅游经济规模、旅游设施条件，还是旅游管理水平、旅游服务能力，以及当地居民的出游情况，均实现更加均衡的发展。四是游客满意的维度，即高质量的发展一定是让游客更加满意，旅游舒适度更高，更能够体验到旅游本身的乐趣，更能够放松身心、开阔视野等[54]。

王兆峰等从中国式现代化视域分析了旅游业高质量发展，认为应从更高品质满足大众需求、促进全体人民共同富裕、持续推进文旅深度融合、促进人与自然和谐共生、发挥和平桥梁纽带作用等方面把握其内容，其中更高品质满足大众需求是旅游业高质量发展的核心要义，促进全体人民共同富裕是旅游业高质量发展的根本宗旨，持续推进文旅深度融合是旅游业高质量发展的必由之路，促进人与自然和谐共生是旅游业高质量发展的重要责任，发挥和平桥梁纽带作用是旅游业高质量发展的时代使命。为了实现旅游业高质量发展，应利用科技赋能以构建现代旅游产业体系、坚持以人为本以满足人民美好生活需要、推动绿色发展以筑牢旅游产业生态基底、深化交流互鉴以加强国际传播能力建设，为中国式现代化建设贡献旅游力量[55]。

结合经济高质量发展的多维理解，旅游业的高质量发展也包含多个维度。其中最为关键的是以下几个方面。一是产业效率维度。旅游业高质量发展应是更高效率的发展，即同样的资源、资本、土地、劳动力等要素投入可带来更高的产出。二是综合效益维度。旅游业高质量发展不仅追求经济收益，也要获得文化、社会、生态等方面的收益，实现更绿色、更环保、更包容、更公平的发展。三是区域平衡维度。旅游业高质量发展要求缩小东西部地区之间、城乡之间的差距。不管是在旅游经济规模、旅游设施条件方面，还是在旅游管理水平、旅游服务能力以及当地居民的出游情况等方面，都能实现更加均衡的发展。四是产业生态维度。旅游业高质量发展是要形成衔接良好、运行高效、良性竞争、协同共生的产业链条和产业生态。五是市场主体维度。旅游业高质量发展依赖于多元市场主体的经营能力、管理能力、服务能力和竞争能力的全面提升。六是人民满意维度。旅游业高质量发展要求游客更加满意、旅游舒适度更高，使更广泛的人民群众更深刻地体验到旅游本身的乐趣并开阔视野、提高素养。七是国家软实力维度。旅游业高质量发展意味着入境旅游作为国际文化交流的一种形式，在提升国家形象、传播国家文化、展现国家成就等方面发挥更大作用。

从上述维度来看，我国旅游业距离高质量发展还存在较大差距，具体体现在如下方面。一是旅游产业整体效率不高。就全要素生产率（TFP）而言，我国与世界旅游强国仍有差距，且内在结构有待优化。二是旅游业对国民经济的综合贡献度有待增强。2021 年全国旅游及相关产业增加值为 45484 亿元，占国内生产总值（GDP）的比重为 3.96%，不仅低于诸多世界旅游强国，而且低于亚太地区和新兴经济体的平均值。三是旅游企业总体效益仍不理想。长期以来，我国旅游企业平均净利润和平均净资产收益率一直相对较低，存在"散小弱差"的现象，而2020~2022 年个别企业面临着更加困难的生存处境。四是游客人均消费有较大提升空间。基于中国社会科学院旅游研究中心与世界旅游城市联合会发布的《世界旅游经济趋势报告（2020）》的相关数据可测出，在国内游客人均消费和入境游客人均消费方面，我国在世界旅游总收入排名前 20 位国家中居末位。五是区域旅游发展仍不平衡。区域之间、城乡之间在居民出游率、基础设施、公共服务、产业发育、服务水平等方面存在一定差距，且某些方面的差距还在持续扩大。六是旅游贸易不平衡。我国出境旅游高速增长，入境旅游发展相对缓慢，旅游贸易逆差较大，且呈现持续扩大之势。七是旅游国际竞争力仍有较多短板。根据世界经济论坛发布的《全球旅游业竞争力报告（2021 年）》，我国在环境可持续性、旅游商业环境、旅游基础设施、安全防范、旅游健康与卫生、旅游开放度等方面排名靠后。

《"十四五"旅游业发展规划》明确指出，"十四五"时期我国将全面进入大众旅游时代，并从实现共同富裕、构建新发展格局、创新驱动发展等层面对旅游发展提出了新的要求。旅游业要实现更高质量、更有效率、更加公平、更可持续、更为安全的发展，就需要围绕实现旅游创新驱动发展、优化旅游空间布局、构建科学保护利用体系、完善旅游产品供给体系、拓展大众旅游消费体系、建立现代旅游治理体系、完善旅游开放合作体系等进行系统部署。第八章将围绕如何构建旅游新格局、如何实现旅游业高质量发展进行全面论述。

本章参考文献

[1] 石建勋、杨璐柳婷：《中国式现代化的演进历程、深刻内涵及推进路径》，《新疆师范大学学报》（哲学社会科学版）2023 年第 1 期。

[2] 张博卡、刘靖北：《论中国式现代化的内涵演进与内在逻辑》，《理论视野》2022 年第 9 期。

[3] 袁红英：《新时代中国现代化的理论范式、框架体系与实践方略》，《改革》2021 年第 5 期；邹一南：《中国式现代化新道路的时空特征与实践逻辑》，《理论视野》2022 年第 3 期。

[4] 于洋洋：《正确把握中国式现代化新道路的五重维度》，《成都行政学院学报》2022 年第 1 期。

[5] 王慧娟、张琳：《中国式现代化道路的六维透析》，《科学社会主义》2022 年第 1 期。

[6] 张波、孙振威：《论新时代中国式现代化新道路内在逻辑及世界意蕴》，《贵州社会科学》2022 年第 2 期。

[7] 李新仓：《中国式现代化新道路：生成基础、实践路径与价值意蕴》，《重庆理工大学学报》（社会科学）2022 年第 10 期。

[8] 陈哲、郑晗斐：《中国式现代化道路的四维逻辑阐释》，《长江大学学报》（社会科学版）2022 年第 3 期。

[9] 李楠：《中国式现代化新道路形成的逻辑理路》，《国家治理》2021 年第 31 期。

[10] 张润峰：《论中国式现代化道路的生发逻辑与独特内涵》，《探索》2022 年第 2 期。

[11] 于金富、郑锦阳：《中国式现代化新道路形成的历史逻辑、制度逻辑与实践逻辑》，《经济纵横》2022 年第 2 期。

[12] 胡洪彬：《中国式现代化新道路：生发逻辑、内在机理与成功密码》，《学术界》2021 年第 10 期。

[13] 杨章文：《论中国式现代化道路的整体性逻辑》，《探索》2022 年第 1 期。

[14] 中国旅游研究院：《从全面复苏走向高质量发展——2020 年旅游经济运行分析与 2021 年发展预测》，2021。

[15] 韩保江、李志斌：《中国式现代化：特征、挑战与路径》，《管理世界》2022 年第 11 期。

[16] 徐紫嫣、宋昌耀：《旅游业发展赋能共同富裕：作用机理与发展策略》，《财经问题研究》2022 年第 9 期。

[17] Li, H., et al., "Tourism and regional income inequality: Evidence from China,"

Annals of Tourism Research 58，2016，pp. 81-99.

［18］李鹏、邓爱民：《旅游业高质量发展促进共同富裕的路径分析》，《社会科学家》2022 年第 2 期。

［19］赵磊：《旅游发展能否减小城乡收入差距？——来自中国的经验证据》，《旅游学刊》2011 年第 12 期。

［20］戴斌、马晓芬：《大力推进红色旅游高质量发展的若干思考》，《湖南社会科学》2021 年第 4 期。

［21］程圩、张澄：《见人、见物、见精神：发展红色旅游的根本遵循与重要路径》，《旅游学刊》2021 年第 6 期。

［22］丰晓旭：《全域旅游和区域绿色发展的关联度》，《改革》2018 年第 2 期。

［23］Lee，J. W.，Tantatape，B.，"Investigating the influence of tourism on economic growth and carbon emissions：Evidence from panel analysis of the European Union，" *Tourism Management* 38，2013，pp. 69-76.

［24］Afzali，R.，et al.，"Tourism diplomacy and its effect on cooperation and convergence among countries of persian gulf，" *Geography* 43（12），2015，pp. 105-126.

［25］邓小艳、邓毅：《大众旅游背景下旅游供给侧改革策略研究》，《行政事业资产与财务》2016 年第 16 期。

［26］夏杰长、顾方哲：《习近平关于旅游业重要论述的理论内涵与实践指引》，《学习与探索》2020 年第 4 期。

［27］夏杰长、徐金海：《以供给侧改革思维推进旅游公共服务体系建设》，《河北学刊》2017 年第 3 期。

［28］郑自立：《文旅融合促进共同富裕的作用机理与政策优化研究》，《广西社会科学》2022 年第 9 期。

［29］戴斌、李鹏鹏、马晓芬：《论旅游业高质量发展的形势、动能与任务》，《华中师范大学学报》（自然科学版）2022 年第 1 期。

［30］韩元军：《新时代我国红色旅游发展的理论共识、重要关系和战略方向》，《中国旅游评论》2021 年第 2 期。

［31］宋瑞：《如何真正实现文化与旅游的融合发展》，《人民论坛·学术前沿》2019 年第 11 期。

［32］宋瑞：《生态文明制度建设背景下的可持续旅游发展研究》，《生态经济》2018 年第 9 期。

［33］杨劲松：《旅游外交内涵辨析、当前问题分析和提升建议》，《中国旅游评论》2020 年第 2 期。

［34］金准、宋昌耀：《"双碳"目标下旅游业绿色转型研究》，《城市》2022 年第 8 期。

［35］刘伟、刘守英：《论新发展阶段与社会主义初级阶段》，《经济研究》2023 年第 3 期。

［36］龚刚：《新发展阶段的学术解释——"两阶段理论"的视角》，《经济评论》2022

年第 2 期。

[37] 龚刚、杨兰、刘铭：《论新发展阶段下经济的高质量发展》，《中国经济问题》2022 年第 6 期。

[38] 胡进考：《五大发展理念的思想源流与内在逻辑体系探究》，《理论研究》2017 年第 5 期。

[39] 黄群慧：《新发展格局的理论逻辑、战略内涵与政策体系——基于经济现代化的视角》，《经济研究》2021 年第 4 期。

[40] 蒋鑫：《新发展阶段、新发展理念、新发展格局的系统性逻辑分析》，《经济纵横》2022 年第 7 期。

[41] 习近平：《把握新发展阶段，贯彻新发展理念，构建新发展格局》，《求是》2021 年第 9 期。

[42] 张占斌、毕照卿：《经济高质量发展》，《经济研究》2022 年第 4 期。

[43] 王一鸣：《百年大变局、高质量发展与构建新发展格局》，《管理世界》2020 年第 12 期。

[44] 邹广文、华思衡：《在新发展阶段把握高质量发展》，《新视野》2022 年第 6 期。

[45] 邹升平、高笑妍：《经济高质量发展的研究进路与深化拓展》，《宁夏社会科学》2023 年第 3 期。

[46] 高培勇、杜创、刘霞辉、袁富华、汤铎铎：《高质量发展背景下的现代化经济体系建设：一个逻辑框架》，《经济研究》2019 年第 4 期。

[47] 杨镒泽、魏修建：《中国经济高质量发展制约因素分析的三维逻辑》，《哈尔滨工业大学学报》（社会科学版）2023 年第 3 期。

[48] 向晓梅、胡晓珍、吴伟萍：《我国文化产业高质量发展的理论逻辑与政策取向》，《广东社会科学》2023 年第 3 期。

[49] 哈战荣、牛子谦：《新发展阶段、新发展理念、新发展格局的科学内涵与内在逻辑》，《齐齐哈尔大学学报》（哲学社会科学版）2021 年第 12 期。

[50] 黄群慧、倪红福：《中国经济国内国际双循环的测度分析——兼论新发展格局的本质特征》，《管理世界》2021 年第 12 期。

[51] 宋瑞：《把握重要战略机遇期 开创旅游业发展新篇章》，《中国旅游报》2022 年 2 月 8 日。

[52] 宋瑞、金准、张玉静：《世界旅游经济新趋势与中国发展新方略》，《财经智库》2021 年第 2 期。

[53] 李书昊、魏敏：《中国旅游业高质量发展：核心要求、实现路径与保障机制》，《云南民族大学学报》（哲学社会科学版）2023 年第 1 期。

[54] 《宋瑞：机构整合为旅游业发展铺路 四维度诠释高质量发展》，中国网，2021 年 2 月 26 日，http://travel.china.com.cn/txt/2021-02/26/content_77252427.html。

[55] 王兆峰等：《中国式现代化视域下旅游业高质量发展：理论内涵与科学议题》，《旅游导刊》2023 年第 1 期。

第八章 格局重构

第一节 调整旅游发展定位与思路

一 新的发展主线

在新的时代背景下，我国旅游发展应更加突出以下两条主线：就国内而言，要更好地发挥旅游对实现中国式现代化的支撑作用；就国际而言，要更好地发挥旅游在构建人类命运共同体等方面的独特作用。

（一）国内：充分发挥旅游对实现中国式现代化的支撑作用

当前及未来一段时期，要从实现社会主义现代化和中华民族伟大复兴的目标出发，更加关注旅游在改善民生福祉、减少贫富差距、促进社会公平、推动文化繁荣、实现可持续发展、扩大国际影响力等方面的作用。特别是面对"人民日益增长的美好生活需要和不平衡不充分的发展之间的矛盾"，要高度重视旅游发展中的社会公平和国民福祉问题，通过旅游发展让更广泛的人民群众更有获得感、公平感和幸福感，确保旅游发展为实现中国式现代化提供重要支撑。

（二）国际：充分发挥旅游在构建人类命运共同体方面的独特作用

旅游是增进各国民众之间文化交流、促进各国经济发展的重要渠道，是中国参与全球发展与治理、建立新型国际关系、构建人类命运共同体的重要载体。中国既是重要的国际旅游目的地国，又是重要的国际旅游客源地国，中国以大规模的出入境旅游基数在全球旅游经济发展中占据重要地位。未来，要以旅游为媒介，更好地塑造大国形象。需要利用好我国深厚的历史文化资源和丰富多样的自然旅游资源，同时做好政府在国际交流、国际旅游等方面的保障作用，发挥我国大市场的影响力，打造积极、正面的国家旅游形象，使其成为参与全球治理体系的重要渠道。

二 新的功能定位

（一）从以经济功能为主到以综合功能为主

一个国家为什么发展旅游，把旅游放在何种位置去发展，取决于社会经济发展环境和旅游自身发展阶段。随着这两个因素以及二者之间关系的变化，需要对旅游业的功能定位做出调整。

改革开放之初的旅游业以旅游创汇功能为主；20 世纪 90 年代中期后，旅游市场结构从旅游外事接待、入境旅游转变为国内旅游兴起、出境旅游发展，依托旅游经济发展刺激国内需求、推动国民经济增长成为我国旅游业的主要功能。时至今日，"五位一体""四个全面""五大发展理念"等一系列新思想新理念新战略的提出，标志着我国旅游业的功能也需要进一步转变，经历了创造外汇收入、刺激国内需求、带动经济发展的经济功能，正逐步走向促进文化繁荣和绿色发展、实现社会公平和区域平衡发展等非经济功能。在实现"两个一百年"目标过程中，除关注旅游的经济效益外，要更加突出综合功能；除在竞争性领域发挥市场配置资源的决定性作用外，更应强调政府在保障公民休假权利和旅游权利等方面的重要作用；除依赖丰富多样的商业服务之外，应进一步加强公共设施和公共服务的建设；除关注旅游发展中的效率问题外，更应重视旅游发展中的公平问题。

（二）成为"实现中国式现代化的助推器"

旅游业的定位是一个随着社会经济发展现实和旅游发展实践不断调整的过程。1979 年邓小平同志指出，"旅游这个行业，要变成综合性的行业"；1981 年国务院第一次召开全国旅游工作会议指出，旅游事业是一项综合性的经济事业，是国民经济的一个组成部分；1998 年中央经济工作会议将旅游业确定为国民经济新的增长点；2006 年《中国旅游业发展"十一五"规划纲要》提出，要把旅游业培育成为国民经济的重要产业；2009 年《国务院关于加快发展旅游业的意见》提出，"把旅游业培育成为国民经济的战略性支柱产业和人民群众更加满意的现代服务业"。

在新发展阶段，应从更大的视野来确定旅游业的定位，将其调整为"实现中国式现代化的助推器"。一方面，作为国民经济的重要组成部分，旅游产业的发展需要摆脱原本不合理的发展方式，优化旅游产业结构、提升旅游产业发展效率和质量，强化并扩大其经济功能；另一方面，更需要认识到旅游业在发展过程中，对社会公平、人民美好生活、国家文化传承保护与可持续发展等方面发挥的积极作用，并不断在实践中实现拓展旅游业的综合功能，使其成为实现中国式现代化的助推器（见图8-1）。

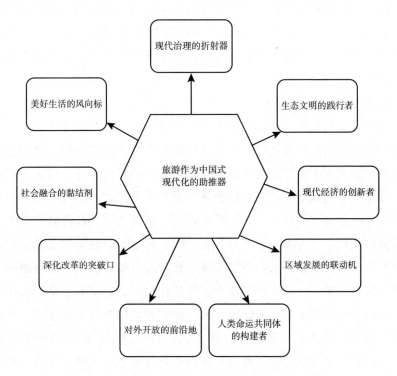

图8-1　旅游业的新定位：中国式现代化的助推器

1. 美好生活的风向标

目前，我国社会基本矛盾已转化为人民日益增长的美好生活需要和不平衡不充分的发展之间的矛盾。旅游作为人们日常生活的重要组成部分，是人民生活水平提升的重要标志，也是人民获得幸福感的重要渠道。相对于人民对美好生活，尤其是对美好旅游生活的需要，我国旅游发展还存在不平衡不充分的问题，其中最突出的是旅游中的不平等和出游时间上的不自由。一方面，旅游尚未成为所有人普遍参与的社会活动。受各种主客观因素影响，仍有相当一部分群体无法享受到旅游的乐趣，不断扩大的贫富差距以及由此造成的消费差距导致不同群体在享受旅游权利时存在很大差距。另一方面，旅游尚未成为人们可自由安排的生活内容。由于带薪休假制度尚未全面落实，人们休假和出游的时间高度集中于法定节假日尤其是"十一"等长假期，不仅给景区、交通、住宿、生态环境等带来巨大压力，也降低了人们的旅游体验。为此，要高度重视人民群众的休假权利和旅游权利，推动带薪休假的全面落实，并通过各种旅游援助，使更广泛的民众享有旅游的权利，使旅游者更加自由地享受旅游的乐趣，使旅游真正成为人民美好生活的风向标。

2. 社会融合的黏结剂

在社会全面转型和经济快速发展的过程中，不同的思想认识、多元的利益诉求、复杂的社会环境、扩大的社会差距使各个群体的焦虑感普遍增强，不安全感和不信任感有所蔓延，尤其是一些社会弱势群体，可能存在一定程度的心理失落感甚至心理失衡。凝聚社会共识、增进社会融合，对于建设社会主义现代化强国具有重要意义。旅游在增进社会融合方面能够发挥独特作用。一方面，旅游对于满足人民日益增长的美好生活需要具有重要作用。通过旅游，人们不仅能够放松身心、愉悦心情，而且能够开阔视野、增进了解。尤其是对于社会弱势群体而言，如能有更多机会走出其惯常生活环境，则不仅能够舒缓心情，缓解和消除各种负面情绪，更能够激发社会参与热情，增强自我能动意识。另一方面，国内外诸多研究证明，旅游发展可通过经济、政治和社会文化等维度促进社会融合：就经济而言，旅游能使更多群体获得参与经济发展的机会，提高收益，提升技能，增加就业；就政治而言，旅游激发人们对社会事务、政策制定的参与热情，并提升其参与能力；就社会文化而言，旅游能够促进价值观的认同，提高对社会的认可度、参与度和融合度。为此，要完善各种制度安排，扩大社会各个群体对旅游活动（作为旅游者）和旅游经营（作为从业者）的参与度，发挥旅游连接不同群体、增进社会融合的黏结剂作用，使更多人从旅游发展中拥有获得感、公平感和幸福感。

3. 深化改革的突破口

改革是当代中国最鲜明的时代特征。党的十八大以来，以习近平同志为核心的党中央从完善和发展中国特色社会主义制度、推进国家治理体系和治理能力现代化的总目标出发，对全面深化改革进行了总体设计、系统布局、统筹谋划和整体推进。旅游是一个综合性和关联度很强的领域，与相关产业的融合度越来越高，旅游发展对社会经济文化生态各个领域的辐射性越来越广、影响力越来越大，因此往往能够成为推动全面深化改革的突破点。近年来，土地、税收、融资、PPP、以国家公园为主体的自然资源管理体制以及旅游综合体系改革，生动地体现了旅游在带动甚至倒逼相关领域改革方面的重要作用。未来，旅游还应加快与交通、体育、教育、医疗、金融、公安、外交、科技、航空等领域的融合，并促进其发展与改革。与此同时，旅游业应进一步推进自身领域的深化改革，在旅游治理体制机制、旅游市场监管、导游管理体制、旅行社体制、景区管理体制、旅游统计体系和旅游国有企业等方面大力推进改革。

4. 对外开放的前沿地

党的二十大报告提出，推进高水平对外开放，稳步扩大规则、规制、管理、标准等制度型开放，加快建设贸易强国，推动共建"一带一路"高质量发展，维护多元稳定的国际经济格局和经贸关系。旅游业是我国最早开放的产业领域。改革开放之初，我国旅游业就是利用外资最快、最多的行业。从1984年第一家外资饭店到1998年第一家外商投资旅行社，旅游一直是吸引外商直接投资（FDI）的重要领域，也是我国服务业对外开放程度最高的领域。未来，旅游业要进一步推动形成全面开放新格局：要大力推进"一带一路"旅游合作与交流，推动建立沿线国家和地区旅游合作机制，推动沿线国家签证便利化以及航权开放、证照互认、车辆救援、旅游保险等方面的合作；推动大国旅游合作向纵深发展，深化与周边国家旅游合作，加强与中东欧国家旅游合作，扩大与传统友好国家和发展中国家的旅游交流；推进与周边国家的跨境旅游合作区、边境旅游试验区建设。

5. 区域发展的联动机

由于自然、历史和政策的原因，我国社会经济发展呈现东高西低的特征；而城乡有别的资源配置和城乡分割的发展模式，也加剧了城乡二元化结构。缩小区域差距和城乡差距是解决我国发展不平衡不充分的一个重要任务。旅游发展能够促进旅游消费和投资从经济发达地区流向落后地区，实现财富在经济发达地区和落后地区之间的转移；发展旅游，有助于促进不同区域之间、城乡之间的良性互动；旅游合作是区域合作的重要载体。近年来，随着国家高铁线路的不断完善、航空线路的不断丰富，我国区域旅游呈现更加多样化和均衡化的发展格局。未来，随着京津冀协同发展、长江经济带等国家新区域战略的推动，将进一步形成东中西互动、优势互补、共同发展的旅游发展格局；随着乡村振兴战略的实施、特色小镇建设的推进，旅游将在构筑新型城乡关系、促进城乡一体化发展方面发挥更大作用。

6. 现代经济的创新者

我国已走过了依靠要素驱动和投资驱动来拉动经济增长的阶段，经济进入新常态，经济增长正在向创新驱动转变。党的二十大报告提出，必须坚持"创新是第一动力"，"坚持创新在我国现代化建设全局中的核心地位"。为此，需要加强国家创新体系建设，深化科技体制改革，倡导创新文化，加强人才培养，加快建设创新型国家。我国旅游发展也处于动能转换时期。过去40多年时间里，除个别特殊年份外，旅游业增长速度显著高于国民经济增速，也显著高于全球旅游平均增速。其核心驱动力经历了两个阶段的变化：第一阶段是以开放为核心驱动，包括向境外游客开放目的地和向各类资本开放旅游产业；第二阶段是以消费为核心驱动，中国人旺盛的旅游消费不仅推动了国内旅游的发展，也成为改变国际旅游格局的重要力量。当前和未来一段时期，中国旅游发展必须转到创新驱动上来，通过创新实现效率提升和质量提升。因此，要特别关注旅游业创新问题，既包括企业层面的产品/服务创新、管理创新、流程创新、技术创新、营销创新，也包括行业层面的竞争创新，更包括政府层面的制度创新、政策创新、治理创新以及上述所有创新的组合、集成与协同；要研究制定中国旅游创新发展战略，出台相关政策，支持旅游领域的创业创新。

7. 生态文明的践行者

人与自然是生命共同体。生态文明是对传统工业文明进行反思的产物，是对当前全球日益严重的生态环境问题所做出的实践反思和理论应答。生态文明以尊重和维护自然为前提，本着为当代人和后代人均衡负责的宗旨，引导生产方式、生活方式和消费模式的转变。党的二十大报告深刻阐述中国式现代化是人与自然和谐共生的现代化，对推动绿色发展、促进人与自然和谐共生做出重大部署。与其他产业相比，旅游业是资源节约与环境友好产业，是推动生态文明建设的重要抓手。恰当的、适度的旅游发展对于生态涵养、生态保护乃至生态文明建设具有不可替代的重要作用。近年来，我国各级政府高度重视旅游发展中的环境保护问题；2013 年通过的《旅游法》对承载力等做出了规定；原国家旅游局和原环保部合作开展生态旅游的标准制定和示范区评定工作；功能分区、环保建筑、生态厕所、生态步道、生态车辆等得到广泛采用；旅游成为践行"绿水青山就是金山银山"的最佳路径。未来，要结合生态文明建设的总体要求，研究制定适合中国国情的可持续旅游发展条例、相关细则及配套的标准和认证体系；要按照《国家公园建设总体方案》的要求，推进国家公园体制的建立和完善；要建立全国重点旅游景区监测和预警系统，做好高峰期的客流引导和风险防范；要加大游客生态文明教育和引导。

8. 现代治理的折射器

实现国家治理体系和治理能力现代化是社会主义现代化的重要内容。国家治理体系和治理能力是一个国家制度和制度执行能力的集中体现。国家治理体系是在党领导下管理国家的制度体系，包括经济、政治、文化、社会、生态文明和党的建设等各领域体制机制、法律法规安排；国家治理能力则是运用国家制度管理社会各方面事务的能力。建立与社会经济发展、政治发展和文化发展要求相适应的现代治理体制是社会经济诸多领域的重要任务。旅游涉及面广、综合性强，在一定程度上，旅游治理能力和治理体系是国家治理能力和治理体系的综合折射。随着我国旅游业的快速发展，个性化、散客化成为大众旅游行为的普遍特征，产业融合、无边界化成为旅游供给体系的普遍趋势，因此，政府部门之间的协同以及政府与企业、行业协会、当地居民和游客的共同治理变得越发重要。近年来，相关部门积极推动旅游综合治理体制改革，在旅游综合执法、旅游市场监管方面取得了突破。未来，要进一步完善旅游业现代治理的组织体系、制度体系、运行体系、评价体系和保障体系，突出治理主体多元化，充分发挥政府机构、社会组织、行业协会、社会大众、旅游者等的作用，综合运用法律、行政、经济、社会等各种手段，建立立体、高效的旅游治理体系，全面提升旅游治理能力，并借此促进国家治理体系和治理能力的现代化。

9. 人类命运共同体的构建者

当今世界正处于大发展大变革大调整时期。人类社会既高度依存，又矛盾丛生。一方面，在世界多极化、经济全球化、社会信息化、文化多样化的背景下，各国之间相互依存，全球命运休戚相关。另一方面，世界经济增长乏力，发展鸿沟日益突出，全球治理面临困境，公平赤字不容忽视，兵戎相见时有发生，恐怖主义与难民危机持续蔓延，气候变化挑战空前。面对"世界怎么了、我们怎么办"这一重要问题，以习近平同志为核心的党中央做出了"构建人类命运共同体"的明确回答，呼吁各国人民同心协力，建设持久和平、普遍安全、共同繁荣、开放包容、清洁美丽的世界。旅游在构建人类命运共同体方面，具有独特作用：旅游的持续增长将助力全球经济复苏；旅游的格局变化将促进全球区域平衡；旅游的广泛参与有利于消除贫困；旅游的互动交流可促进全球伙伴关系；旅游的生态友好有利于缓解全球生态危机。中国是全球重要的入境旅游目的地和第一大出境旅游消费国。随着中国游客走向海外，越来越多的中国企业也开始"走出去"，中国从曾经的热门旅游投资目的地国转变成为新兴的旅游对外投资国；中国推动并参与了东南亚、东北亚以及"一带一路"旅游区域合作；世界旅游城市联合会、国际山地旅游联盟、世界旅游联盟等由中国发起的国际性旅游组织在推动全球旅游发展方面作用越来越大；中国学者在全球旅游研究中发出越来越响亮的声音，成果数量和研究质量同步提升。面向未来，旅游应在构建人类命运共同体方面发挥更大作用：要加强与世界各国在政府、业界、民众、媒体和教育等层面的旅游交流；要通过政府、国际组织、行业协会、旅游企业、民众等的共同努力，全面提升中国旅游的综合影响力；要在既有资源优势和市场优势的基础上，通过资源、市场与资本、管理、人才等各方面要素的结合，在发展理念、道德准则、公共政策、商业模式、对外投资、产品类型、商业模式、服务标准等各方面形成引领；要充分发挥世界旅游联盟、世界旅游城市联合会、国际山地旅游联盟等机构的作用，积极参与国际旅游规则的制定，引导全球旅游发展新理念和新模式的形成。

三 新的关系调整

（一） 产业与事业的关系

新中国成立至改革开放以来，我国旅游发展实现了从政治接待到经济产业的转变。过去 40 余年间，旅游业先后被定位为"国民经济新的增长点"、"国民经济的重要产业"以及"国民经济战略性支柱产业和让人民群众更加满意的现代服务业"，从最初的创造外汇收入到后来的刺激国内需求、带动经济发展，经济功能成为旅游发展的首要功能。时至今日，一方面，旅游成为国民日常休闲生活中几乎不可或缺的一部分；另一方面，旅游在经济、政治、文化、社会和生态建设"五位一体"以及新型工业化、新型城镇化、农业现代化、信息化"四化同步"中的综合作用也日益明显。也就是说，旅游不仅促进了投资、消费、就业、增长等经济目标的实现，而且更重要的是，在实现和谐发展、满足民生需求、增强文化建设、促进区域平衡、保护生态环境、提升国家形象等方面发挥着重要作用。因此，需要及时调整旅游属性，将其从单一的产业属性转变为产业与事业的双重属性。

（二） 质量提升与数量增长的关系

就增长速度而言，改革开放至今，除少数年份外，我国旅游接待总人次和旅游总收入的年均增速显著高于世界平均水平，也高于国民生产总值的增长速度。疫情前，中国已是世界重要入境旅游接待国、第一大出境旅游消费国和第一大国内旅游消费国。在新的发展环境下，以旅游业为代表的服务业承担起经济发展新动能的重任，需要保持相对较高的增长速度。就发展质量而言，与国外旅游发达国家相比，我国旅游业总体竞争力不强；旅游治理能力和治理体系的现代化程度不高，旅游在适应和参与宏观调控方面的潜力仍未完全释放；旅游市场监管体系尚不健全，部分地方旅游市场秩序欠佳，强迫购物、欺诈消费依然存在；旅游产品和服务创新相对不足，企业之间竞争手段单一，旅游企业参与国际竞争的能力不强；部分领域和部分地区的旅游投资效率不高，存在一定的盲目性；景区及旅游吸引物、住宿餐饮及相关旅游接待、线上线下旅行社与旅行服务、娱乐及旅游演艺、旅游购物、旅游交通体系等行业内部结构及其组合，在内容、档次、时间和空间分布等方面与现实和潜在的旅游需求不能完全匹配等。因此，提升质量尤为关键。如何在保持持续增长的同时，从规模速度型转向质量效率型是旅游业发展的一个重要问题。

（三）政府与市场的关系

改革和发展中至关重要的是如何处理好政府"有形之手"和市场"无形之手"的关系。就旅游发展而言，有三个问题值得特别关注。一是建立综合、开放的旅游治理体系。相当长时期内，"政府主导"是我国旅游发展的主要模式，也被视为重要的成功因素。近年来，包括私人资本等在内的社会投资在旅游发展中的比重日益提高，包括当地社区等在内的社会组织在旅游管理中的地位不断提升，包括智库、媒体等在内的社会力量在旅游决策中的作用逐渐受到重视。与此同时，个性化、散客化、体验化、网络化成为大众旅游行为的普遍特征，产业融合、无边界化、多业共生、混业发展成为旅游供给体系创新发展的核心推力。在此背景下，政府部门之间的协同合作以及政府与企业、行业协会、当地居民和游客的共同治理变得越发重要。二是构建立体、有效的市场监管体系。政府推动旅游发展的核心任务是健全市场规则，维护旅游市场秩序，为各类市场主体公平竞争提供良好环境。针对快速变化的旅游市场，要对现有的市场监管体系加以改革，把监管对象从企业实体转变到业务内容上来，探索出覆盖旅游服务所有环节、主体的立体监管模式，即涉及"行游住食购娱"的全过程的旅游监管，针对团队和散客的全方位的旅游监管，针对旅游经营者、旅游者，以及旅游主管部门的全口径的旅游监管，涉及多个政府部门和行业组织的多主体的旅游监管，采取法律手段、标准化等多种方式的旅游监管。三是提供完善、有效的旅游公共产品。目前，我国旅游公共产品供给不足，难以满足人民群众的旅游需求和旅游发展的现实需要。要特别加强旅游公共产品的建设。这里的旅游公共产品至少包括公共设施、公共服务和公共政策，具体有：游客服务中心、集散中心、咨询中心、旅游厕所、交通基础设施及相关服务设施等；面向游客的信息服务、咨询服务、投诉服务、安全保障等；服务于行业和社会的旅游宏观数据、产业及分行业、分地区统计数据；公民休假制度安排等。

（四）中国特色与世界规律的关系

与世界其他国家尤其是发达国家相比，我国旅游发展既有共性也有特性。一方面，我国旅游业发展历史较短且面临特殊国情：人口规模大、密度大导致旅游活动管理成本高、难度大；条块分割的行政管理体系造成旅游资源分散管理；分税制和 GDP 绩效考核下的地方政府竞争导致目的地旅游发展导向单一，经济驱动性强；转型时期政府和市场的关系复杂容易引发资源的错配和权责的错位；城乡差异、群体差异、区域差异使得旅游需求和供给层次的差异化问题较别国更加突出和复杂等。在此背景下，中国的旅游发展实际上是在探索有别于西方发达国家和人口基数相对较小国家的、能够代表发展中国家和社会主义市场经济国家的一种独特模式。另一方面，世界各国尤其是旅游发达国家的经验证明，旅游发展有其共同的内在规律：旅游是一国社会、经济、文化、生态乃至公民文明程度的综合反映；旅游发展依赖于经济条件、政策条件、生态环境、基础设施等宏观环境的完善，所谓的"超前"发展只能是阶段性和局部性的；旅游可持续发展需要政府、企业、游客、社区等多方利益主体的积极参与、主动协调，共同实现价值创造。在这方面，应重视特定国情并尊重普遍规律，才能将我国建设成为真正的世界旅游强国。

四 新的发展导向

（一）新的旅游发展观

推动旅游高质量发展，新的旅游发展观是首要前提，其决策主体是国家。旅游发展观主要包括两个层面的问题：一是为什么发展；二是怎么去发展。前者涉及目标定位，后者涉及发展方式。

就目标定位而言，一个国家将旅游发展置于什么样的目标和背景之下，如何看待旅游发展的意义和功能，怎么衡量旅游发展的结果和影响，不仅取决于其对旅游的认识，也取决于所处的社会经济条件。今日之中国，社会环境、经济结构、城乡关系、生态条件、国际影响已与改革初期大不相同。经济、政治、文化、社会和生态建设"五位一体"以及新型工业化、信息化、城镇化和农业现代化"四化同步"成为发展大背景。在此背景下，国家发展旅游的目的超越了创造外汇收入、刺激国内需求、带动经济发展的经济功能，而更加强调其实现社会和谐、平衡区域发展、满足民生需求、促进文化发展、保护生态环境乃至提升国家形象的非经济功能。因此，在功能定位、发展目标、绩效评估等方面，要摒弃过去单纯以经济指标来衡量发展的做法，高度重视旅游在民生、环保以及国家战略等层面的作用；要摒弃过去只看到经济成本而忽视社会成本和生态成本的做法，以经济、社会和生态的综合最优来衡量发展结果。

就发展方式而言，是指"生产要素的分配、投入、组合和使用的方式"，包括数量增加、结构变化、质量改善等不同途径。一个国家旅游发展方式既取决于整体经济发展方式，也是后者转变的重要推动和关键领域。过去40多年，我国旅游业的快速发展主要通过大量的生产要素投入实现数量和规模的增长，而在新的发展时期，无论是旅游需求的个性化、多样性，还是社会供给的持续性、丰富性，都对高质量的旅游发展提出了要求。因此，需要相应的政策机制与配套设施，为旅游相关企业的产品创新、服务创新、流程创新、组织创新等提供多方面的支持，刺激新的旅游业态涌现、提升产品和服务质量，实现市场结构的优化升级。

（二）新的旅游治理观

新的旅游治理观是实现旅游高质量发展的媒介，其形成过程需要旅游行政管理机构和相关部门的参与。旅游治理观主要包括两个层面的问题：一是哪些主体参与治理；二是不同主体间的关系如何处理。前者涉及治理主体，后者涉及治理结构和治理方式。按照全球治理委员会的定义，治理有如下特征：治理不是一套规则条例，也不是一种活动，而是一个过程；治理的建立不以支配为基础，而以协调为基础；治理同时涉及公、私部门；治理并不意味着一种正式制度，而有赖于持续的相互作用。

综合性是旅游的突出特征，旅游治理体系应包含旅游行政管理机构、其他政府部门、各类社会组织、不同类型企业、当地社区、游客等各个主体。就治理结构和治理方式而言，上述主体之间的关系正处于结构性调整阶段。《旅游法》的出台、修订以及新一轮简政放权的推进，使得行政手段越来越让位于法律手段、市场手段和社会手段。当然这并不意味着旅游行政管理机构和相关部门的作为空间变小。恰恰相反，"使市场在资源配置中起决定性作用和更好地发挥政府作用"意味着旅游行政管理机构的责任更大，需要其具备更大的勇气、更宽的胸怀和更高的智慧来调动、协调所有治理主体，建立更加符合未来发展需要的治理结构和治理模式，实现对旅游事务的协调。在此背景下，旅游行政管理机构和相关部门，不仅需要"把错装在政府身上的手换成市场的手"，更要以新的思维、新的心态和新的方式处理好自己与市场、与企业、与社会组织、与广大民众的关系，从而更好地发挥政府本来应有的作用。

（三）新的旅游经营观

新的旅游经营观是旅游高质量发展的重要支撑，其执行主体是旅游企业和接待主体。一方面，旅游经营和所有其他商业经营一样，需遵循市场规律，以用户需求、商业逻辑、资本理性为指引，紧紧抓住游客尤其是主流群体的消费心理，通过产品、服务、营销等方面的系统努力，超越对手，超越自己，赢得市场的认可。因此，经营者的产品开发、服务供给、项目设置、设施建设都应围绕游客的需求而展开，应符合市场的发展规律。另一方面，旅游经营往往与自然环境和当地社区紧密联系在一起，有的依赖于风景优美的自然生态，有的根植于独具特色的人文环境，有的直接处于当地老百姓的生产和生活环境之中。因此，旅游经营者在满足顾客需求、实现自身赢利的同时，对其所处的自然环境和当地社区都负有毋庸置疑的责任。经营者的产品开发、服务供给、项目设置、设施建设应考虑到对自然环境和当地社区的影响，设法实现生态保护和社区受益。这是旅游经营与其他一般商业经营的重要区别。忽视对生态环境的影响，将当地居民排除在外的旅游发展，既不符合全球旅游发展的普遍伦理，也难以获得长期持续发展的坚实基础。

（四）新的旅游服务观

新的旅游服务观也是旅游高质量发展的重要支撑，其执行主体是所有和旅游活动有关的服务主体。作为现代服务业的组成部分，旅游业的核心是服务。在旅游服务体系中，公共服务和商业服务具有同等重要的作用，甚至在发展中国家，由于公共服务发展相对滞后，而应获得更多的重视。旅游商业服务的成熟在于从福特主义的标准化、生产线式供给转向后福特主义的消费者导向、差异化经营和大规模定制。旅游公共服务的健全在于政府从"管治型"向"服务型"的转变以及各领域的协调配合、无缝衔接。不管是商业服务还是公共服务，均应从游客角度出发，重视对其旅游活动各阶段、各环节、各层次需求的满足。

（五）新的旅游消费观

新的旅游消费观是旅游高质量发展的重要体现，其实践主体是所有旅游者。旅游，是人们解决了温饱问题之后出现的必然需求，是依赖于自然和文化资源的消费行为，是体现精神品位和个人素养的社会行为。旅游消费的成熟、理智、科学，体现为既不过分追求奢华炫耀，也不一味贪图便宜；体现为掌握价格规律，面对各种产品服务，有自己的分辨能力和理性选择；体现为了解自身内在需求而不盲目跟风；体现为知晓自身权益，并有愿望和能力通过恰当的方式加以维护；体现为明白旅游活动可能会给生态环境、当地社会带来负面影响，并尽力通过自身努力将负面影响降到最低；体现为知道旅游消费往往是在公共空间里发生的，应考虑到他人的感受和利益。科学的旅游消费观是成熟游客的重要表现，而拥有大批成熟游客又是一个国家旅游发展成熟的重要表现。

第二节　重构旅游发展格局与体系

面对经济全球化中各种不稳定性和不确定性因素，面对矛盾和风险重重的世界经济，各国在继续促进开放型经济发展过程中将更多考虑安全因素，世界经济本土化、区域化趋势将进一步加深[1]。未来较长一段时期，中国旅游将处于国内需求强化、外溢需求回流和入境需求缓速修复的动态平衡关系之中，外部拉动减弱，内生性需求凸显。我们应迅速建立以国内需求为主体、国内国际相互促进的格局，适应新形势新变化的需要。为此，要根据未来国内外环境的发展趋势，系统性地重构旅游产业发展体系和格局（见图 8-2）。

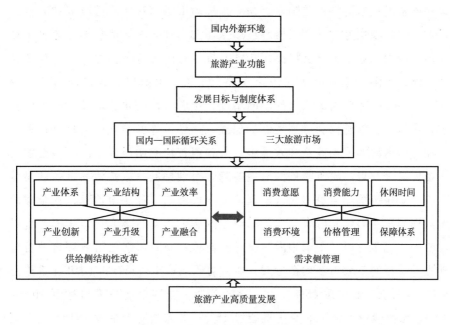

图8-2　旅游发展格局与体系重构

资料来源：作者自绘。

一　完善目标体系和制度体系

（一）调整旅游发展目标体系

在发展目标上，要根据构建新发展格局、实现旅游业高质量发展的要求，调整旅游业的发展目标体系，将关注点从数量和速度转向质量和效益。

要根据科学性、系统性、可操作性、代表性、现实性和可比性等原则，采取定量和定性相结合的方法，建立旅游业高质量发展评价指标体系。其中，要特别关注以下几个方面的指标。①旅游全要素生产率显著提升。要让技术进步和技术效率的提升成为推动旅游业高质量发展的重要驱动力，从而确保旅游全要素生产率显著提升，旅游技术创新步伐加快发展，中国与主要发达国家的旅游全要素生产率之间的差距显著缩小。②区域平衡协调发展。要实现城乡旅游协同发展，城乡居民的旅游人次和人均旅游消费差距显著缩小；东中西部旅游要基本实现均衡发展，东中西三大区域旅游潜在出游率的差距显著缩小，推动中西部地区旅游收入和旅游人次增长率实现快速增长。③旅游市场主体实力和效益全面提升，旅游市场主体的活力和竞争力显著提高，培育一批具有国际竞争实力的骨干旅游企业集团，旅游小微企业实现快速发展。④居民出游率和人均消费显著提升。一方面，随着居民收入的不断增加，旅游人次的快速增长，居民出游率快速提高，旅游权利得到更好的保障，达到世界旅游强国的标准；另一方面，国内游客人均消费和入境游客人均消费均有明显增长。⑤旅游贸易平衡度显著改善。旅游服务贸易逆差趋势得到抑制，旅游贸易平衡度显著改善。⑥旅游国际竞争力显著增强。要积极参与全球旅游治理，在全球旅游规则制定和国际旅游事务中的话语权和影响力明显提升；稳步提升世界旅游国际竞争力以及中国旅游对全球旅游业的贡献。⑦旅游业综合效益显著提升。旅游三大市场均衡发展，旅游总收入稳步增长，占 GDP 比重接近8%，占第三产业比重 15%左右，旅游就业占全国就业总人口达到 10%～12%，旅游消费占国民消费比重超过 15%。⑧旅游对塑造大国形象发挥更大作用。通过旅游向世界展现可信可爱可敬的中国形象，全面改善国际社会，特别是国外普通民众对中国的认知。

（二）完善旅游发展制度体系

围绕旅游业高质量发展，要着力完善如下六个方面的制度保障。一是形成企业自主经营公平竞争、消费者自由选择自主消费、商品和要素自由流动平等交换的现代市场体系。二是形成有利于促进旅游业高质量发展的政策体系，将数量型政策与质量型政策相结合，长期政策与短期政策相结合，把正向引导与负向约束相结合。三是建立以提升旅游产业素质和旅游服务质量为核心目标的标准体系。四是完善旅游统计体系，从旅游产业统计转向旅游综合统计，增加体现高质量发展的系列指标，并利用大数据应用以及数据挖掘技术，完善旅游统计方法。五是优化绩效评价体系，要更加注重旅游质量和效益的提升，更加强调旅游业在经济效益、社会效益和生态效益方面的协调统一，并从评价体制、评价主体、评价方法以及结果反馈四个方面设计旅游业高质量发展绩效评价体系。六是政绩考核体系，引导地方政府和干部树立正确的政绩观，切实把旅游业高质量发展的政绩考核体系落到实处。

在上述制度体系中，政策体系具有关键作用，而建立旅游高质量发展政策体系，必须从完善宏观政策、产业政策、微观政策、社会政策等多个方面协调推进。在宏观政策中要做到充分尊重旅游市场规律，把握旅游发展趋势，充分发挥财政政策、金融政策等数量型政策的作用，与此同时，要更加重视旅游人力资本政策、技术创新政策等质量型政策的作用；在产业政策中，应积极推动改革创新，创造制度红利，推动旅游新业态的发展和推进旅游传统行业的转型升级，培育科技创新，推动旅游业与现代信息技术实现深度融合，以信息化推动旅游产业实现高质量发展；在微观政策上，应充分发挥旅游市场主体在旅游业中的主体作用，激活旅游市场主体的创造活力，积极培育和扶持具有国际竞争力的旅游企业加快发展；在社会政策上，要积极引导旅游业在提高民生幸福、促进共同富裕等方面发挥更加大作用。

二　调整三大旅游市场定位与格局

（一）明确三大市场各自定位

国内旅游、入境旅游和出境旅游三大市场共同构成旅游业的市场基础。改革开放后相当长一段时期里，我国均以入境旅游为主。20世纪90年代中后期，国内旅游和出境旅游先后得到快速发展。"十三五"时期，国内旅游已成为三大市场中的绝对主体，出境旅游的规模、消费、增速和影响也远超入境旅游。我国由此形成全球最大的国内旅游消费市场，成为世界第一大出境旅游客源国，并在2019年成为全球第三大入境旅游目的地国家。

为此，要以国内旅游为基，畅通国内旅游、构建国内—国际旅游两组循环关系[2]。首先，要重新配置旅游产业链，转变产业逻辑、产业链接逻辑和企业运营逻辑，立足双循环，以国内旅游消费拉动国际旅游消费，以国内旅游产业推动国际旅游产业，从强化满足内需能力的角度入手调整全产业链。其次，要调整空间和要素配置，重构内地和沿海、前沿和腹地、城市和乡村的关系，立足城市群和城市化进展重新配置要素，形成一批优质城市近郊旅游圈、高等级旅游城市群以及国际化旅游目的地。再次，要建立普遍便民惠民的国民旅游公共服务体系，面向国民旅游需求，在旅游公共信息服务、旅游安全保障服务、旅游交通服务、旅游便民惠民服务和旅游行政服务上全面布局，形成普遍便民惠民的旅游公共服务体系。最后，要抓住旅游消费回流机遇，发展一批高标准的休闲、度假城市和目的地，在吸引高质量旅游市场回流的过程中充分发挥海南、云南、贵州、青海等远程目的地的作用，构建一批国际旅游消费中心，以高标准需求拉动产业升级。

针对国内旅游、入境旅游和出境旅游三大市场，结合新发展格局的需要和国际形势发展的变化，突出国内旅游、提升入境旅游、引导出境旅游。首先，要把国内旅游放在首要位置，畅通国内大循环，做强做优做大国内旅游市场。为进一步激发国内旅游消费潜力，要从优化旅游消费环境、优化旅游产品结构、加大优质产品供给、创新消费业态和模式等多个方面着力。要加强商业、文化、旅游、体育、健康、交通等消费跨界融合，积极拓展沉浸式、体验式、互动式消费新场景。深入推进文化和旅游消费试点示范。其次，在入境旅游方面，需兼顾当下与长远，以更大的开放力度振兴入境旅游市场。最后，在出境旅游方面，要做好有序管理，引导部分消费回流。

（二）加强对入出境旅游的综合管理

从全球范围来看，疫情冲击后，世界旅游经济运行逻辑被打破，而旅游业在重启过程中也将发生结构性变革，具体体现在边界、链条、模式、治理方式和科技融入程度等诸多方面[2]。在此背景下，我国入出境旅游市场复苏和发展，并非简单恢复到旧有的增长曲线，而是要根据全球社会政治经济的宏观变化加以重塑。从我国发展来看，加快构建以国内大循环为主体、国内国际双循环相互促进的新发展格局成为当前的重要任务。在此背景下，要处理好国内旅游、入境旅游和出境旅游三大市场的关系，特别是要处理好入境旅游和出境旅游的关系，使旅游在构建新发展格局中发挥重要作用。

入境旅游是一国旅游国际吸引力和竞争力的直接体现。针对长期低迷并受疫情重挫的入境旅游而言，要特别关注如下几个问题。一是将入境旅游纳入国家战略。要从提升国家软实力、塑造国家形象、形成人民外交等方面重新确定入境旅游的定位和意义。二是制定入境旅游振兴战略和行动计划。要系统解决入境游客在签证、入关、预定景区门票、购买高铁车票、使用社交媒体、移动支付等方面所面临的问题。三是为入境旅游企业和人员提供税收、补贴、职称评定等方面的激励政策。

出境旅游是一国旅游消费能力和购买力的直接体现。在新的发展环境下，围绕出境旅游要做好以下几方面的工作。一是加强对出境旅游消费需求回流的研判，引导行业产品和业态创新。二是在海南自由贸易区和自由贸易港、海南国际旅游消费中心、横琴国际休闲旅游岛等框架下，进一步放宽免税购物政策，如增设岛内免税店、引入国内外知名免税集团、提高免税购物限额、实行离岛免税商品负面清单管理等。三是在国家级自由贸易区和服务业贸易创新试点地区等框架下，增加免税购物方面政策，如设置口岸免税店、市内免税店、外交人员免税店、出国人员外汇免税店，合理扩大免税商品品种，如高质量日用品、婴幼儿食品用品等。四是选择特定区域，如内蒙古满洲里、广西防城港两个边境旅游试验区，建设国际旅游自由购物区。五是发展跨境电子商务，减少交易、支付、物流、通关、退税、结汇等环节成本，降低进口商品售价。六是建设一批世界级的度假区和景区，丰富度假产品供给，提升旅游服务品质，吸引中产阶层等群体消费，释放其消费潜力。

三 推动旅游业供给侧结构性改革

从供给角度看，目前我国旅游业有总量不足的问题，更突出的是结构性问题，或者说，外在表现是总量不足，内在本质是结构不合理。为此，要从如下几个方面推进旅游业供给侧结构性改革。

(一) 完善旅游产业体系

要建立完善的旅游产业体系，提供多层次、多样化的供给。从供给层级来看，长期以来，我国旅游供给相对粗放，对多方面需求的匹配性不强，导致大量高端需求被挤出，中低端需求被有限供给压缩简化，形成了高端在外主要受国外市场支配、中低端在内主要受有效供给不足约束的格局。国民旅游需求国内实现程度不高的现象，影响我国旅游业动能的释放和总体效率的提升。为此，要充分发挥我国超大规模旅游市场的优势和内需潜力，形成面向不同群体、不同层次、不同阶段的丰富旅游供给，建立能满足多样化旅游需求的供给体系，以创新驱动和高质量供给引领和创造新需求，提升旅游发展的自主性和可持续性。要回应市场的需求，在供给端进一步改革创新，发展特色新兴业态，创新旅游产品体系，优化旅游产品结构，形成与需求匹配的旅游产业供给，更好地满足人民美好生活需要。

（二）优化旅游产业结构

从 2008 年开始，转型升级、提质增效就成为旅游业的重点任务。田里、陈永涛指出，旅游产业转型升级是一个富有中国特色的旅游概念，国外没有与之对应的说法[3]。王伟认为，旅游业转型升级，是旅游产业发展到一定规模和程度之后的必然选择，具体包括两个方面：产业转型，即转变旅游产业的发展方式、模式与形态，实现旅游产业向集约型、规模效益并重、发挥综合功能的方向转变；产业升级，即优化旅游产业结构要素，促进旅游发展质量、效益和竞争力的提升。两者存在一定差别，但其根本目标都是使旅游业能够平衡好速度、质量和效益的关系，实现三者协调发展[4]。蒋志勇、李君则将转型与升级按照同义语使用，认为旅游产业的转型升级路径是指旅游产业通过资源、资本、技术、信息、劳动力等生产要素调整和组合创新，逐步实现和达到更高产业效率的过程，其核心是旅游产业创新（包括旅游服务创新、旅游产品创新、旅游过程创新、旅游管理创新、旅游组织创新和旅游市场创新）等，其目的在于借以解决我国旅游业在产业功能、产业环境、产业关联、产业互动、产业结构、运营模式、消费需求、管理方式和利益分配等诸多方面的问题[5]。王金平则从实践角度指出，旅游产业转型升级必须处理好"城区与景区""白天与晚上""高铁与高速""过客与留客""数量与质量""门票与产业""管理与服务""品牌与营销"等问题[6]。优化旅游产业结构是供给侧结构性改革的关键。结构调整是经济新常态下旅游经济研究的核心命题，旅游的市场结构、消费结构、行业结构、所有制结构等问题值得特别关注[7]。旅游产业结构是指旅游经济各部门、各地区、各种经济成分及经济活动各个环节的构成与相互联系、相互制约的关系[8]，具体包括旅游核心行业分布结构、旅游产品生产及经营结构、旅游行业组织管理结构、旅游延伸产业结构等[9]。旅游产业结构是一个动态的概念，旅游产业的不断发展使得旅游产业结构不断合理化和高级化[10]。所谓产业结构优化，是指推动产业结构向合理化，进而向高度化发展的过程，是实现产业结构与资源供给结构、需求结构、技术结构相适应的状态[11]。旅游产业结构合理化是指在现有的经济技术基础上，旅游经济内部各结构间保持较强的协调性和互补性，以实现整个旅游经济的持续稳定发展，其实质是产业投入和产出之间的耦合质量[12]。旅游经济的高级化则是在旅游经济合理化的基础上，充分应用现代科技成果，有效利用社会分工的优势，不断提高旅游经济的社会经济生态等综合效益，其实质是产业结构升级的最终体现。合理化是高级化的基础，高级化是推动产业结构在更高水平上的合理化。

按照徐杰、魏敏、杨翼飞的观点，旅游产业升级属规范性价值判断范畴，其内涵界定仍处于见仁见智、不断演变的过程。他们从旅游产品（旅游服务）、效率、结构、基础设施、环保、贡献六个方面将旅游产业升级界定为从低端旅游产品向高端产品升级、从低效率向高效率升级、从低级结构向高级结构升级、从设备不健全向健全升级、从环境破坏向环境友好升级、从单一经济贡献向综合贡献升级的过程，并采用 2004～2018 年的数据对我国 31 个省份的旅游产业升级进行了测度。结果显示：我国旅游产业升级水平存在明显的时空演进差异，东部地区的旅游产业升级水平高于中西部地区，旅游产业升级使三大地区间的差距呈缩小趋势[13]。

旅游产业结构的优化与升级是需求拉动、技术推动、外在激励等多重因素共同作用的结果，旅游产业融合与旅游产业结构演化的关系如图 8-3 所示。网络化与科技应用[14]-[15]、产业创新[16]、产业融合[17]-[18]、产业集群[19]等被认为是促进旅游产业结构升级、优化的重要途径。总体上看，旅游产业结构的优化有赖于旅游产业政策的完善、科技水平的提升、经济发展水平的提高以及旅游人力资源的发展、旅游需求和投资总量的扩大与结构的优化[20]。从一定程度上看，旅游产业结构合理化和高级化与旅游产业效率提升、产业融合深化、产业创新加大等存在紧密的互动关系。

（三）提高旅游产业效率

所谓产业效率，是指将整体的某一个产业作为研究对象，考察整个产业的资源配置效率。马晓龙将旅游产业效率定义为"实现旅游产业发展过程中单位要素投入在特定时间范围内能够实现产出最大化、使所有利益相

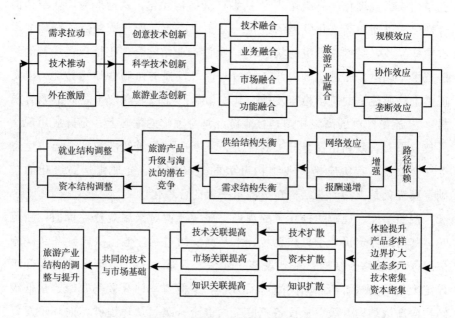

图 8-3 旅游产业融合与旅游产业结构演化的关系

资料来源：李锋、陈太政、辛欣《旅游产业融合与旅游产业结构演化关系研究——以西安旅游产业为例》，《旅游学刊》2013年第1期。

关者得到总剩余最大化的性质"[21]，孙盼盼、夏杰长将旅游产业效率定义为"资本、劳动、技术等资源在旅游经济活动中的利用程度"[22]。总体来看，旅游领域的效率问题涉及微观层面的旅游企业效率、中观层面的旅游产业效率和细分行业效率以及宏观层面的旅游目的地效率。在具体测算中，一般采用旅游全要素生产率（TFP）来衡量旅游产业中资本、劳动力和资源禀赋等生产要素的配置和利用效率。

为了提高旅游产业效率，需转变旅游业的发展方式。要从原来以资源、土地、人力乃至资本等生产要素大量投入和低成本使用为前提，以规模扩张、数量剧增为内容的发展方式，转变到强调质量和效益的轨道上来。要在政策引导、激励机制、配套措施等方面，鼓励开发方式、业态类型、商业模式、服务方式等的创新，降低旅游发展对要素投入的依赖和消耗，全面提升旅游业的全要素生产率。特别值得一提的是，由于我国区域经济发展和旅游发展差异较大，因此旅游产业效率的提升需要分区域、分行业采取不同策略。从区域角度看：东部地区旅游市场化程度已达到较高水平，旅游资源要素的利用效率提升面临一定瓶颈，要警惕旅游资源规模持续增大而出现"资源诅咒"的问题；中部地区一方面要推动先进技术在旅游业中的应用，重视旅游业态创新，提高技术进步水平，另一方面要加强旅游业经营管理水平，通过提高纯技术效率水平带动技术效率正增长；西部地区应充分发挥得天独厚的自然旅游资源优势，继续加快产业结构升级，并逐步完善旅游市场制度建设。从细分行业来看：星级饭店要通过提升行业经营管理水平实现纯技术效率的提高；旅行社行业要借助以电子商务为代表的技术创新、以集团化为特征的组织创新、以渠道建设为核心的生产创新等途径，提升技术进步水平，进而提升全要素生产率；旅游景区行业要创新管理模式，引进现代化管理手段，借助互联网技术提高景区信息化程度，促进技术进步，同时，要实现资源配置最优化，改善景区人力资源结构，加强景区管理，完善景区管理体制，提升技术效率[23]。

（四）推动旅游产业创新

创新是推动人类进步的重要力量，也是理解社会变迁的主要线索。实施创新驱动发展战略，推动经济高质量发展是未来一段时期的重要任务[24]。面对有限的资源和无限的需求，旅游业需要重点关注如何通过创新持续增加要素有效供给，并形成高效组合，不断提高产业效率。对于旅游业而言，坚持创新驱动发展，既符合国家层面社会经济发展的总体趋势，也是提升旅游业产业效率的内在要求。未来，要把对创新的重视落到实处，从制度、政策、机制、资金、人才等各个方面给予充分保障。

具体而言，要特别关注如下几个方面的问题。①要全面推进旅游领域的机制创新、模式创新、科技创新、业态创新、产品创新和服务创新。既要通过创新提高传统生产要素的效率，也要不断创造新的生产要素，形成新的要素组合，通过技术、制度、管理、商业模式等方面的创新，引导创新要素和传统要素形成新组合，为旅游业高质量发展提供不竭的内生动力。②要从供给和需求两个方面制定创新政策：在创新的供给促进政策方面，要加强公共投入，加强科学研究，制定专门的旅游创新促进政策，尤其是针对中小企业的政策，鼓励旅游企业加大研发投入，提高关键技术和产品的自主创新能力；在创新的需求激励方面，要完善政府采购，完善竞争规则。要系统完善面向创新的公共采购、标准、法规等。③要研究制定中国旅游创新发展战略和行动计划。根据"十四五"旅游业发展规划的要求，系统部署推动中国旅游创新发展的总体战略、央—地分工、地方特色和行动计划。④要建立国家级旅游创新平台和高层次创新决策咨询机制，加强对全国旅游业创新现状、企业创新面临的问题、激励创新的相关政策的系统研究。⑤要特别关注技术创新，充分利用5G、物联网、人工智能、云计算、区块链、大数据中心、虚拟现实、增强现实、全息技术等新基建、新技术，提升旅游领域的科技水平，把科技创新成果与旅游消费深度融合，拓展科技应用场景，推动科技在旅游领域的深度和广泛应用。⑥在旅游业的各类创新——产品创新、流程创新、管理创新、制度创新、技术创新等之中，旅游产品创新居于核心位置，而旅游产品创新的关键在于把握旅游需求的特点和变化。受居民收入水平提升、消费结构升级、旅游经验积累等多重因素影响，居民的旅游消费需求不断发生变化，对多样化、个性化、纵深化、专业性的旅游产品需求增加，这就要求旅游供给方积极进行旅游产品创新，开发旅游新产品、改进现有旅游产品。⑦要加强中国情境下的旅游创新研究。在微观层面，要重点关注：不同性质（国有和非国有）、不同行业（住宿接待业、旅行与旅游服务业、旅游景区业、旅游交通、旅游咨询等）的旅游企业，其创新动力、机制、方式何在；如何评估这些企业的创新程度、创新效果；决定其创新成败的关键因素有哪些；与国外旅游企业相比，我国旅游企业创新需要关注哪些特殊问题。在中观层面，要重点关注：旅游产业组织与市场结构创新；创新在旅游产业内部、不同细分行业之间的扩散与协同机制；不同尺度目的地的创新体系等。在宏观层面，要重点关注：旅游业创新与国家旅游竞争力的关系；旅游创新对中国旅游增长和经济增长的贡献度；国家旅游创新系统的形成等。在整体层面，要重点关注：上述三个层次研究的有机整合；在对中国旅游创新的探究中提出基于西方但异于西方的理论体系和研究方法。

（五）深化旅游产业融合

要通过拓宽产业融合路径，促进多维度、高品质、可持续的业态融合发展，实现旅游业的高质量发展。其要点有三。一是深入推进文化和旅游融合。应追求文化主题形象建设与旅游目的地IP打造一体化，发展特色鲜明的全链条文创产业，通过新零售等数字业态为旅游业发展进一步赋能。二是促进旅游与健康产业融合，共同服务于健康老龄化战略。"十四五"时期我国将进入中度老龄化阶段，行业主体应加强人才和技术积累，着力开发更具针对性的旅游产品与服务，大力发展养老休闲与康养旅游。三是促进体育和旅游融合发展。借力冬奥会、亚运会等赛事资源，扩大体育文化影响，带动体育休闲参与和体育旅游消费。

以文化和旅游融合为例，可在如下方面做出努力。

一是明确融合发展的目标和指标。①从中国式现代化、社会主义现代化强国的角度出发，设定文化和旅游深度融合的多重目标以及指标体系。其中目标层面涉及政治维度的治理体系现代化、经济维度的高质量发展、社会维度的人民幸福感、生态维度的生态文明以及国家文化软实力。②探索构建文化和旅游融合的评价体系，评估文化和旅游融合的发展态势。③推动文化和旅游融合发展，要坚持"以文塑旅、以旅彰文"，完善文化和旅游融合发展的体制机制，找准最佳切入点、最大公约数，寻找产业链条各环节的对接点，以文化提升旅游的内涵品质，以旅游促进文化的传播消费，推进文化和旅游业态融合、产品融合、市场融合、服务融合，积极推进文化和旅游与其他领域融合互促，不断提高发展质量和综合效益。

二是完善融合发展的顶层设计。①科学评估文化和旅游融合的现实推进以及现实中遇到的问题，通过颁布《关于促进文化和旅游产业融合发展的指导意见》等纲领性文件指导融合发展实践。②对文化和旅游领域的法规、行政条例、管理规范、审批制度等进行梳理，对不适应融合发展要求的内容加以修订。③完善文化和旅游融合的政策体系，围绕文化和旅游融合的关键性问题，制定促进文化和旅游融合发展政策文件，推动主导方式改革、市场体系改革、资源环境改革、投资改革、消费体制改革、人力环境改革。④出台资源、资本、技术、数据、土地等要素领域深化改革的文件，建立高流动的要素体系，解决文化和旅游融合发展面临的资源、用地、能源、融资等多方面的高成本问题，形成以改革带动文化和旅游融合发展的新机制。⑤整合原有文化系统和旅游系统的各项专项资金，完善公共资金的使用，并建立文化与旅游融合发展的专项基金。⑥整合文化和旅游信息资源，建立文化和旅游数据库。

三是推动市场主体的融合发展。①深化国有旅游企业和国有文化企业的融合发展，以股份制改革为重点，推动产业关联度高、业务相近的国有企业联合重组，推进国有文化和旅游企业的混合所有制改革。②借鉴文化产业基金的方式设立国家级文化和旅游产业基金。③要充分发挥旅游企业集团、文化企业集团、文化和旅游投资公司、产业基金等市场主体的作用，通过产品、项目、资本、技术等渠道，推动文化和旅游在具体经营层面的深度融合。④支持旅游集团、出版传媒集团、演艺集团做强做优做大。⑤深化国有文艺院团改革，开展社会效益评价考核。

四是建立文化资源社会化利用机制。①在保护文物和文化资源的前提下，依托各类文化遗产以及风景名胜区、历史文化名城名镇名村、特色景观旅游名镇、传统村落，探索名胜名城名镇名村"四名一体"发展模式，促进文化资源的社会化利用。②整合文物、文化和旅游功能，探索文物利用示范区机制，探索文化场馆景区化建设。③要大力推动文化资源的旅游化利用，如整合文化和旅游的功能，推进文物利用示范区的机制，以旅游传承文化。④建立促进景区文化深化的机制，推进景区的文化评价制度。⑤要借鉴文化和旅游两个领域的机制之长，形成相互采借，如可借鉴文化产业基金建立旅游产业基金；要深化文化文物和旅游领域"放管服"改革。⑥深化公共文化机构法人治理结构改革。

五是建立文化和旅游项目文化评价制度。①研究文化和旅游项目文化评价制度，制定文化评价指标体系，强化文化资源的挖掘、文化元素的结合、文化内涵的体验和文化特色的彰显，依托文化文物资源培育旅游产品、提升旅游品位。②建立促进景区文化深化的机制，推进景区的文化评价制度，将文化内容、文化符号、文化故事融入景区景点，把优秀传统文化、革命文化、社会主义先进文化纳入旅游的线路设计、展陈展示、讲解体验。③在各类国家级示范区、试验区等的建设中，强化文化评价，挖掘文化资源，体现文化内涵，彰显文化特色。

六是推动文化和旅游公共服务的整合与融合。①落实开放共享理念，统筹各领域资源，找准关键节点，推动融合创新，进一步优化文化和旅游服务发展生态。②将旅游公共服务设施与文化公共服务设施一起纳入国家公共服务体系。③在国家和地方层面制定文化和旅游公共服务标准。面向当地居民和外来游客，统筹规划建设各级各类公共文化设施和旅游公共设施，结合居民区、旅游区的分布统筹配置公共资源。④依托国家公共文化服务体系示范区、示范项目、城市旅游服务中心等，促进公共服务一体化，积极推动公共文化服务和旅游公共服务融合发展。⑤抓好文化和旅游公共服务机构功能融合试点工作，树立一批有代表性和推广价值的典型案例。

七是完善相关标准，开展示范工程。①推动建立文化和旅游融合的行业基础标准、要素系统标准、支持系统标准和工作标准四大领域标准相互衔接配套的标准体系建设，发挥标准化体系在推动实现文化和旅游融合发展上的基础性作用。②围绕世界级旅游度假区、国家级旅游休闲街区、旅游演艺、博物馆、红色旅游、历史文化名村名镇和历史文化街区、主题公园、旅游特色小镇、文化创意产业园、文化和旅游节庆、旅游文创产品、文化主题酒店和民宿等重点领域，实施示范工程。培育文化和旅游融合发展新业态，推进文化和旅游业态融合、产品融合、市场融合，推动旅游演艺、文化遗产旅游、特色节庆展会等提质升级，建设集文化创意、旅游休闲等于一体的文化和旅游综合体。③鼓励在城市更新中发展文化和旅游休闲街区，盘活文化遗产资源，加强对文化遗产资源价值的挖掘，鼓励依托文物、非物质文化遗产资源大力发展旅游，开发集文化体验、科技创新、知识普及、娱乐休闲、亲子互动于一体的新型旅游产品。

（六）实现产业绿色转型

从长期来看，要加快实现旅游产业的绿色转型。为此，需特别关注以下几个方面的问题。

一是完善顶层设计。要通过顶层设计，科学测算旅游业碳排放总量、结构和来源，明确文化和旅游领域绿色转型的总体战略、原则和主要目标，并设计全领域绿色转型的动力机制，形成时空布局，明确组织实施手段。应紧紧围绕国家"两碳"目标，提出文化和旅游行业碳达峰、碳中和的转型路径、行动策略和行动方案，从制度、经费等各方面，给予文化和旅游领域生态文明建设全方位支持。

二是强化需求侧管理。要从消费端发力，在多个消费环节推动绿色消费观念的全方位形成，强化居民文化和旅游消费的绿色意识、低碳意识，推行文明、节约、环保、生态的消费方式，依托消费碳足迹推动行业绿色变革。要积极推动生态旅游、乡村旅游等的发展，培育低碳旅游需求。以"厉行节约、反对浪费、绿色减排"为原则，提升游客低碳消费意识，倡导简朴生态的旅游方式，从绿色餐饮、绿色住宿、绿色出行、绿色游览、绿色消费、绿色娱乐等多方面引导形成低碳旅游的消费习惯，推动旅游消费的低碳化、节约化。建立和完善相应的制度约束、制度执行、监督机制，培养践行低碳理念的中国旅游者。

三是要通过科技赋能推动绿色转型。要加快推动绿色生态技术在旅游领域的广泛应用，探索基于清洁能源、储能、碳捕集和碳封存等技术的碳减排途径和方案。优先将我国在"双碳"实践中产生的先进技术、先进成果，转化为旅游产品和体验，开发和打造一批国家级的绿色文化基地，推动旅游领域与前沿生态科技的率先融合。优先推动新技术落地，支持生态技术在旅游领域里的率先应用。

四是创新碳汇和碳源的相关制度。发展旅游领域的碳市场，完善碳市场制度规范，建立重点旅游企业碳排放报告管理制度、碳排放交易第三方核查机构管理办法、重点企业温室气体排放核查制度等。创新旅游碳汇收益模式，挖掘旅游业的碳汇潜能，增强企业的碳汇收益能力。建立体现旅游产业特色的碳平衡交易制度，将碳汇地和碳源地跨区域联系起来，形成跨地域碳交易设计，包括碳基金制度和生态补偿金制度等。探索建立旅游产业碳基金管理委员会和生态补偿金管理委员会，负责对碳基金和碳补偿的核定、仲裁、交易与管理。充分发挥旅游业的碳汇作用，依托旅游景区、旅游度假区、国家公园、国家文化公园等，努力提升生态碳汇能力，有效发挥森林、草原、湿地、海洋等的固碳作用。

（七）提升旅游产品品质

就产品类型而言，康养旅游、自驾游、乡村旅游、体育旅游、特种旅游等值得关注。要围绕上述旅游产品所涉及的要素和环节，加以积极推进。

以康养旅游为例，可做如下方面的努力：①根据各地旅游资源和医疗条件，实施差别化定位，发展若干面向国际的高端医疗服务产业集聚区。②适应全国对进口药品市场开放的大趋势，对部分进口药品免征关税和增值税。③将博鳌乐城国际医疗旅游先行区的部分优惠政策扩大到全国13个首批健康旅游示范基地，吸引境外医疗健康机构入驻。④鼓励发展与国际接轨的各类商业医疗健康保险。⑤深入挖掘中医药资源，培养若干具有中国特色和国际影响力的康养旅游运营企业。⑥加强专业技能型人才培养，例如率先在职业教育领域开展中外合作办学试点等。

再以乡村旅游为例，可做如下方面的努力。①从体制机制入手，把旅游发展纳入乡村建设行动计划，实施乡村旅游精品工程。②迭代升级乡村旅游标准，提升休闲农庄、农家乐、乡村酒店、特色民宿、乡旅客栈、自驾露营、户外运动和养老养生等产品质量，优化乡村旅游产品结构，丰富产品供给，构建全方位、多层次的乡村旅游品牌体系。③完善乡村旅游政策保障体系，鼓励各地区因地制宜将乡村旅游纳入县域相关规划，统筹推进乡村旅游道路、停车场、厕所、污水垃圾处理设施等基础设施建设。④建立健全利益联结机制，让农民更好地分享旅游业发展红利，提升农民参与度和获得感。⑤统筹用地、治安、消防、卫生、食品安全、环保等方面政策，落实乡村民宿经营主体房屋安全和经营管理责任，推进乡村民宿高质量发展。要着力扶持一批扎根农村、心系农民的乡村旅游企业，创新乡村旅游经营模式，促进企业增效、农民增收，助力乡村振兴。⑥设立乡村旅游创业基金，支持当地村民和回乡人员参与乡村旅游经营和服务。探索"入股联营"村集体主导的旅游开发模式，吸收村民广泛参与，建立村民合理利益分配机制试点。⑦开展非遗助力乡村振兴试点，支持创办传统技艺企业，开设手工艺等传统产品制造工作室。

又以邮轮游艇旅游、低空旅游等特种旅游为例，要不断调整和完善相关政策，推进海洋旅游、山地旅游、温泉旅游、避暑旅游、内河游轮旅游等业态产品发展。

针对游艇旅游。①要按照项目特性，改革现有按照交通船的管理模式，建立游艇公共码头。②放松游艇运营的要求，完善游艇、海钓等海上休闲旅游安全监管；取消游艇无法在海上过夜等制度性障碍，构建海上旅游运营平台，创新游艇监管体制机制，促进游艇旅游发展。③在有序推进邮轮旅游基础设施建设基础上，扎实推进上海、天津、深圳、青岛、大连、厦门、福州等地邮轮旅游发展，推动三亚建设国际邮轮母港。④推动内河旅游航道建设，支持在长江流域等有条件的江河湖泊发展内河游轮旅游，完善配套设施。⑤推动游艇消费大众化发展，支持大连、青岛、威海、珠海、厦门、三亚等滨海城市创新游艇业发展，建设一批适合大众消费的游艇示范项目。

针对房车旅游。①加强与公安部、交通运输部的沟通，推动放松对于房车、拖挂车的登记、上路的制度性限制。②完善房车通行的管理措施，保障房车、旅居挂车等通行需求。③在新疆、甘肃、宁夏、内蒙古、海南等区域内大力发展房车旅游，推动房车旅游产业健康发展。

针对研学旅游。①要推动将研学旅游纳入国民教育体系，深化研学旅游的相关政策落实。②推动学生铁路交通半票、学校假期制度调整、研学旅游学分规定等政策的调整落实，推动将研学旅游纳入学校教育教学计划，与综合实践活动课程统筹考虑，促进研学旅行和学校课程有机融合，逐步建立小学阶段以乡土乡情为主、初中阶段以县情市情为主、高中阶段以省情国情为主的研学旅行活动课程体系。③推动将研学旅行指导师作为新职业纳入《国家职业分类大典》。

针对低空旅游，可选择一批符合条件的旅游景区、城镇开展多种形式的低空旅游，强化安全监管，推动通用航空旅游示范工程和航空飞行营地建设。

（八）建设旅游重点工程

近年来，通过国家级项目和重点工程带动旅游供给的品质提升和产业升级成为共识。"十四五"时期，长城、大运河、长征、黄河、长江等国家文化公园建设的持续推进，一批富有文化底蕴的世界级旅游景区和度假区的建成，一批文化特色鲜明的国家级旅游休闲城市和街区的推出，红色旅游和乡村旅游文化内涵的提升，都将成为现实[25]。一批标志性的国家级乃至世界级项目的建成，不仅能够丰富旅游产品尤其是优质旅游产品供给，更能有效带动文旅融合发展。此外，《"十四五"旅游业发展规划》中还专门就国家智慧旅游建设工程、文化和旅游资源普查工程、生态旅游优化提升工程、美好生活度假休闲工程、文化和旅游消费促进工程、旅游服务质量评价体系建设工程、旅游厕所提升工程、国家旅游宣传推广精品建设工程、海外旅游推广工程等做出具体部署。推进和落实这些国家级项目和重点工程，特别是世界旅游度假区、国家级旅游度假区、国家级旅游休闲城市和街区等对带动旅游供给的品质提升具有重要作用。

为此，可从以下方面加以努力。①建设一批文化和旅游资源丰富、产业优势明显、产业链深度融合互促的国家文化产业和旅游产业融合发展示范区。②以世界遗产地、国家 5A 级旅游景区为基础，深入挖掘展示旅游资源承载的中华文化精神内涵，创新发展模式，完善标准指引，统筹资源利用，强化政策支持，保障要素配置，稳步推进建设，打造具有独特性、代表性和国际影响力的世界级旅游景区。③以国家级旅游度假区及重大度假项目为基础，充分结合文化遗产、主题娱乐、精品演艺、商务会展、城市休闲、体育运动、生态旅游、乡村旅游、医养康养等打造核心度假产品和精品演艺项目，培育世界级旅游度假区。④以满足本地居民休闲生活与外地游客旅游度假需要为基础，培育打造文化特色鲜明、旅游休闲消费旺盛、生态环境优美的国家级旅游休闲城市和国家级旅游休闲街区。⑤创新打造一批国家文化公园、文化产业园区、文化产业示范基地、文化和旅游消费示范城市。

四　加强旅游需求侧管理

构建新发展格局，既需要扭住供给侧改革这条主线，也需要加强需求侧管理。注重需求侧管理，形成需求牵引供给、供给创造需求的更高水平的动态平衡，提升国民经济体系整体效能已经成为我国经济发展的一个重要方向。增强国内大循环的主导作用，就需要加快构建消费主导型经济体系。作为最终消费，旅游消费具有很强的综合性和带动性；作为发展性需求，旅游需求伴随经济发展程度和居民生活水平的日益提高而更加广泛、旺盛和多元。在构建以国内大循环为主体、国内国际双循环相互促进的新发展格局过程中，旅游消费被寄予厚望，也亟须重新审视自身的内在格局。未来要特别关注以下几个方面的问题。

（一）消费意愿与消费能力

从需求侧角度看，当前我国进一步扩大消费的制约主要在于收入分配格局不合理、社会保障体系尚不完善、中等收入群体比例偏低等导致的消费率偏低[26]。就收入分配而言，居民收入占比提高不明显，不利于收入水平和消费能力的提升。根据资金流量表测算，初次分配中，居民收入占比2012年为62%，2019年则下降为60.6%。再分配中，居民收入占比在个别年份占比甚至低于初次分配的比重。就收入结构而言，居民增收渠道狭窄，财产性收入比重偏低。从人均可支配收入中居民财产性收入比重来看，财产性收入占比低于经营性收入占比和转移净收入占比，特别是农村居民的财产性收入占比一直低于2.5%。就居民负担而言，社会保障制度建设滞后于城市化进程，社会保障尚未实现"全覆盖"，居民为应对未来不确定性而存在较强的预防性储蓄动机，一定程度上降低了即期消费。为此，需要持续完善收入分配制度，利用好税收政策的再分配效益，合理提高个人所得税起征点，适当增加所得税专项扣除，减轻中低收入者的税收负担，建立劳动报酬与劳动生产率同步提升机制，拓宽居民财产性收入渠道，深化农村产权制度改革，提高农村居民的财产性收入，推进城乡社会保障一体化建设，从而全面提升城乡居民的消费意愿和消费能力。

（二）休假制度与休闲时间

休闲时间是旅游休闲活动展开的基础，休假制度的完善对增加旅游消费十分重要[27]。长期以来，我国居民旅游消费在时间上高度集中，全年旅游人次的三成、旅游收入的四成，都集中于每年约为29天的公共节假日，其中，"十一"、春节长假的集中度最为明显。虽然带薪休假、错峰休假等制度在不断推广，但执行效果仍然不佳，旅游者的出游严重受限制于休闲时间。这不仅考验交通、住宿等基础设施和旅游服务设施在短时间内的供给效率，集中的客流也冲击着景区的环境承载力，威胁着生态环境的稳定，同时过度的拥挤也影响旅游者的旅游体验。因此，不断完善休假制度，对于促进城乡居民旅游消费具有重要意义[28]。

就假日制度而言，要特别关注如下方面的问题。一是从引导旅游消费全年性分散的角度对现有的假日制度加以优化。从民生福祉与社会需求出发，结合国家法律制度、财政政策、管理制度，考虑社会生产效率和旅游要素供给等实际情况，将法定节假日和带薪年休假实施情况整合在一起进行系统研究。二是完善休假制度系统设计。将整体性和差异性、统一性和灵活性相结合，通盘考虑法定节假日（带薪公共假日）、带薪年休假、弹性休假、学生春秋假等制度进行系统设计。研究修订《全国年节及纪念日放假办法》。高校和中小学校错开寒暑假放假时间；在保证开足开齐国家规定课程、完成好正常教学任务的前提下，可灵活安排包括春秋假在内的放假时间。加强延长产假以及设立育儿假、生育陪护假和独生子女护理父母假等制度的研究。三是全面落实带薪年休假制度。完善并细化现有法律法规，将职工带薪休假条款列入劳动合同；明确带薪年休假的决定权、年休假与其他假期的折抵以及农民工、零时工、按照计件工资获取报酬劳动者等群体的休假规定。各级政府建立市场监管、税务、人社等部门联动机制，将带薪年休假执行情况纳入年度目标责任考核，纳入文明单位等各项评选标准。劳动保障监察部门对带薪年休假领域实行常态化执法，建立线上线下多渠道举报监督机制。围绕带薪年休假制度等提供司法解释和法律援助，赋予职工集体诉讼权利，简化维权程序。强化工会在保障员工带薪年休假权利方面的作用。倡导单位领导带头执行带薪年休假。要建立部门联动机制，落实主体责任和政策时间表，推动带薪年休假制度的全面实施。要引导各行业、各部门探索实行带薪年休假制度的具体方式，鼓励实行弹性作息。

（三）评价体系与服务质量

我国已初步建立起多维度、多层次的旅游评价体系。要在充分借鉴旅游景区质量等级划分与评定、酒店星级评定以及旅行社等级划分与评定、国家级旅游度假区认定等工作经验的基础上，建立全国旅游服务质量提升总体工作框架。要借鉴新加坡"优秀零售计划"、中国香港特别行政区"优质旅游服务"计划等的经验，发挥政府引导作用，将惩戒与激励相结合，在加强旅游服务质量监管和规范的同时，努力带动旅游行业服务质量的全面提升。鼓励标杆单位分享旅游服务标准、质量承诺和最佳实践，发挥示范和带动作用。注重对质量自主声明执行情况的监管。动员社会力量参与旅游服务质量监督，挖掘和利用舆情资源，充分利用旅游网站的评分和评价信息，从消费者视角评价旅游服务质量[29]。

从游客投诉角度看，景区、旅行社、酒店是游客投诉的重点对象，而其投诉的原因也各不相同。为此，需要有针对性地加以引导。例如：对景区而言，要严格落实 A 级旅游景区复核和退出机制，强化游客流量控制和门票预约制度，落实景区最大游客容量核定要求，及时发布客流预警信息，做好游客分流工作，强化管理人员和服务人员的专业培训。对旅行社而言，要完善退出机制，依法清理违法违规经营的旅行社，开展旅行社等级评定及复核工作，推动旅行社服务信息透明化，建立优质旅游服务承诺标识和管理制度。对酒店而言，要强化星级酒店评定复核工作，建立动态监管机制，引导酒店及时更新改造，改善接待条件，丰富服务业态，提升服务水平[30]。

（四）价格管理与市场监管

就相关接待场所门票价格管理制度而言，要对高等级的、依托国有资源建设的各类国家公园、世界遗产和博物馆等场所实行低门票，同时建立相应的景区联票和票价补贴制度。鼓励推行国家公园、世界遗产等高品质旅游景区会员制度，并给予适当补贴。整合国家 5A 级旅游景区、世界遗产景区、国家级文化公园、国家级度假区等优质资源形成景区联盟。从长期而言，要彻底解决我国景区门票价格问题，需要区分准公共产品和私人产品属性，建立系统的准公共产品类景区价格管理体系，并理顺景区管理中政府与市场、中央政府与地方政府及不同政府部门之间的关系[31]。

在市场监管方面，要加快落实文化和旅游市场综合执法改革任务，完善权责明确、监督有效、保障有力的综合执法管理体制；探索建立和完善跨部门、跨区域、跨行业联合执法综合治理机制，探索推进文化和旅游市场诚信经营评价体系建设。要进一步完善全国文化市场技术监管与服务平台功能，充分利用现代信息技术，加快建设覆盖旅行社经营、导游执业、景区接待、文化娱乐等市场类别，并融合旅游投诉处理和服务质量监督的文化和旅游市场综合执法监管大平台，实行全行业、全过程监管。推动建立健全行业经营自律规范、自律公约，引导行业健康发展。

（五）公共服务与保障体系

在公共服务方面，要围绕高效能服务，完善旅游公共设施和公共服务，形成结构合理、高质高效、普惠便捷的旅游公共供给体系。重点要关注以下几个方面的问题。一是将旅游纳入基本公共服务体系。围绕满足国民旅游需求，在基本公共服务体系中明确各类设施的服务对象、保障标准、支出责任、覆盖水平并实现动态调整。明确中央与地方提供基本公共旅游服务的质量水平和支出责任，以标准化促进公平化、普惠化、便捷化。二是完善旅游公共服务供给体系。坚持政府主导、社会参与、重心下移、共建共享，形成覆盖城乡、结构合理、功能健全、便捷高效、全民共享的旅游公共设施和服务供给体系。各地应结合当地经济社会发展水平、人口状况、环境条件、文化特色，合理确定旅游公共设施的类型、数量和布局。充分整合并复合化利用文化、体育等领域的各类公共设施和服务。推进旅游公共设施和服务数字化、智能化发展。三是丰富旅游公共设施和服务供给方式。鼓励民间资本通过捐资、捐赠、资助活动等方式参与公共休闲设施和服务供给。采取政府采购、项目补贴、定向资助、贷款贴息、税收减免等方式，引导民间资本投资兴建各种旅游公共设施，面向公众提供公益服务。四是完善便民休闲服务。实施"五边"工程，增加群众身边的休闲空间、建设身边的休闲设施、提供身边的休闲服务、发展身边的休闲组织、开展身边的休闲活动，推动休闲融入城乡居民日常生活。推进休闲社区、休闲村镇建设，开展休闲进机关、进企业、进校园、进社区等活动，鼓励机关、企事业单位、社会团体等组织各类益智怡情的休闲活动。确保公共休闲空间、场地、设施免费或低价向社会开放，倡导商业休闲场所、设施设立免费开放日。五是缩小城乡差距。加大公共资源向农村和贫困地区特别是革命老区、民族地区、边疆地区等的倾斜。将旅游和休闲发展融入乡村振兴战略和乡村建设行动计划，高度重视农村休闲公共服务建设，发展各类公益性休闲设施和服务，推动"文化下乡""体育下乡""旅游下乡""戏曲下乡""网络下乡"等。六是重视特殊群体需求。规划和建设各类休闲空间、场所和设施时，要充分考虑老人、儿童、残障人士等特殊群体的需求，提供无障碍设施和相关服务。以农民、进城务工人员、老年人、未成年人、下岗失业人员、低收入人群、残障人群等群体为重点，通过政府补贴、发放消费券等方式提供公益性旅游和休闲服务。

在社会保障方面，要重点关注观念引导、人才培养、社会组织建设等方面的工作。在观念引导方面，要倡导高效劳动、劳逸结合、注重休闲—工作相互促进的理念，推广积极、健康、文明、富有创造性的旅游和休闲方式，形成适应新时代要求的旅游观念、行为规范、精神面貌和文明风尚。要将校内教育与社会教育、家庭教育与社区培训、学历教育与职业培训、专业培训与爱好培养相结合，组织各类旅游和休闲教育活动，培养并提高人们的休闲技能和休闲鉴赏力。在人才培养方面，要面向理论创新和发展实践，确定中职、高职、本科、研究生等不同类型层次教育的人才培养目标。加快培养适应新业态、新模式需要的复合型创新人才。推动产教融合、校企合作。深化职称制度改革，根据旅游产业发展需要，适时增加新的职称类别。在社会组织建设方面，要培育旅游社会组织，对旅游领域的社会组织和民间团队进行分类指导和业务指导，发挥其在营造氛围、组织活动、服务消费者等方面的作用。鼓励并培养一批具有组织能力和服务水平高的旅游社会组织。引导旅游景区、公共文化设施、体育场馆、各类公园等建立志愿者服务站点，提供相关服务。

五　完善旅游评价与统计体系

（一）完善旅游发展评价体系

要以高质量发展为目标，完善旅游发展评价体系和绩效考核体系，逐渐淡化旅游收入和旅游人次增长的追求，更加注重旅游质量和效益的提升，更加重视旅游业在经济效益、社会效益和生态效益方面的协调统一。

在评价体系方面，应从评价体制、评价主体、评价方法以及结果反馈四个方面入手，谋划和设计科学的旅游业高质量发展绩效评价体系。一是健全旅游业高质量发展的绩效评价体制机制。可考虑研究出台旅游业高质量发展绩效评价的法律法规，确保旅游业高质量发展绩效评价在统一的法律法规制度框架下运行，做到有法可依、有法必依；建议各级政府制定和执行旅游业绩效评价方案和制度，确立旅游业高质量发展绩效评价的重要地位。二是明确旅游业高质量发展的绩效评价机构主体。着力推进旅游业高质量发展绩效评价主体的多元化，尽快形成从中央到地方、从内部到外部、职能分工不同、信息资源共享、专业人才数量充足的旅游业高质量发展绩效评价组织体系，切实提高绩效评价的客观性和公信力。三是科学制定评价体系。借鉴国际已有的好经验、好做法，充分调动各方力量，统筹推进旅游业高质量发展评价理论和实践探索，探索发展出适合我国现阶段旅游业高质量发展的评价体系。四是确保评价结果反馈见效。加强旅游业高质量发展绩效评价结果公开力度，探索建立旅游业高质量发展绩效评价结果行政问责制度、政府绩效奖惩制度等，对旅游业高质量发展绩效评价中发现的好经验和好做法，应给予表扬，对旅游业高质量发展过程中发现的政策落实不到位、政策调整滞后等行为坚决给予绩效问责。

在考核体系方面，要建立一套科学合理的政绩考核体系，通过规范顶层设计，促进旅游业高质量发展。旅游业高质量发展的政绩考核体系，必须注重反映旅游业发展的质量、结构和效益，注重反映旅游业对经济、政治、文化、社会、生态发展带来的综合效益，注重满足人民群众多样化的美好生活需求，全面推动旅游业发展实现质量变革、效率变革与动力变革，以高质量考评引领和驱动旅游业高质量发展。为此，要重点关注三个方面的问题。一是改革旅游业发展政绩评价体系。逐步弱化旅游业在速度方面的指标，更加注重旅游业发展的质量和效益；科学合理的旅游业高质量发展的政绩考核体系，既要看发展又要看基础，既要看显绩又要看潜绩，特别是要把民生改善、社会进步、生态效益等指标和实绩作为旅游业高质量发展考核的重要内容。二是积极引导地方政府和干部树立正确的政绩观。以旅游政策的长期性和稳定性，确保旅游发展的高质量，进一步增强旅游政策的理论前瞻性和现实指导性。三是要积极落实旅游业高质量发展的政绩考核体系。改进干部政绩考核方式，完善考核结果运用，为旅游业高质量发展提供有效机制和制度导向。

（二）改革旅游调查统计体系

高质量的数据是增强决策科学性和有效性的重要基础。目前我国旅游统计核算体系还存在诸多问题：旅游统计体系不贯通，难以避免旅游人次重复统计，大量的重复计算导致统计数据可信度不高；统计人员的整体素养偏低，特别是基层缺乏专业性的统计人才；散客时代的到来，采用传统的统计核算指标体系难以支撑新形势下文化和旅游及相关产业的统计需求。为此，需要对现有统计核算体系加以改革。

一是建立统一的文化和旅游统计核算体系。要以习近平新时代中国特色社会主义思想为指导，贯彻落实党中央和国务院关于统计工作的各项决策部署，严格贯彻落实《关于深化统计管理体制改革 提高统计数据真实性的意见》，构建现代化的文化和旅游统计体系，提高文化和旅游统计数据质量，令数字成为工作指针，着力解决制约文化和旅游统计领域的短板，促进文化和旅游高质量发展，建设现代文化产业体系和现代旅游业体系。具体而言：第一，要立足于文化和旅游融合发展，打破文化和旅游相对孤立的统计核算体系，在现有《文化及相关产业分类》《国家旅游及相关产业统计分类（2018）》的基础上，建立统一的统计与核算体系，对行业分类、统计报送、核算框架等进行整合；第二，根据国民经济产业分类体系和投入产出表，对文化和旅游的总体规模、经济贡献、二者融合的产出等进行科学测算。

二是推进文化和旅游统计的精准化、科学化、共享化。①按照高质量发展的要求，从旅游产业统计转向文化和旅游综合统计，需重新设定指标体系，增加体现高质量发展、体现综合效益、体现发展质量的系列指标。②加强统计工作的规范性和准确性，做到不漏统、不错统、不重复统计，建立科学的统计调查制度、统计核算制度、统计管理制度。③建设文化和旅游统计工作协调机制，推动工商、税务、商务、海关、科技等不同部门之间的数据及时共享。④打通文化和旅游统计体系，提升文化和旅游产业的统计质量与统计能力，减少因重复统计带来的误差被叠加放大；建立文化和旅游融合指标体系，动态监测与评估文化和旅游融合的现状与进展。

三是创新文化和旅游统计方法。①充分利用现代科学技术、大数据和各类统计工具，创新统计调查方法。②依托"互联网+"，创新统计调查方法，增加自动采集，减少人工干预，确保统计结果的客观性。构建文化和旅游统计智能化系统，通过网络预订系统、卫星定位系统、电子门票系统、基站和手机定位系统、旅游刷卡系统，以及智能手环等智能化工具，进行更精准的追踪统计。③依托各种数据平台，完善主要景区景点、宾馆饭店接待人数、门票收入等数据的线上填报，数据统计更及时、更准确、更便捷，实现"互联网+文化和旅游统计"的融合。

四是加强文化和旅游统计数据库建设。①基于统一的文化和旅游统计体系，着眼于打通文化和旅游统计体系，开展大规模、连续性、动态化的文化和旅游数据调研，加快建设文化和旅游统计数据库。②按照全国、省、市、县四级完善数据库，确保数据查询与获取高效便捷。③推动文化和旅游数据向社会开放，充分发挥数据资源的社会价值。④加快文化地图、文物资源数据化、旅游大数据等的建设，加强文化和旅游大数据的整合与利用。

五是完善统计执法和监督制度。①加强文化和旅游统计执法人员、装备、经费保障，提高统计执法能力，坚持依法行政，加强执法检查监督，规范统计执法行为，强化统计执法权威。②完善统计违法违纪惩罚、公示、曝光制度和工作细则，健全统计弄虚作假举报制度，依法查处重大统计违法行为，预防和查处统计造假、弄虚作假。③建立完善统计信用制度，全面推进实施严重统计失信企业公示和联合惩戒制度。④应建立文化和旅游统计工作协调会议，形成以文化和旅游部为工作主力，其他相关部委密切配合的文化和旅游统计工作机制，加大信息化监管力度。⑤组织实施统计执法"双随机"抽查制度、统计工作约谈制度。建立对统计造假、弄虚作假的联合惩戒机制。文化和旅游部每年派遣督察组抽查，督察各地贯彻落实党中央、国务院关于统计改革发展各项决策部署，履行统计法定职责，建立防范和惩治统计造假、弄虚作假责任制等情况，以切实保证文化和旅游统计数据质量。⑥加强文化和旅游统计人才队伍建设，提高文化和旅游统计工作人员的综合素质。完善统计从业人员管理制度，建立统计人员诚信档案；加快构建统计守信激励和统计失信惩戒机制，提高统计数据真实性、准确性。⑦进一步健全培训督查机制。文化和旅游部及各省市每年举办全国和地方旅游统计业务工作培训班，不定期举行各种形式的专题报告、讲座和学习，加强文化和旅游统计人才队伍建设，努力提高文化和旅游统计工作人员的综合素质。

本章参考文献

［1］蔡昉：《疫情冲击和应对政策的特征化事实》，《财经智库》2020年第3期。

［2］宋瑞、金准、张玉静：《世界旅游经济新趋势与中国发展新方略》，《财经智库》2021年第2期。

［3］田里、陈永涛：《旅游产业转型升级研究进展》，《资源开发与市场》2017年第10期。

［4］王伟：《欠发达地区旅游产业转型升级研究——以河南省为例》，《资源开发与市场》2016年第10期。

［5］蒋志勇、李君：《我国基于产业协同创新的旅游产业转型升级路径研究》，《改革与战略》2017 年第 9 期。

［6］王金平：《旅游产业转型升级需处理好的几个问题》，《管理观察》2016 年第 7 期。

［7］方叶林、章尚正：《我国旅游产业结构演化的省际比较研究》，《安徽大学学报》（哲学社会科学版）2016 年第 3 期。

［8］罗明义：《旅游经济分析：理论、方法、案例》，云南大学出版社，2010。

［9］罗君名、陈莉花、金永：《基于国际化视角的海南旅游产业结构调整优化探究》，《特区经济》2015 年第 11 期。

［10］张辉：《旅游经济论》，旅游教育出版社，2002。

［11］吴晓妍：《中国旅游产业结构研究述评》，《时代经贸》2016 年第 12 期。

［12］关雪凌、丁振辉：《日本产业结构变迁与经济增长》，《世界经济研究》2012 年第 7 期。

［13］徐杰、魏敏、杨翼飞：《中国旅游产业升级水平的测度分析》，《统计与决策》2021 年第 6 期。

［14］刘文波、丁力：《网络化：我国旅游产业结构升级的必然选择》，《商业经济与管理》2000 年第 11 期。

［15］袁淑玉、陈杨：《"互联网+"下新型旅游产业结构的升级与优化》，《商业经济研究》2017 年第 10 期。

［16］杨琴、王兆峰：《旅游产业结构升级优化技术创新模型的构建——以湖南为例》，《求索》2009 年第 10 期。

［17］黄蔚艳：《我国区域旅游产业结构升级研究》，《经济地理》2009 年第 4 期。

［18］吕雁琴、张婷、陶德金：《创新驱动、产业融合与旅游产业结构演化——基于新疆旅游产业融合创新的分析》，《价格理论与实践》2019 年第 12 期。

［19］王兆峰：《基于产业集群的旅游产业结构升级优化的传导机制与途径研究》，《财经理论与实践》2011 年第 1 期。

［20］雷石标、徐佳：《旅游产业结构优化的影响因素及其作用机理》，《山西财经大学学报》2021 年第 S1 期。

［21］马晓龙：《国内外旅游效率研究进展与趋势综述》，《人文地理》2012 年第 3 期。

［22］孙盼盼、夏杰长：《中国省际旅游产业效率：指标构建与实证分析》，《经济与管理研究》2014 年第 12 期。

［23］宋瑞：《我国旅游业全要素生产率研究——基于分行业数据的实证分析》，《中国社会科学院研究生院学报》2017 年第 6 期。

［24］宋瑞：《创新研究视角下的中国旅游发展》，《社会科学家》2022 年第 6 期。

［25］宋瑞：《积极推动"十四五"旅游业高质量发展》，《经济参考报》2022 年 1 月 25 日。

［26］陈丽芬：《新发展格局下应加快构建消费主导型经济体系》，《重庆理工大学学报》（社会科学）2022 年第 6 期。

［27］李明明、王琪延：《新冠肺炎疫情下中国城市居民休闲行为研究——以北京市为例》，《哈尔滨工业大学学报》（社会科学版）2022年第4期。

［28］宋瑞：《经济新发展格局下促进旅游消费的思路与方向》，《旅游学刊》2021年第1期。

［29］孟浩、王粲：《全国旅游服务质量提升工作的发展概况、问题与对策》，《标准科学》2018年第7期。

［30］薛宝琪：《河南省旅游服务质量时空分异及提升对策研究——基于游客投诉视角》，《地域研究与开发》2020年第5期。

［31］宋瑞、孙盼盼：《资源属性、管理体制、景区级别与门票价格——基于5A级景区的实证研究》，《中国社会科学院研究生院学报》2014年第1期。

图书在版编目（CIP）数据

与时偕行：中国旅游业的新趋势与新格局 / 宋瑞，
张琴悦著. --北京：社会科学文献出版社，2024.4（2025.2 重印）
ISBN 978-7-5228-3363-7

Ⅰ. ①与… Ⅱ. ①宋… ②张… Ⅲ. ①旅游业发展-
研究-中国 Ⅳ. ①F592.3

中国国家版本馆 CIP 数据核字（2024）第 047014 号

与时偕行：中国旅游业的新趋势与新格局

著　　者 / 宋　瑞　张琴悦

出 版 人 / 冀祥德
组稿编辑 / 恽　薇
责任编辑 / 贾立平
责任印制 / 王京美

出　　版 / 社会科学文献出版社（010）59367226
　　　　　地址：北京市北三环中路甲 29 号院华龙大厦　邮编：100029
　　　　　网址：www.ssap.com.cn
发　　行 / 社会科学文献出版社（010）59367028
印　　装 / 唐山玺诚印务有限公司

规　　格 / 开　本：787mm×1092mm　1/16
　　　　　印　张：17.75　字　数：282 千字
版　　次 / 2024 年 4 月第 1 版　2025 年 2 月第 2 次印刷
书　　号 / ISBN 978-7-5228-3363-7
定　　价 / 98.00 元

读者服务电话：4008918866